DIREITO FUNDAMENTAL À LIBERDADE

SINDICAL NO BRASIL

E OS TRATADOS DE DIREITOS HUMANOS

ANDRÉA ARRUDA VAZ

Mestre em Direito Constitucional pelo UNIBRASIL ; pesquisadora; Professora de Direito, Processo e Prática de Trabalho na Faculdade Dom Bosco, Curitiba/Pr, Faculdade Educacional Araucária e no Centro Europeu; Advogada atuante nas áreas de Direito do Trabalho e Direito Civil.

DIREITO FUNDAMENTAL À LIBERDADE

SINDICAL NO BRASIL

E OS TRATADOS DE DIREITOS HUMANOS

LTr 80

LTr EDITORA LTDA.

© Todos os direitos reservadosw

Rua Jaguaribe, 571
CEP 01224-003
São Paulo, SP — Brasil
Fone (11) 2167-1151
www.ltr.com.br
Outubro, 2016

Produção Gráfica e Editoração Eletrônica: Pietra Diagramação
Projeto de capa: Fábio Giglio
Impressão: Gráfica Vox

Versão impressa — LTr 5492.8 — ISBN 978-85-361-9021-1
Versão digital — LTr 9035.6 — ISBN 978-85-361-9013-6

Dados Internacionais de Catalogação na Publicação (CIP)
(Câmara Brasileira do Livro, SP, Brasil)

Vaz, Andréa Arruda

Direito fundamental à liberdade sindical no Brasil e os tratados de direitos humanos / Andréa Arruda Vaz. — São Paulo : LTr, 2016.

Bibliografia.

1. Brasil - Constituição (1988) 2. Direito internacional 3. Direitos fundamentais 4. Direitos humanos 5. Sindicalismo 6. Sindicatos I. Título.

16-04274   CDU-342:331.105.44

Índice para catálogo sistemático:

1. Liberdade sindical : Perspectiva constitucional : Direito 342:331.105.44

Aos grandes, verdadeiros e eternos heróis
da minha história, meu pai Jair e minha mãe Alaide.

Uma liberdade sem as condições necessárias ao seu exercício [...] é como abrir, para o sujeito, a porta da jaula que se mantém içada no meio do oceano.

Leonardo Vieira Wandelli

Agradeço primeiramente a Deus pela vida, pela saúde e pela sabedoria que sempre me confiou, assim como pela fé que me fez um dia acreditar que poderia mudar o curso de uma trajetória marcada por opressão, miséria e desconhecimento.

Agradeço imensamente ao meu orientador, Professor Doutor Eduardo Biacchi Gomes, exemplo de pesquisador, professor e pessoa. Palavras não serão suficientes para agradecer-lhe por toda a confiança e estímulos fornecidos desde antes do início do Curso de Mestrado. Exemplo de mestre, não mediu esforços para ensinar, exigir, fomentar reflexões e a produção científica, assim como, por vezes, atuou como fundamental conselheiro. Esse exemplo me faz continuar acreditando num futuro acadêmico e trilhando os caminhos da pesquisa.

Agradeço imensamente ao Professor Marco Antônio César Villatore pelas valiosas orientações e correções referentes à minha pesquisa, assim como pela oportunidade de conviver com tão sábio pesquisador, que sempre humilde e atenciosamente nos atende e nos guia. É um privilégio imensurável.

Agradeço aos integrantes da banca, Professor Doutor Leonardo Wandelli e Professor Doutor Luiz Eduardo Gunther, pelas orientações e sugestões, sempre construtivas e brilhantes, ao logo da pesquisa.

É muito bom contar com conhecimentos tão espetaculares do genial Professor Doutor Leonardo Vieira Wandelli, que encanta com seu vasto conhecimento. É de fato inspirador. Sinceramente, espero ter efetivamente conseguido atender às suas orientações à altura.

Da mesma forma, poder contar com tamanha generosidade no compartilhamento de magníficos conhecimentos e auxílio do mais generoso Desembargador que já conheci, Professor Doutor Luiz Eduardo Gunther. Como esquecer os esforços que despendeu, Doutor Gunther, mesmo com seus inúmeros compromissos como Desembargador e Pesquisador notável que é, para atender, explicar, lecionar temas tão importantes ao desenvolver desta humilde e iniciante pesquisa.

Agradeço à Professora Laura Jane Ribeiro Garbini Both pelas orientações e pelo compartilhamento de valiosos conhecimentos, também dispendendo do seu tempo para colaborar com minha pesquisa.

Agradeço imensamente aos meus orientadores na pesquisa na Universidade de Talca, Chile, Professora Doutora Liliana Galdamez Zelada, Professor Doutor Humberto Nogueira Alcalá, Professora Doutora Irene Rojas e Professor Doutor Rodrigo Palomo Velez, pessoas que sequer me conheciam, acreditaram no meu projeto e encontraram tempo para me orientar, ajudar e guiar nesta pesquisa, que, aliás, foi a experiência acadêmica mais relevante da minha carreira. Só posso agradecer a todos pelos ricos conhecimentos e esforços despendidos.

Em especial expresso meu agradecimento à Professora Doutora Liliana Galdamez Zelada, minha estrela-guia na pesquisa internacional, pessoa de coração tão grande, generosidade e simplicidade imensuráveis. Exemplo de pesquisadora, de Professora e ser humano. Sem sequer me conhecer estendeu a mão e me guiou diariamente durante todo o período em que estive em Santiago, preocupada em me ajudar, sempre.

Da mesma forma, o Professor Rodrigo Palomo Velez, com quem tive a grande honra de dividir a mesa na conferência proferida na Universidade de Talca, e preocupou-se em dirigir a pesquisa e estabelecer parâmetros que certamente influenciaram no sucesso da minha estadia naquela Universidade.

Vale lembrar o Professor Doutor Humberto Nogueira Alcalá, realmente encantador com o grandioso conhecimento que possui e divide. Trata-se de uma pessoa encantadora e um Professor genial.

Agradeço também ao Professor Doutor José Ignácio Martinez e ao Professor Doutor Alfredo Sierra da Universidade de Los Andes pela acolhida, atenção e troca de conhecimentos. Como é bom perceber que pesquisadores magníficos como eles se interessam por compartilhar conhecimento e contribuir para a pesquisa.

Meu sincero agradecimento à Dra. Lorena Renate Del Flores Canevaro, Magistrada no 1º Juizado do Trabalho, em Santiago, que me recebeu em seu gabinete para uma conversa de horas, num momento em que pude sanar inúmeras dúvidas, na manhã ensolarada do dia 15.12.2014, com a apresentação da posição do poder judiciário e um panorama geral da liberdade sindical no Chile. Agradeço pela disponibilidade, prestatividade e carinho com que me recebeu, assim como por suas valiosas lições. É muito bom contar com pessoas que têm prazer em dividir conhecimento e Dra. Lorena possui essa dádiva.

Não posso deixar de mencionar a carinhosa e prestativa recepção de Manuel Yáñez, diretor do Centro Acadêmico na Universidade de Talca, Campus Talca, pessoa que se empenhou e se mobilizou para que a minha conferência em Talca fosse realizada com sucesso. Só tenho a agradecer e dizer que é sempre um prazer imenso conhecer pessoas tão iluminadas como Manuel. Jamais esquecerei!

Agradecimento especial à Professora Denise Cristina Brzezinski, que durante a graduação e pós-graduação sempre me incentivou e me cativou com lições para a vida! Os valiosos ensinamentos da Professora Denise mudaram os rumos da minha carreira, inclusive trazendo a inspiração para a docência! Exemplo de mestre!

Ainda, agradeço e presto aqui a minha homenagem à minha primeira professora, Senhora Konda Matiak (*in memoriam* – dezembro 2014), pessoa que além da alfabetização lecionou por muitos e longos anos lições de vida, amor ao próximo, fé, motivação, formou gerações (foi professora dos meus pais). Educadores como a Dona Konda, como amava ser chamada, estão em extinção. Sem nenhum recurso, na escassez e na miséria de uma escola rural municipal, ela demonstrava sempre a possibilidade de se acreditar num futuro melhor, com dignidade e honestidade. Ainda no último período de Páscoa (2014), ao visitá-la, Dona Konda vibrou com o andamento do meu Curso de Mestrado. Seus olhos, já ofuscados pela passagem do tempo, se encheram de lágrimas de felicidade, e confidenciou-me a sensação de dever cumprido e a alegria que minha trajetória lhe trazia. Essa visita foi nossa despedida. Suas lições foram as de uma verdadeira Doutora, na escola e na arte da vida.

Agradeço aos meus pais, Jair e Alaide, e ao meu irmão Erasmo, pois cada um, da sua forma, sempre respeitou minhas decisões e todos me apoiaram na realização deste projeto, perdoando inclusive as minhas longas ausências. Essa família me orgulha muito. Meu pai, Jair, é um homem simples, humilde e de parcos estudos, mas um sábio na escola da vida. Sempre nos guiou aos princípios maiores de fé, honestidade e dignidade. Minha mãe, Alaide, é uma heroína, guerreira, batalhadora, sempre prezou pelos estudos dos filhos e sonhou com a possibilidade de vê-los vencerem na vida. É um imenso prazer proporcionar momentos de felicidade a ela. O que dizer daquele que Deus me deu como irmão? Erasmo, meu exemplo, meu conselheiro, inteligente, sagaz, correto, íntegro!

Agradeço aos meus amigos e amigas que caminharam juntos, acreditaram, auxiliaram, incentivaram e por vezes me ampararam, em especial à minha querida Aline Ferreira Montenegro, tão querida, generosa e amável. Não há palavras para agradecer-lhe por sua amizade.

Agradeço ainda aos meus amigos Priscila Andreoti, Sandra Mara Dias, Clayton Gomes Medeiros, Scheila Santos, Luiz Cláudio Tavares e a todos os demais colegas que participaram desta caminhada.

Agradeço pela força, disponibilidade e atenção com que nos recebem sempre Gisele Barbosa e Rafaela Matos, pessoas que no silêncio e na quase invisibilidade das suas funções foram essenciais ao andamento da pesquisa, ajudando, trabalhando, atendendo, sorrindo, brincando, tornando o administrativo do Mestrado mais leve e suave.

Ainda, não posso deixar de agradecer pelas orações e mais orações da minha querida tia Ady Arruda, mulher de fé, coragem e uma fiel escudeira de oração. Pessoa que dobra os joelhos diariamente clamando pela realização dos nossos sonhos. A ti o desejo de que todas as orações e bênçãos retornem em dobro, sempre!

Não posso aqui deixar de agradecer à melhor amiga do ser humano, Mel, minha companhia canina incansável durante todos os dias de pesquisa, leitura e elaboração desta dissertação. Companhia racional, que me deu forças na fadiga, mesmo sem ao menos poder dizer uma só palavra. Essa amizade me incentivou a não desistir, e nas vezes em que o desânimo apareceu, com simples olhares, lambidas, suspiros e a presença incansável ao meu lado, ela me ajudou a superar tudo isso!

Agradeço a todos que de alguma forma auxiliaram no desenvolvimento da pesquisa. Só posso agradecer-lhes e desejar a todos o melhor desta vida!

Quanto ao tema da pesquisa, paira a sensação de que ainda há muito por se fazer, aprender e evoluir, não obstante nesta etapa a tranquilidade de ter feito tudo o que esteve ao meu alcance para realizá-la.

SUMÁRIO

APRESENTAÇÃO..10
LISTA DE ABREVIATURAS E SIGLAS...13
PREFÁCIO..15
INTRODUÇÃO...19

CAPÍTULO I – CONSTRUÇÃO HISTÓRICA DA LIBERDADE SINDICAL..........................23
1.1 SINDICALISMO A PARTIR DA REVOLUÇÃO INDUSTRIAL..29
1.2 SINDICALISMO E A ABORDAGEM DA LIBERDADE SINDICAL NAS CONSTITUIÇÕES BRASILEIRAS E LEGISLAÇÕES ESPARSAS...37
1.3 IMPORTÂNCIA DO SINDICALISMO E DO MOVIMENTO SINDICAL PARA OS DIREITOS HUMANOS..48

CAPÍTULO II – PROTEÇÃO DA LIBERDADE SINDICAL NO DIREITO INTERNACIONAL.......57
2.1 DECLARAÇÃO UNIVERSAL DOS DIREITOS HUMANOS, PACTOS DA ONU E INSTRUMENTOS INTERNACIONAIS RELACIONADOS..60
    2.1.1 Hierarquia dos Tratados de Direitos Humanos ante ao conteúdo da Constituição de 1988.....66
    2.1.2 Princípio universal *Pro Homine* no Direito Internacional dos Direitos Humanos................71
    2.1.3 O Pacto Internacional de Direitos Econômicos, Sociais e Culturais – PIDESC e o Pacto Internacional de Direitos Civis e Políticos da ONU...72
    2.1.4 Convenção Americana de Direitos Humanos...74
    2.1.5 Protocolo Adicional de São Salvador..78
2.2 CONVENÇÕES DA OIT A RESPEITO DO SINDICALISMO E LIBERDADE SINDICAL......80
    2.2.1 Internacionalização dos Direitos Humanos e a Declaração de Filadélfia..................................82
    2.2.2 Convenção n. 87/1948 da OIT...86
    2.2.3 Convenção n. 98/1949 da OIT...87
    2.2.4 Declaração dos Princípios e Direitos Fundamentais no Trabalho da OIT de 1998 e a Liberdade Sindical..89

CAPÍTULO III – A VIOLAÇÃO DO DIREITO FUNDAMENTAL À LIBERDADE SINDICAL PELO BRASIL FRENTE AOS INSTRUMENTOS INTERNACIONAIS RATIFICADOS...............92
3.1 O SISTEMA DE UNICIDADE SINDICAL VIGENTE NO BRASIL *VERSUS* A PROTEÇÃO AOS DIREITOS HUMANOS...93
3.2 VALORAÇÃO DA LIBERDADE DE ASSOCIAÇÃO E PLURALIDADE SINDICAL NO ORDENAMENTO JURÍDICO BRASILEIRO COMO DIREITO FUNDAMENTAL........................102
    3.2.1 Posicionamento do Poder Judiciário no Brasil e do Comitê de Liberdade Sindical (CLS) da OIT e o cenário legislativo atual no Brasil..110
3.3 CONSTITUIÇÃO DE 1988 *VERSUS* ORDENAMENTO JURÍDICO INTERNACIONAL: O ENIGMA DE RESPEITAR A CONSTITUIÇÃO E NÃO DESCUMPRIR TRATADOS INTERNACIONAIS DE DIREITOS HUMANOS RATIFICADOS...114

CAPÍTULO IV – CONSIDERAÇÕES FINAIS..128
REFERÊNCIAS BIBLIOGRÁFICAS...133

APRESENTAÇÃO

Inquestionavelmente, a liberdade de associação é um dos direitos assegurados, tanto no plano interno quanto no plano internacional. Aliás, a própria Declaração Universal dos Direitos Humanos, 1948, em seu artigo 20, assevera que "**1. Toda a pessoa tem direito a liberdade de reunião e de associação pacíficas; 2. Ninguém pode ser obrigado a fazer parte de uma associação.**"

O Pacto sobre Direitos Econômicos, Sociais e Culturais, do ano de 1966, estabelece no artigo 8º: "*1. Os Estados Partes do presente Pacto comprometem-se a garantir: a) O direito de toda pessoa de fundar com outras, sindicatos e de filiar-se ao sindicato de escolha, sujeitando-se unicamente aos estatutos da organização interessada, com o objetivo de promover e de proteger seus interesses econômicos e sociais. O exercício desse direito só poderá ser objeto das restrições previstas em lei e que sejam necessárias, em uma sociedade democrática, no interesse da segurança nacional ou da ordem pública, ou para proteger os direitos e as liberdades alheias; b) O direito dos sindicatos de formar federações ou confederações nacionais e o direito destas de formar organizações sindicais internacionais ou de filiar-se às mesmas; c) O direito dos sindicatos de exercer livremente suas atividades, sem quaisquer limitações além daquelas previstas em lei e que sejam necessárias, em uma sociedade democrática, no interesse da segurança nacional ou da ordem pública, ou para proteger os direitos e as liberdades das demais pessoas.*".

O Pacto de San José da Costa Rica, 1969, no artigo 16 também possui dispositivo semelhante: "*1. Todas as pessoas têm o direito de associar-se livremente com fins ideológicos, religiosos, políticos, econômicos, trabalhistas, sociais, culturais, desportivos ou de qualquer outra natureza. 2. O exercício desse direito só pode estar sujeito às restrições previstas em lei e que se façam necessárias, em uma sociedade democrática, ao interesse da segurança nacional, da segurança e da ordem públicas, ou para proteger a saúde ou a moral públicas ou os direitos e as liberdades das demais pessoas*".

Ainda no plano internacional, a Organização Internacional do Trabalho garante a liberdade de associação e, consequentemente, a liberdade sindical, dentro das Convenções ns. 87 e 98, que são analisadas no presente livro, explorado de forma magistral pela autora Andrea Arruda Vaz. Estranhamente, a República Federativa do Brasil, país que adota um discurso vanguardista na aplicação dos direitos humanos, ainda não ratificou a Convenção n. 87 da OIT.

No plano interno, o artigo 5º, inciso XVII da Constituição Federal garante a liberdade de associação. Todavia, o artigo 8º, inciso II da Constituição Federal veda a pluralidade sindical e, consequentemente a liberdade de associação do empregado. Trata-se, portanto, de um dispositivo constitucional que está em total dissonância com os Tratados de Direitos Humanos, muitos deles ratificados pela República Federativa do Brasil.

Em uma pesquisa de fôlego, realizada pela dedicada autora e que, inclusive, realizou pesquisas de direito comparado junto à Universidade de Talca do Chile, demonstra que os sistemas adotados no Brasil e naquele país são diversos. Dentro de uma linha de raciocínio e um método que utiliza os Direitos Sociais, o Direito Internacional Público e o Direito Comparado, a autora aponta para a necessidade de a República Federativa do Brasil implementar, dentro do seu ordenamento jurídico, os tratados sobre direitos humanos devidamente ratificados. E mais, em virtude da aplicação do princípio da boa fé, os Estados que ratificam os tratados possuem o dever de implementar as normas em seus ordenamentos jurídicos internos e de não frustrar o cumprimento e a aplicação dos tratados.

Trata-se, portanto, de uma obra que deverá estar presente dentro das bibliotecas de pesquisadores, juízes, advogados, professores e demais profissionais do direito que se preocupam com a aplicação dos direitos sociais e demonstram interesse na instigante matéria que envolve os direitos sociais e o direito internacional público.

Curitiba, inverno de 2016

Eduardo Biacchi Gomes
Doutor em Direito
Vice Coordenador do Programa de Mestrado em Direito da UniBrasil
Professor Titular de Direito Internacional da PUCPR
Professor Adjunto do UNINTER
lattes: http//lattes.cnpq.br/0011551326068336

LISTA DE ABREVIATURAS E SIGLAS

ABC – ABC Paulista (Região Industrial no Estado de São Paulo)

ADPF – Ação por Descumprimento de Preceito Fundamental

AGR – Agravo

ANAMATRA – Associação Nacional dos Magistrados da Justiça do Trabalho

CADH – Convenção Americana de Direitos Humanos

CCJ – Comissão de Constituição e Justiça

CF – Constituição Federal

CGT – Central Geral dos Trabalhadores

CIDH – Comissão Interamericana de Direitos Humanos

CUT – Central Única dos Trabalhadores

CLT – Consolidação das Leis do Trabalho

CLS – Comitê de Liberdade Sindical

CONTEE – Confederação Nacional dos Trabalhadores em Estabelecimentos de Ensino

CRFB – Constituição da República Federativa do Brasil

DIDH – Direito Internacional dos Direitos Humanos

DJE – Diário da Justiça Estadual

DUDH – Declaração Universal dos Direitos Humanos

EC – Emenda Constitucional

ECOSOC – Conselho Econômico e Social das Nações Unidas

EUA – Estados Unidos da América

FHC – Fernando Henrique Cardoso

FUP – Federação Única dos Petroleiros

FNT – Fórum Nacional do Trabalho

HC – *Habeas Corpus*

ITC – *Internacional Training Centre*

Lula – Apelido do ex-presidente Luiz Inácio Lula da Silva

MST – Movimento dos Trabalhadores Rurais Sem-Terra

MTE – Ministério do Trabalho e Emprego

Min. – Ministro(a)

N. – Número

OEA – Organização dos Estados Americanos

OIT – Organização Internacional do Trabalho

ONU – Organização das Nações Unidas

PEC – Proposta de Emenda Constitucional

PEC'S – Propostas de Emendas Constitucionais

PCB – Partido Comunista Brasileiro

PFL – Partido da Frente Liberal
PIDESC – Pacto Internacional de Direito Econômico, Social e Cultural
PMDB – Partido do Movimento Democrático Brasileiro
QI – Quarta Internacional
RE – Recurso Extraordinário
REL – Relator (a)
RCL – Reclamação
SÉC – Século
SIDH – Sistema Interamericano de Direitos Humanos
SP – São Paulo
STF – Supremo Tribunal Federal
TST – Tribunal Superior do Trabalho
URV – Unidade Real de Valor
USI – União Sindical Independente

PREFÁCIO

Coube-me a importante tarefa de prefaciar a obra de Andréa Arruda Vaz, que recebeu o título de Mestre em Direito pelo Programa de Mestrado em Direitos Fundamentais e Democracia do Centro Universitário Curitiba – UNICURITIBA.

A sua dissertação (que agora transforma-se em livro) teve como banca examinadora os Professores Doutores Eduardo Biacchi Gomes (orientador), Marco Antônio César Villatore (coorientador), Luiz Eduardo Gunther (membro externo) e Leonardo Vieira Wandelli (membro interno).

Pouco mais de um ano após a defesa e aprovação, com louvor, e feitas as retificações, ratificações e acréscimos consistentes, apresenta-se aos leitores a obra "Direito Fundamental à Liberdade Sindical no Brasil e os Tratados de Direitos Humanos".

Após profunda pesquisa no Brasil e no exterior (Chile), mostra-se o trabalho realizado à comunidade acadêmica e ao público em geral, estudantes de Direito, magistrados, integrantes do Ministério Público do Trabalho, advogados e sindicalistas.

Compõe-se o estudo científico de três distintos capítulos. O primeiro trata da construção histórica da liberdade sindical. O segundo, da proteção da liberdade sindical no direito internacional. E o terceiro, da violação do direito fundamental à liberdade sindical pelo Brasil frente aos instrumentos internacionais ratificados.

Na primeira parte do trabalho examinam-se os seguintes aspectos: o sindicalismo a partir da Revolução Industrial; o sindicalismo e a abordagem da liberdade sindical nas Constituições brasileiras e legislações esparsas e a importância do sindicalismo e do movimento sindical para os direitos humanos.

Na segunda parte subdivide-se a análise quanto a Declaração Universal dos Direitos Humanos, os pactos da ONU e os instrumentos internacionais relacionados, em primeiro lugar, e quanto às Convenções da OIT a respeito do sindicalismo e da liberdade sindical, em segundo lugar.

Quando ao primeiro item, explicam-se: a hierarquia dos tratados de direitos humanos ante o conteúdo da Constituição de 1988; o princípio universal *pro homine* no Direito Internacional dos Direitos Humanos; o Pacto Internacional de Direitos Econômicos, Sociais e Culturais – PIDESC e o Pacto Internacional de Direitos Civis e Políticos da ONU; a Convenção Americana de Direitos Humanos e o Protocolo Adicional de São Salvador.

Quanto ao segundo item, examinam-se a internacionalização dos direitos humanos e a Declaração de Filadélfia e as Convenções números 87, de 1948, e 98, de 1949, ambas da OIT.

A terceira, e última, parte, aborda: o sistema de unicidade sindical vigente no Brasil *versus* a proteção aos direitos humanos; a valoração da liberdade de associação e a pluralidade sindical no ordenamento jurídico brasileiro como direito fundamental – o posicionamento do Poder Judiciário no Brasil e do Comitê de Liberdade Sindical (CLS) da OIT e o cenário legislativo atual no Brasil e a Constituição de 1988 *versus* o ordenamento jurídico internacional: o enigma de respeitar a Constituição e não descumprir tratados internacionais de direitos humanos ratificados.

A alentada pesquisa doutrinária mostra o quanto a autora buscou compreender e transmitir sobre o fenômeno abordado em sua análise científica.

Registra a autora, corajosamente, que, sob a perspectiva da elevação da liberdade sindical a princípio fundamental, os dispositivos da Convenção n. 87/1948 da OIT poderiam ser aplicados no Brasil, independentemente de ratificação, por força da Declaração da OIT de 1998. Esse dever de cumprir os preceitos contidos na Convenção n. 87 da OIT decorre de a liberdade sindical ser um princípio estrutural e universal desse organismo internacional, com dever de cumprimento a todos os Estados Membros.

Assevera a autora, após a análise dos instrumentos internacionais de proteção aos Direitos Humanos ratificados e internalizados pelo Brasil, com a perspectiva da unicidade sindical, pela possibilidade de requerimento à Comissão Interamericana de Direitos Humanos, arguindo-se a violação da Convenção Americana de Direitos Humanos pelo Brasil. Pode, segundo ela, haver remessa do caso de violação à Corte Interamericana de Direitos Humanos, caso o Brasil não atenda as recomendações da referida Comissão, no que diz respeito ao cumprimento do referido instrumento.

Observa-se, nas menções realizadas pelo notável trabalho de pesquisa de Andréa Arruda Vaz, tratar-se de importante contributo científico sobre o tema do direito fundamental à liberdade sindical e sua relação genética com os tratados de direitos humanos.

Aqui está mais uma prova cabal de como a Academia, por seus professores e alunos, pode contribuir, de forma decisiva, com análises e críticas para o aperfeiçoamento do Direito, especialmente o Direito do Trabalho, no seu viés coletivo, aperfeiçoando a aplicabilidade do princípio fundamental da liberdade sindical.

Parabéns à autora, à sua instituição de ensino e ao seu professor orientador pelas importantes diretrizes que nos apresentam sobre tão importante tema.

Curitiba, maio de 2016.

Luiz Eduardo Gunther
Desembargador no Tribunal Regional do Trabalho da 9ª Região
Professor do Centro Universitário Curitiba - UNICURITIBA

INTRODUÇÃO

A pesquisa proposta, a respeito da liberdade sindical no Brasil e os Tratados de Direitos Humanos ratificados têm como objetivo a apresentação de como a interpretação constitucional ao artigo 8º, incisos I e II da CRFB, sustentada pelos poderes está em dissonância aos demais preceitos de Direitos Fundamentais e Direitos Humanos vigentes e aplicáveis no âmbito interno.

A pesquisa apresenta correlação direta à linha de pesquisa II do programa de mestrado em Direitos Fundamentais e democracia *"Estado e Concretização de Direitos: correlações e interdependências nacionais e internacionais"*. A correlação está na necessidade de concretização da liberdade sindical, como direito humano e fundamental, assegurado em diversos Tratados de Direitos Humanos ratificados e descumpridos pelo Brasil. Nesse aspecto a pesquisa se situa na análise da hierarquia entre os Tratados de Direitos Humanos e a Constituição de 1988, assim como na premência de priorização da proteção aos Direitos Humanos e efetivação de uma interpretação constitucional com base no princípio universal que rege as democracias. O princípio *Pro Homine* que vige no ordenamento internacional constitui premissa maior interpretativa e consiste na interpretação legislativa que melhor proteja o ser humano, ponto central de proteção do sistema de proteção aos Direitos Humanos.

A estrutura da pesquisa se situa na resposta para questionamentos como: A interpretação constitucional apresentada pelos Tribunais brasileiros ao artigo 8º, II da CRFB está em consonância com seus preceitos basilares e fundamentais? O artigo 8º, II da CRFB está em contrariedade aos Tratados e Instrumentos Internacionais de proteção aos Direitos Humanos ratificados pelo Brasil, na temática liberdade sindical? O Brasil viola Direitos Humanos ao adotar a unicidade sindical?

Em tempo, importante mencionar que embora o título apresente a terminologia "Tratados de Direitos Humanos", não se abordarão aqui todos os instrumentos internacionais de proteção aos Direitos Humanos, mas tão somente aqueles ratificados pelo Brasil e cujo conteúdo assegure a Liberdade Sindical, tema central de investigação da pesquisa, conforme adiante listados.

A pesquisa tem como base metodológica a pesquisa doutrinária, bem como o embasamento em obras publicadas, nacionais e internacionais, revistas e sítios jurídicos que abordem o assunto em estudo, assim como o entendimento jurisprudencial dos tribunais brasileiros e do Tribunal Constitucional do Chile a respeito do tema, além do estudo sistemático das legislações desse país.

Da mesma forma, o conteúdo da CLT, da Constituição de 1988, Leis esparsas, Decretos, enfim todo o conjunto de normas que compõem a discussão suscitada pelo tema proposto, no âmbito do Brasil, serão objetos de estudo. Ainda a pesquisa contou com etapa de investigação desenvolvida na Universidade de Talca, no Chile, quando houve a oportunidade de análise de um sistema totalmente diverso do existente no Brasil, com ampla e irrestrita admissão da liberdade sindical, porém com alguns percalços preocupantes, sendo o mais relevante o enfraquecimento do sistema em face da proliferação da quantidade de sindicatos.

A busca pela classificação metodológica da pesquisa nos leva a enquadrá-lo também no modelo de pesquisa exploratória, considerando que o tema abordado, muito embora bastante discutido, não traz muitos registros e estudos que expliquem o motivo pelo qual os preceitos fundamentais são mitigados em face de preceitos econômicos e até mesmo de modos de interpretação da Constituição.

Finalmente, a pesquisa, conforme já mencionado, terá a bibliografia como principal fonte de pesquisa e sustentação de ideias que aqui estão colocadas, considerando que o tema demanda pesquisa cuidadosa a respeito da base principiológica de Liberdade Sindical, Direitos Fundamentais, Democracia e Direitos Humanos, sendo dessa forma enquadrada também a presente pesquisa como bibliográfica.

Após esses esclarecimentos e a efetivação da investigação, algumas premissas importantes foram possíveis fixar, entre elas algumas que podem constituir em significativos avanços na vida da classe trabalhadora. Ademais, ao longo desse estudo constatou-se que o trabalho influencia significativamente de modo positivo ou negativo na vida das pessoas. A partir dessa premissa, verifica-se que essa influência está relacionada ao modo com que o trabalho acontece e a maneira como a organização do trabalho se desenvolve.

A economia e o trabalho são fatores que, ao que se percebeu, não podem conflitar, mas na prática estarão em constante conflito, o que resulta em condições degradantes e de destruição do trabalho como instrumento de desenvolvimento ao ser humano. Ao longo da história e das transformações no mundo do trabalho, a relação do ser humano com o tempo e com o desenvolvimento das habilidades no trabalho foram alteradas.

A Revolução Industrial como instituto histórico que produz efeitos até os nossos dias, quando do seu ápice revolucionou os modos de produção e consequentemente o modo de vida no trabalho. Ao decorrer da Revolução a produção aumentou, a automação tomou conta do setor produtivo e o ser humano passou de agente ativo e pensante no processo de produção a mero operador incansável da máquina em repetidas ações.

Tal estruturação produtiva altera a velocidade do trabalho e da produção, retira o desenvolvimento subjetivo do empregado, que agora se especializa numa única operação e a desenvolve infinitas vezes até o seu esgotamento físico e mental.

Tal estrutura agora demanda silêncio e atenção, pois a mesma máquina que produz muito e a baixo custo cerceia vidas e a saúde, caso o operário não a atenda a contento e na sua velocidade. Outros fatores desencadeados pela Revolução Industrial foram responsáveis por maior degradação do trabalho, pela precarização do sistema de produção, escassez de vagas de trabalho decorrente da substituição do operário pela máquina, e a exiguidade de normas de proteção ao trabalhador.

Sob o viés do desenvolvimento industrial nascem as lutas sociais e operárias por melhores condições de trabalho e de vida, o que se consolida na sequência como o que atualmente denominamos sindicalismo. Os movimentos sindicais se desenvolvem ao longo da Revolução Industrial e fabril e num primeiro momento são reprimidos pelo Estado, para na sequência se tornarem eivados de legitimação.

No Brasil esse movimento não ficou às margens e se implementou ao longo das Constituições, sob um sistema escravagista e corporativo, quando em alguns momentos reinou o sistema de pluralidade sindical, do ponto de vista formal e na prática a unicidade sindical, a exemplo da Constituição de 1934. Fator relevante para a pesquisa é o contexto de legitimação da Constituição de 1988 e as legislações esparsas que construíram o sistema sindical até nos nossos dias.

O sindicalismo possui grande importância na consolidação e formação do sistema de proteção aos Direitos Humanos, vez que as lutas por melhores condições de trabalho e a proteção social ao trabalho se desenvolveram via pressões e reuniões em greves e paralisações ao longo da história. Ainda sob esse viés, importante a percepção de que a OIT constitui atualmente a Organização Internacional de maior relevância na proteção dos Direitos Humanos por meio do Trabalho, sendo esta uma das maiores frentes de proteção aos Direitos Humanos em todo o planeta.

A consolidação e a construção do sistema universal de Direitos Humanos necessariamente passam pelo mundo do trabalho, ademais este é o modo de vida da grande maioria das pessoas no mundo. Atualmente existem sistemas universais e regionais de proteção aos Direitos Humanos, dentre eles se destaca a ONU e a OEA.

Quando se fala em proteção aos Direitos Humanos não se pode esquecer de que premissas essenciais são a liberdade e a democracia, ambos como conceitos interligados, uma vez que um sem o outro são conceitos vagos e inoperantes. Nesse mesmo aspecto o ordenamento internacional a que o Brasil é signatário, assim como dos Tratados internalizados, devem ser considerados a fim de compreender os motivos que sujeitam o Brasil à atual interpretação da liberdade sindical.

Importante é a verificação de que o Brasil tem o dever de cumprimento aos preceitos da Declaração Universal de 1948, assim como dos instrumentos da OIT, na sua grande maioria, especialmente no que diz respeito aos princípios contidos na Declaração dos Princípios e Garantias Fundamentais de 1998. Ressalte-se que embora o Brasil não tenha ratificado a Convenção n. 87 da OIT, possui o dever de cumprir os preceitos ali contidos, ademais a liberdade sindical é um princípio estrutural e universal da OIT, com dever de cumprimento a todos os Estados-membros.

Ainda insta mencionar que o Brasil também internalizou o Pacto de Direitos Civis e Políticos, Protocolo Adicional de São Salvador, e o Pacto de econômicos, sociais e culturais – PIDESC, que também são Tratados de Direitos Humanos e trazem em seu bojo a reafirmação da necessidade de implementação da liberdade sindical como premissa de democracia. O Brasil é também signatário do sistema regional de proteção aos Direitos Humanos, qual seja, internalizou o Pacto de São José da Costa Rica, que mais uma vez retrata a liberdade sindical como um direito humano e fundamental a todos.

Ressalte-se que o Brasil é signatário da OIT e ratificou a Convenção n. 98/1949 e atualmente constitui o único país da América Latina que não ratificou a Convenção n. 87/1948 da OIT. Sob essa perspectiva de um aparato de normas internacionais que devem ser cumpridas pelo país verifica-se que a fundamentação para a manutenção da unicidade sindical está envolta num ranço corporativista e de interesses particulares, seja do empresariado, que não tem interesse no fortalecimento das lutas laborais, seja pelos sindicatos, que em função da contribuição obrigatória não se preocupam com as lutas operárias, ademais sobrevivem confortavelmente às custas dos trabalhadores e por conta de uma imposição legislativa.

Ainda insta mencionar que o Brasil se obriga ao conteúdo da Declaração dos Princípios e Garantias Fundamentais da OIT de 1998, que eleva a Liberdade Sindical a princípio fundamental e universal, de índole de Direitos Humanos. A referida Declaração reconhece a Convenção n. 87/1948 como um instrumento internacional de proteção a Direitos Humanos e ressalta o dever dos países-membros em convergir com os princípios e Garantias Fundamentais, independentemente de ratificação dessa Convenção.

Assim a liberdade sindical assume uma centralidade e universalidade no cenário laboral, sendo inegável a relação dela com o exercício dos princípios democráticos contidos na Constituição de 1988. Ademais a democracia prescinde o exercício pleno das liberdades fundamentais e essenciais a todos os seres humanos, sem as quais não se pode reconhecer um Estado como democrático, mas sim autoritário.

O Poder Judiciário atualmente compreende pela manutenção da unicidade sindical, que é competência do Ministério do Trabalho e Emprego controlar, via registro dos instrumentos constitutivos os quais o STF já firmou entendimento consolidado na súmula n. 677, de que compete a esse órgão o registro e zelo pela unicidade sindical, até que Lei específica regulamente a questão. O STF, embora entenda que se deva priorizar a interpretação *Pro Homine*, continua a zelar pela unicidade sindical, em total desconsideração aos Tratados de Direitos Humanos ratificados pelo Brasil e que asseguram a liberdade sindical de forma plena.

A solução para esse impasse possui algumas alternativas, entre elas uma adequação interpretativa ao texto do artigo 8º, *caput*, incisos I e II da CRFB, vez que não pode receber interpretação restritiva, mas sim ampla e de acordo com preceitos de proteção aos Direitos Humanos. Outra solução pouco provável é a alteração da Constituição com a revogação formal do inciso II do referido artigo. Solução convencional, porém pouco provável face aos pilares corporativos que sustentam a unicidade no país.

Doutrinadores admitem uma mutação na interpretação constitucional com o reconhecimento de que os Tratados de Direitos Humanos incorporam a Constituição, logo produzem uma emenda informal ao texto constitucional. Com os Tratados incorporados aconteceria uma automática substituição do texto da unicidade para a pluralidade em função da interpretação com base na norma mais benéfica ao ser humano.

Ainda que se reconheça a necessidade de aprovação em quórum especial (artigo 5º, parágrafo 3º da CRFB) do conteúdo da Convenção Americana de Direitos Humanos, bastaria possivelmente a submissão a nova votação e ela integraria a Constituição para todos os efeitos, inclusive promovendo a alteração do artigo 8º, inciso II, da Constituição, vez que aí, segundo corrente doutrinária na pesquisa utilizada, a referida convenção integraria o texto constitucional ou a ele se equivaleria, inclusive hierarquicamente.

Enfim, há a necessidade de uma evolução na interpretação constitucional e em total convergência com o conteúdo dos Tratados de Direitos Humanos vigentes e aplicáveis ao Brasil. Basta essa percepção, que certamente terá de partir do poder judiciário, para que se supere essa violação lamentável aos Direitos Humanos no Brasil. Ademais a Constituição democrática deve atentar para os pilares de sustentação de uma democracia, sendo o principal a liberdade, sem a qual não se pode visualizar outro sistema senão o autoritarismo.

Após a análise do contexto em que se sustenta a unicidade sindical, assim como os instrumentos internacionais de proteção aos Direitos Humanos ratificados e internalizados pelo Brasil, verifica-se a possibilidade de petição à Comissão Interamericana de Direitos Humanos, com arguição de violação a Convenção Americana de Direitos Humanos pelo Brasil, o que pode ser remetido à Corte Interamericana de Direitos Humanos, caso o Brasil não cumpra as recomendações da referida Comissão, no cumprimento do referido instrumento.

CONSTRUÇÃO HISTÓRICA DA LIBERDADE SINDICAL

Capítulo I

Este capítulo se propõe à apresentação de um recorte histórico da formação e constituição das formas associativas para fins laborais e o sindicalismo a partir da Revolução Industrial. A justificativa para essa delimitação está na importância que a Revolução Industrial possui na formação do Sindicalismo como movimento que estruturou o exercício da liberdade sindical e as lutas sociais por melhores condições de trabalho.

Ainda, este capítulo apresenta a abordagem da liberdade sindical nas Constituições brasileiras e a forma como foi constituído o sindicalismo no Brasil e suas influências sociais e políticas. Por fim se apresenta a importância da Liberdade Sindical na construção da proteção aos Direitos Humanos e Direitos Sociais.

Esta dissertação não possui objetivo de traçar um escorço histórico linear no que concerne aos fatos históricos a cada período, mas sim apresentar de forma pontual marcos expressivos na formação do sindicalismo como forma de organização e direcionamento de uma classe em busca de melhores condições de vida, uma vez que "a história de toda a sociedade é a história das lutas de classes".[1]

A atual estrutura sindical brasileira, pautada na unicidade sindical é fruto de fatores sociais, econômicos e principalmente culturais. Não obstante, para uma melhor compreensão faz-se necessária a abordagem da Revolução Industrial (1760-1860) como marco histórico na conquista dos direitos dos trabalhadores e direitos sociais como um todo, no que diz respeito à constitucionalização de direitos e um modelo de intervenção estatal, pautado na limitação dos excessos de uma época de liberalismo.

O recorte histórico a partir da Revolução Industrial (1760-1860) se justifica na medida da importância que esse movimento possui para a contextualização da concepção das formas associativas que atualmente denominamos tecnicamente de sindicatos. Tal denominação decorre da ciência jurídica que se debruça a estudar o sindicalismo como modo de organização a partir do trabalho humano e na busca por melhores condições ao mesmo.

A partir da ideia de organização do trabalho humano, importante compreender o elo entre capital e trabalho, ademais "a divisão do trabalho, na medida em que pode ser introduzida, gera, em cada ofício, um aumento proporcional das forças produtivas do trabalho".[2] Esse movimento como síntese da manufatura e grande indústria revolucionou a relação "homem-máquina" e constituiu uma nova relação do homem com a natureza numa colocação "ontológica da forma de ser da produção social do capital" e consequentemente a revolução da força de trabalho e alterações nesse meio.[3] Por sua vez no coração da Revolução Industrial do século XVIII ocorreu o progresso nos instrumentos de produção acompanhado da "catastrófica desarticulação na vida das pessoas comuns".[4]

A respeito da multiplicação e organização do sistema de produção, o que para Adam Smith, em decorrência da divisão do trabalho, há o aumento da produtividade, uma vez que a direção em busca de um único objetivo faz com que o ser humano lapide de forma eficaz os métodos de produção. Assim "cada trabalhador tem para vender uma grande quantidade de seu próprio trabalho, além daquela de que ele mesmo necessita".[5]

---

(1) MARX, Karl (1818-1883); ENGELS, Friedrich. **Manifesto do partido comunista**. Tradução de: Sérgio Tellaroli. Posfácio de: Marshall Berman. Revisão técnica de: Ricardo Musse. São Paulo: Penguin Classics/Companhia das Letras, 2012. p. 44.
(2) SMITH, Adam. **A riqueza das nações**: investigação sobre sua natureza e suas causas. (Chicago, 1976). v. I. Introdução de: Edwin Cannan. Tradução de: Luiz João Baraúna. São Paulo: Nova Cultural, 1996. (Os economistas). p. 66.
(3) ALVES, Giovanni. Crise estrutural do capital e novas dimensões da precarização do trabalho – Direitos sociais trabalhistas e barbárie social no século XXI. In: DELGADO, Gabriela Neves; PEREIRA, Ricardo José Macêdo de Britto. (Coord.). **Trabalho, Constituição e cidadania**: a dimensão coletiva dos direitos sociais trabalhistas. São Paulo: LTr, 2014. p. 16.
(4) POLANYI, Karl. **A grande transformação**: as origens da nossa época. Tradução de: Fanny Wrobel. Revisão técnica de: Ricardo Benzaquen de Araújo. 2. ed. Rio de Janeiro: Elsevier, 2012. p. 35.
(5) SMITH, *op. cit.*, p. 69-70.

A concepção de venda da força de trabalho, ainda que não se reconheça o trabalho como uma mercadoria, o que para o atual contexto social do trabalho é inadmissível, deve ser visualizada a partir da premissa de que para a existência de trabalho digno impõe-se um desenvolvimento econômico. Não obstante esse desenvolvimento encontra limitações na dignidade da pessoa humana e na promoção do trabalho decente.

Importa compreender que a divisão do trabalho produz outro fenômeno de igual importância, qual seja a concentração de trabalhadores nas fábricas e centros de trabalho, dando lugar a uma nova situação jurídica às relações de trabalho – a sociedade industrial do modo como se conhece atualmente. O movimento operário nasce frente à sociedade industrial e o sistema produtivo capitalista como forma de resistência ao Estado e ao capitalismo pela classe trabalhadora.[6]

Ao relatar as transformações no mundo do trabalho trazidas pelo Fordismo e Taylorismo, Bihr concluiu que a consolidação da dominação do capital sobre o processo do trabalho, acontecidas durante esse período histórico, permitiu a intensificação da exploração do trabalho operário. Ademais a parcelização do trabalho aumentou a destreza e habilidade de cada operário, na execução de gestos elementares e reduziu o "tempo morto", ou seja, intensificou o trabalho, instalando-se assim um regime de acumulação de capital.[7]

Assim, a condição para que o mercado de trabalho conservasse sua principal função era "desde que os salários e as condições de trabalho, os padrões e as regulamentações, pudessem resguardar o caráter humano da suposta mercadoria, o trabalho".[8] Nesse aspecto importante esclarecer, conforme Antonio Ojeda Avilés, o motivo para a denominação "Relações Industriais", muito utilizada ao longo da história para definir os movimentos dos operários, na luta por melhores condições:

> Ya en el siglo XIX la perspectiva de los economistas clásicos, estudiosos del trabajo como un objeto mercantil, viene rota por las investigaciones de Marx y los esposos Webb, orientadas con una visión colectiva de los trabajadores: el primeiro encauza sus investigaciones hacia la capacidade política de la clase obrera; los segundos ponderan la potencialidad de los sindicatos para mejorar la situación de los trabajadores mediante la negociación colectiva, la legislación y el mutualismo.[9], [10]

Neste feitio a importância das duas visões para a sedimentação das relações coletivas e laborais, ademais a partir dessa divergência de pensamentos, é que se fomenta a discussão da temática, sob o viés das duas linhas, ou seja, a visão econômica e a visão social do trabalho. Pontos visivelmente de tensão, vez que normalmente a política econômica não prioriza a efetivação de políticas sociais, mas sim a lucratividade a um menor custo. Enquanto isso as lutas sociais não priorizam a economia em si, mas sim a conquista e preservação de melhores condições de vida aos trabalhadores.

Para Sennett, autor que defende a ideia de que o fazer artesanal é desenvolver o pensamento e habilidades intelectuais, essa alteração do trabalho artesanal para a automação produziu mudanças culturais e sociais, vez que em termo culturais ainda se busca compreender os limites do ser humano frente à mecanização, mas socialmente "ainda lutamos contra o antitecnologismo", continuando o trabalho artesanal sendo o foco em ambos.[11]

Não obstante, "o empobrecimento da economia relacionado ao seu distanciamento da ética afeta tanto a *economia do bem-estar* (restringindo seu alcance e sua relevância) como a economia preditiva (enfraquecendo seus alicerces nas suposições de comportamento). (destaque no original).[12] A

---

(6) FENOLL, José Salvador Martínez. **Una aproximación razonable al derecho del trabajo**: doctrina y jurisprudencia. Madrid: Central de Produción, 2010. p. 56-59.
(7) BIHR, Alain. (1950). **Da grande noite à alternativa**: o movimento operário europeu em crise. Tradução de: Wanda Caldeira Brant. 2. ed. São Paulo: Boitempo, 2010. p. 39-40.
(8) POLANYI, 2012, p. 198.
(9) OJEDA AVILÉS, Antonio. **Compendio de derecho sindical**. 2. ed. Madrid: Editorial Tecnos, 2012. p. 56.
(10) "No século XIX a perspectiva dos economistas clássicos, estudiosos do Trabalho como mercadoria foi quebrado pelas investigações de Marx e Weber, orientada por uma visão coletiva dos trabalhadores: o primeiro canalizou suas investigações na capacidade política da classe operária; o segundo ponderou a potencialidade dos sindicatos para melhorar a situação dos trabalhadores mediante negociação coletiva, legislação e mutualismo". (tradução livre da autora).
(11) SENNETT, Richard. **O artífice**. Tradução de: Clóvis Marques. 4. ed. Rio de Janeiro: Record, 2013. p. 97-100.
(12) SEN, Amartya. **Sobre ética e economia**. Tradução de: Laura Teixeira Motta. Revisão técnica de: Ricardo Doninelli Mendes. São Paulo: Companhia das Letras, 1999. p. 73.

compreensão da economia como instrumento de realização dos interesses racionais da pessoa, assim como um instrumento de promoção do bem-estar social e coletivo, demandam uma interpretação de que trabalho e capital realmente são interconectados, porém os atores sociais por vezes não percebem.

Formalmente falando, a sociedade capitalista, em meados do século XVIII, possuía um cenário favorável para a expansão da economia, uma vez que a produção artesanal cedeu espaço para a máquina e registrou na história um novo momento, qual seja a organização do modo de produção que "agora ingressava na fase industrial".[13] A fase industrial em função da divisão do trabalho propõe certo afeto ao bem-estar pessoal e social, quando "o trabalho vivo é apenas um meio para a multiplicação do trabalho acumulado".[14]

A máquina modificou os padrões produtivos existentes, em que trabalho e capital vinculavam-se ao artesanato, para dar espaço a um sistema de produção onde o trabalhador se separa dos meios de produção, surgindo assim o capitalismo mediante a concentração dos meios de produção e aumento da produtividade, nascendo assim a classe trabalhadora assalariada, base da posterior aparição do Direito do Trabalho.[15]

Neste modelo "as relações jurídicas são estabelecidas entre sujeitos presumidamente iguais, real e formalmente"[16] e a partir dessa presunção não se pode compreender a exploração dos trabalhadores como a decorrência de uma desigualdade entre as partes.

Modelo esse que não se sustenta, não obstante a degradação humana em decorrência de o trabalho assumir proporções inaceitáveis e partir de então se passa a acolher a ideia de desigualdade entre as partes no processo de tensão entre o capital e o trabalho. A concepção de que "o trabalho foi o primeiro preço, dinheiro de compra original que foi pago por todas as coisas", uma vez que pelo trabalho se pode adquirir as riquezas do mundo[17], passa a sofrer limitações em razão da imposição de respeito ao ser humano e a sua dignidade.

Assim,

> quando o capital faz do trabalho um meio para seu fim último que é a valorização contínua do valor, colocando o sujeito a serviço da ordem institucional e não a ordem institucional a serviço dos sujeitos – precisamente, invertendo a relação entre dignidade e mediação – colide frontalmente com o Direito ao Trabalho.[18]

Este como instrumento hábil de organização institucional em prol da proteção dos menos favorecidos, no caso o trabalhador.

As primeiras manifestações e lutas por melhores condições são um tanto quanto contraditórias, ademais os empregados ao se decidirem pela greve, conforme relata Emile Zola, possuem dúvidas de que esse movimento realmente funcionaria na luta pela opressão, o que gerava subversões inclusive entre os próprios trabalhadores.[19]

Fatos esses que só pioram os conflitos a partir de desabamentos e problemas de segurança com as minas de carvão, exploradas indiscriminadamente naquele contexto histórico europeu, que inclusive soterram inúmeros trabalhadores.[20] A ilustração do modelo de trabalho e da forma como os trabalhadores eram explorados e vitimados pelo capital demonstrada no romance de Emile Zola[21], evidencia a necessidade de se construir um futuro, pautado na esperança de dias melhores, o que nem sempre

---

(13) ANTUNES, Ricardo L. **O que é sindicalismo**. Coordenação: Vanya Sant'Anna. 16. ed. São Paulo: Brasiliense, 1989. p. 10.
(14) MARX, 2012, p. 61.
(15) GONZÁLEZ, Cayetano Núñes. Los límites a la negociación colectiva en el derecho del trabajo neoliberal (breves reflexiones para un debate). In: MIÑO, Irene Rojas. (Coord.). **La negociación colectiva en Chile**. Santiago: Librotecnia, 2014. p. 203.
(16) RODRIGUEZ, José Rodrigo. **Dogmática da liberdade sindical**: direito, política e globalização. Rio de Janeiro: Renovar, 2003. p. 4.
(17) SMITH, 1996, p. 69-87.
(18) WANDELLI, Leonardo Vieira. **O direito humano e fundamental ao trabalho**: fundamentação e exigibilidade. São Paulo: LTr, 2012. p. 74.
(19) ZOLA, Emile. **Germinal**. Tradução de: Francisco Bittencourt. 1. ed. Rio de Janeiro, 1972. (Os imortais da literatura universal, 36). p. 307-345.
(20) ZOLA, loc. cit.
(21) ZOLA, loc. cit.

é bem recebido pelos próprios trabalhadores. Logo, toda luta possui suas barreiras, que naturalmente necessitam de um rompimento.

Ainda sob o viés do início das lutas dos Carvoeiros de Emile Zola, onde se expõem as agruras humanas e sua falibilidade no mundo do trabalho e seus impactos "e nessa ferocidade crescente, nessa antiga necessidade de vingança cuja loucura fervia em todas as cabeças, os gritos continuavam, estrangulando-se, a morte aos traidores, o ódio ao trabalho mal pago, o rugido do estômago querendo pão".[22] Cenário esse de contradições e de desespero. Ademais, sequer os próprios trabalhadores explorados conseguiam assegurar um mesmo ideal ou propósito, vez que o medo os calava e os submetia a condições impraticáveis de trabalho.

Ainda que sob o manto da exploração, da miséria e da dor, é perceptível que há medos maiores, que se envergam ao capital, à dominação e à ausência de atuação estatal e até mesmo ao fortalecimento do capital pelo Estado. Esse era o cenário relatado por Emile Zola, quando da resistência de muitos trabalhadores em aderir à luta por direitos[23]. O medo de que as condições ainda piorassem os forçava a assim agir. Logo, somente ao longo da história, após inúmeras lutas, derrotas e vitórias, um movimento engendrou a confiança da classe, realmente uma semente a germinar, nascer, crescer e frutificar.

A premissa de que "o empregado isolado, mais fraco economicamente do que a empresa, encontra-se compelido a trabalhar para sobreviver, o que o coloca numa posição bastante frágil para fazer qualquer exigência"[24], demonstra a exploração da fragilidade humana. A partir dessa percepção do empresariado, dessa desigualdade entre partes e a perspectiva de industrialização, de aumento da produção e abertura de mercados, esse desequilíbrio tende a aumentar.

O equilíbrio entre capital e trabalho, nesse sentido, tem que considerar que "o homem sempre precisa viver de seu trabalho, e seu salário deve ser suficiente, no mínimo, para a sua manutenção".[25] Nesse viés a necessidade de um mínimo existencial deve proporcionar e colaborar para um contrabalançar da economia com a preservação de direitos sociais e fundamentais ao ser humano.

Objetivamente, entende-se que o mínimo existencial corresponde ao conjunto de situações materiais indispensáveis à existência física (manutenção do corpo), espiritual e intelectual.[26] Em termos práticos há a necessidade de reconhecimento, tanto pela sociedade quanto pelo Estado, a respeito da existência de um mínimo existencial que torne a vida digna, ou ainda que habilite determinado posto de trabalho, a qualidade de trabalho digno, por exemplo.

A premissa da tentativa de equilíbrio entre capital e trabalho se faz necessária ante a percepção de que "a condição dos trabalhadores é dura na situação estacionária e miserável quando há declínio econômico da nação".[27] A partir de um desenvolvimento econômico de forma sustentável e pautada em premissas de preservação da dignidade humana, é possível sim a construção de uma sociedade justa e solidária, com a conjunção harmoniosa da economia com os Direitos Humanos e fundamentais. A necessidade de preservação de um mínimo possível ao sobreviver dignamente é o desafio maior ante as leis de mercado e da busca pelo aumento dos lucros e a redução da mão de obra, o que faz com que os trabalhadores passem a estabelecer formas coletivas de organização.

A luta individual não constrói fortalecimento suficiente para interferir no mercado, logo se busca a união nas formas de associações para discutir os problemas causados pelo capitalismo predatório à dignidade da pessoa humana, o que num primeiro momento soa como mera ideologia. Na história do século XIX, segundo Polanyi, havia um contraponto de movimentos: de um lado os mercados e sua expansão e de outro uma rede de medidas e políticas destinadas a cercear a ação do mercado relativamente ao trabalho, a terra e ao dinheiro, com vistas a resistir ao mercado.[28] Segundo o mesmo autor, embora esse movimento fosse vital para a proteção da sociedade, era "incompatível com a autorregulação do mercado e, portanto, com o próprio sistema de mercado".[29]

---

(22) *Ibid.*, p. 345.
(23) ZOLA, 1972, p. 345.
(24) RODRIGUEZ, 2003, p. 4.
(25) SMITH, 1996, p. 120.
(26) BARCELLOS, Ana Paula de. **A eficácia jurídica dos princípios constitucionais**: o princípio da dignidade da pessoa humana. Rio de Janeiro: Renovar, 2002. p. 197.
(27) SMITH, 1996, p. 131.
(28) POLANYI, 2012, p. 82.
(29) *Ibid.*, p. 145.

Aparentemente, tais movimentos são incompatíveis e até mesmo inconciliáveis, não obstante necessário se faz atualmente pensar o trabalho e o capital na forma de complementariedade, ademais ambos necessitam conviver coletivamente num mesmo ambiente, porém imprescindível à imposição de parâmetros e limitações que assegurem o que de mais importante há, ou seja, a dignidade humana.

Importante compreender que "opressores e oprimidos sempre estiveram em oposição, travando luta ininterrupta, ora velada, ora aberta, uma luta que sempre terminou ou com a reconfiguração revolucionária de toda a sociedade ou com o ocaso conjunto das classes em luta".[30] Nesse viés as lutas, organizadas ou não, sempre permearam a sociedade, sendo a tensão de classes uma forma de organização de determinadas categorias e segmentos sociais, visando ao fortalecimento a fim de alcançar objetivos definidos, a curto ou longo prazo.

A exemplo, convém mencionar o movimento operário na França, quando após os trabalhadores perceberem a força que possuíam, "eles compreendiam que a Revolução renasceria sem descanso, talvez mesmo amanhã, com a greve geral, a união de todos os trabalhadores".[31] Ademais o sindicato luta pela imposição de melhores condições, com vantagens extensivas a toda a classe.[32]

A percepção pelos trabalhadores de que somente a união os poderia levar a conquistar melhores condições de trabalho e um avanço em melhores condições de vida no trabalho, para a coletividade, os fez lutar de forma unida, em movimentos que por vezes sofreram questionamentos, uma vez que também presenciaram impasses, como por exemplo desemprego dos organizadores.

A luta operária no que concerne à conquista dos Direitos Fundamentais, entre eles a liberdade sindical, é de primordial importância, uma vez que

> o movimento operário do começo do século XIX foi o prefácio do sindicalismo, proporcionando, como a sua desintegração, por falta de condições organizativas e por serem suas finalidades mais momentâneas, o espaço vazio para o surgimento do robusto sindicalismo dos nossos dias.[33]

A substituição do trabalho humano pela atividade mecanizada, num primeiro momento, do ponto de vista social, aparenta um grande progresso no que concerne ao aumento da produção e até mesmo na qualidade de vida do trabalhador. Este pode até pensar inicialmente em métodos de facilitação do trabalho, não obstante deslembra que as quantidades de vagas de trabalho serão significativamente reduzidas, assim como sua relação com o próprio trabalho alterada.

Assim, outro efeito devastador é no que diz respeito ao desenvolvimento do trabalhador e da subjetividade que envolve o trabalho. Ademais, "em virtude da expansão da maquinaria e da divisão do trabalho, o trabalho dos proletários perdeu todo caráter autônomo e, com isso, toda atratividade para os próprios trabalhadores".[34] A automação substitui a utilização do pensamento e do desenvolvimento de habilidades pelo trabalhador, vez que agora a máquina faz esse papel, restando ao operador apenas alimentá-la de forma repetitiva durante todo o experiente, o que o adoecerá.

Na tentativa de coibir os abusos e excessos "de início, lutam trabalhadores isolados; depois, os trabalhadores de uma fábrica; e, a seguir, os trabalhadores de determinado ramo e lugar contra o burguês que os explora diretamente".[35] Assim surge a organização para frentes de luta e a busca por melhores condições de trabalho e de vida. A ideia de organização de blocos e setorização surgem justamente para combater os entraves trazidos pela mecanização.

Nesse viés "as ideias de sindicalismo aparecerão, então, como resultado natural da situação política e econômica"[36], que naquele momento, além dos pretensos melhores resultados na produtividade, o que efetivamente aconteceu, apresentou outro lado, até então não previsto, o adoecimento dos operários. Aspecto importante é a moldação do cenário laboral e econômico, ademais as lutas por um crescimento econômico e industrial encontram limitações nas lutas sociais e coletivas por melhoria nas

---

(30) MARX, 2012, p. 44.
(31) ZOLA, 1972, p. 536.
(32) MORAES, Evaristo de. **Apontamentos de direito operário**. 4. ed. São Paulo: LTR, 1998. p. 109.
(33) CHIARELLI, Carlos Alberto Gomes. **Teoria e prática do sindicalismo no Brasil**. São Paulo: LTr, 1974. p. 5.
(34) MARX, 2012, p. 51.
(35) MARX, 2012, p. 53.
(36) RUSSEL, Bertrand. (1872-1970). **Caminhos para a liberdade**: socialismo, anarquismo e sindicalismo. Tradução de: Breno Silveira. São Paulo: Martins, 2005. p. 59.

condições de trabalho, assim como uma natural resistência à mudança da relação do ser humano com o tempo e com o ambiente de trabalho.

A organização dos trabalhadores, num primeiro momento, até parecia contraditória, uma vez que o empregador detinha o poder sobre a vaga de trabalho do empregado e este poderia ser mais um na massa de desempregados. Em face desses riscos, alguns empregados, naturalmente, poderiam negar a participação nos movimentos, conforme já ilustrado, uma vez que não visualizavam resultados positivos nas organizações. Por vezes não era possível a percepção de que "a verdadeira consequência de suas lutas não é a vitória imediata, mas a unificação cada vez mais abrangente dos trabalhadores".[37]

A resposta aos anseios e às lutas sociais não é instantâneo, mas percorre toda uma construção histórica e social sem um tempo definido. Logo, a persistência deve se fazer presente nos movimentos de luta operária, o que trará à tona a percepção de atemporalidade na conquista dos objetivos.

Nesse sentido, importante frisar que

> apesar de todas as manifestações anteriores, não há como deixar de se constatar que o sindicalismo (e o Direito Coletivo do Trabalho) somente nasce, indubitavelmente, com o reconhecimento efetivo de um direito de associação aos trabalhadores, o que somente ocorreu após a Revolução Industrial (século XVIII).[38]

A compreensão de que a institucionalização formal do sindicalismo, a partir do reconhecimento do direito de associação específico aos trabalhadores, é importante para situar a pesquisa a partir desse movimento, qual seja, a Revolução Industrial.

A necessidade de associação surgiu dos abusos e até mesmo desse desequilíbrio entre capital e trabalho, quando havia a sobreposição do capital ao trabalho, de forma ilimitada. Nesse segmento a exploração humana no trabalho se demonstrava exorbitante, fazendo com que os trabalhadores buscassem formas e soluções para a opressão.

A partir da constatação de que os abusos ultrapassavam as forças dos trabalhadores e já não mais conseguiriam suportar, e muitos já de fato não conseguiam sobreviver, surgiu a premissa de reunião para somar forças. Nesse sentido, a luta por melhores condições de trabalho e consequentemente de vida se iniciou e as associações de trabalhadores foram então formas de lutas institucionalizadas das classes.

Assim, "no âmbito francês, somente em 1884, com a chamada Lei Waldeck-Rousseau (cuja ementa afirmava ser essa a "Lei sobre a criação dos sindicatos profissionais", é que foram admitidas como lícitas as coalizões de trabalhadores"[39], quando efetivamente houve a instituição formal da autorização associativa laboral aos trabalhadores.

Ainda, a título de recorte e como forma de situar a pesquisa, importante lembrar que "na Alemanha, o direito de associação profissional foi admitido expressamente, pela primeira vez, pela Constituição de Weimar, de 1919, uma das primeiras Constituições do mundo a tratar de matéria trabalhista".[40] Tal marco histórico mundial decorre das consequências da primeira guerra mundial, quando há uma grande recessão econômica e social.

O trabalhador é a grande vítima da guerra, uma vez que as empresas sofrem recessões, há grandes massas de desempregados, a fome se instaura e a segregação humana é grande. Tal ponto demonstra o que já se mencionou – a necessidade de um desenvolvimento econômico como meio para efetivação de direitos e garantias sociais. Nesse momento a histórica Constituição de Weimar institui direitos sociais, inclusive o direito à associação pelos trabalhadores. Nesse aspecto a Constituição de Weimar apresenta o direito à liberdade de associação aos trabalhadores, que por certo é um marco na inclusão do direito à liberdade sindical, reconhecida constitucionalmente na sequência das Constituições em todo o planeta.

Ainda, sob outro viés, importa compreender que a mecanização como instrumento de maximização e otimização da produção apresenta consequências devastadoras ao trabalhador, ademais com o

---
(37) MARX, *op. cit.*, p. 54.
(38) PAMPLONA FILHO, Rodolfo; DIAS, Claudio. **Pluralidade sindical e democracia**. 2. ed. rev. e ampl. São Paulo: LTr, 2013. p. 23.
(39) PAMPLONA FILHO; DIAS, 2013, p. 24-25.
(40) *Ibid.*, p. 25.

fenômeno da Revolução Industrial surge a redução das vagas e consequentemente a redução e segregação das condições de trabalho.

A percepção é de que as condições de vida das pessoas são degradadas e ao Estado se pode imputar a responsabilidade no ideário dos operários, que passam a lutar por melhores condições de vida. Nesse viés "era crescente a pressão operária sobre o governo, reivindicando direitos sociais e políticos, por meio do Bloco operário e camponês e dos sindicatos".[41]

Nesse sentido, medida que se impõe é a definição do significado da terminologia, assim como do recorte da pesquisa, para a qual "as relações coletivas precisam ser fundamentadas na dogmática jurídica, tendo em vista o seu significado social e a sua crescente multiplicação".[42] A definição jurídica desse movimento social denominado sindicalismo, cujas implicações possuem vieses jurídicos, sociológicos, antropológicos, entre outras possibilidades classificatórias, faz-se necessário, especialmente, o aspecto jurídico. A percepção desse viés jurídico e suas extensões apresentam o sindicato como instrumento de intervenção nas relações entre trabalhador e empregador.

Ainda, para se delimitar a pesquisa ao que efetivamente ela busca, necessário se faz compreender a extensão jurídica da liberdade sindical, que "significa a liberdade de organizar sindicatos para a defesa dos interesses coletivos, segundo um princípio de autonomia coletiva que deve presidir os sistemas jurídicos pluralistas"[43].

Enfim, nesse sentido, este capítulo se propõe à apresentação do recorte histórico, com delineamentos pela Revolução Industrial, da formação do sindicalismo, assim como do desenvolvimento do Direito Coletivo do Trabalho nas Constituições do Brasil e especialmente ao conteúdo constitucional vigente, que está na Carta de 1988. A pesquisa necessariamente passa pelos instrumentos internacionais a respeito do assunto, assim como imprescindivelmente se deve compreender a forma de incorporação desses instrumentos no âmbito interno e sua importância na construção e proteção dos Direitos Humanos.

1.1 SINDICALISMO A PARTIR DA REVOLUÇÃO INDUSTRIAL

A pretensão neste tópico é demonstrar a forma como o sindicalismo se institucionalizou como configuração de fortalecimento e reação dos trabalhadores e inclusive como motivo de esperança na luta pelas injustiças de um momento em que a máquina assume a centralidade das atenções no ambiente laboral.

O trabalho artesanal, elaborado às minúcias e afetuosamente, mediante a utilização da insubstituível força humana de trabalho, sofreu as transformações do seu tempo e passou a ser mero numeral, substituído a qualquer tempo. Ademais a máquina foi inventada e um novo momento se iniciou. Momento esse em que a máquina foi a protagonista da história do labor, alterando assim toda a relação humana com o tempo, com o trabalho, com a máquina e consequentemente com o ambiente.

Às margens desse protagonismo, a segregação humana passou a ser um problema social, ademais sem trabalho não se pode proporcionar, em linhas gerais, um existir digno para a grande maioria das pessoas. Os movimentos populares, as lutas de classe vieram como forma de buscar a imposição de um limite à exploração perpetrada, assim como o fortalecimento ante a percepção de união. Insta perceber que a aspiração associativa dos trabalhadores surgiu antes mesmo da compreensão dos mecanismos de exploração e do estabelecimento claro de um programa de emancipação.[44] Houve a percepção de que era necessário se organizar, uma vez que não se buscava naquele momento tão somente a libertação dos trabalhadores da opressão, mas sim também melhores condições de vida.

Nesse sentido, em determinado momento se percebeu que, "de fato, a libertação dos trabalhadores nos estágios iniciais da Revolução Industrial era em certa medida contraditória:"[45] uma

---
(41) RODRIGUEZ, 2003, p. 11.
(42) NASCIMENTO, Amauri Mascaro. **Direito sindical**. 2. ed. rev. e ampl. São Paulo: Saraiva, 1992. p. 7.
(43) *Ibid.*, p. 11.
(44) SINDICAL MUNDIAL, Federação. **A federação sindical mundial**. (1945-1985). Checoslováquia, FSM, 1986. p. 7.
(45) ARENDT, Hannah. (1906-1975). **Sobre a revolução**. Tradução de: Denise Bottmann. São Paulo: Companhia das Letras, 2011. p. 97.

vez que a liberdade sem reais condições para tal se transforma em continuidade da escravidão. A implementação de medidas para coibir os abusos que partiam dos detentores do poder nem sempre era amistosa e pacificamente aceitável, logo houve a necessidade de em determinados momentos da história se visualizarem revoluções e movimentos coatores.

Nesse contexto, "o movimento estelar de idas e retornos sinalizava no sentido de que a revolução haveria de ser aplicada como instrumento mediante o qual se restabelecesse o justo e ordenado estado natural das coisas, eventualmente perturbado pelos excessos, pelos abusos e pelo desgoverno das autoridades políticas".[46]

A sociedade capitalista se sedimentou em camadas, algumas delas visavam a lucros a qualquer custo, outras vislumbravam poder, embora este esteja abotoado à ideia de capital. Nesse sentido os detentores do poder, possuidores das terras, empresas e maquinários ditavam as regras, oprimiam e a população em determinado momento passou a perceber que excessos aconteciam diariamente.

A percepção de que havia um desequilíbrio naquilo que um dia fora naturalmente organizado demonstra que as classes dominantes ultrapassaram os limites de seus anseios, o que causou inconformismo na grande maioria, especialmente nos trabalhadores. Ainda nesse sentido, importante compreender que a Revolução Industrial também decorreu da "reação da burguesia contra a nobreza que havia excedido a posição de equilíbrio e, portanto, de acordo com a lei pendular, devia também provocar uma reação da parte dos prejudicados com os excessos dos privilegiados".[47]

A partir do momento que determinada parcela da população passou a divergir das benesses alcançadas por outra parcela e a discordar da ideia de que alguns eram predestinados ao deleite do domínio e da abundância, assim como de privilégios infindáveis, ainda que à custa da segregação de outrem, a indignação nasceu. A dinâmica muda em função da indignação com o comportamento de uma classe de privilegiados. A Revolução se tornou uma medida de demonstração do descontentamento, assim como a oportunidade de pleitear mudanças para o que se entendia insustentável.

A respeito da explosão da Revolução Industrial

> significa dizer que a certa altura, na década de 1780, (...), foram retirados os grilhões do poder produtivo das sociedades humanas, que daí em diante se tornaram capazes da multiplicação rápida, constante, e até o presente ilimitada, de homens, mercadorias e serviços.[48]

Assim é possível entender a divergência quanto ao início exato dessa revolução, uma vez que possuiu inúmeros momentos e graus de importância, porém tal impasse não será objeto de estudo nesta pesquisa.

A máquina então passou a ser o centro das atenções e produziu significativamente mais, com maior poder de precisão, não adoecia, nem cobrava salários, logo o investimento em tecnologia naquele momento passou a ser um ótimo instrumento de inovação. A substituição de seres humanos por máquinas e consequentemente a substituição de ônus financeiros por bônus como o aumento da produção, a redução a praticamente zero nos custos, abertura de concorrências e gestões de mercados foram fatores atuantes nesse momento histórico.

É importante compreender que

> a maior parte da expansão industrial do século XVIII não levou de fato e imediatamente, ou dentro de um futuro previsível, a uma *Revolução* Industrial, isto é, à criação de um "sistema fabril" mecanizado que por sua vez produzia em quantidades tão grandes e a um custo tão rapidamente decrescente a ponto de não mais depender da demanda existente, mas de criar o seu próprio mercado.[49] (destaque no original)

A essência da Revolução Industrial, do ponto de vista econômico, está justamente na possibilidade de mecanização com o consequente aumento da produção a um custo menor. Esse mesmo produto, que se tornou mais barato, poderia ser comercializado com uma margem de lucro maior.

---

(46) MARTINEZ, Luciano. *Curso de direito do trabalho*: relações individuais, sindicais e coletivas do trabalho. 4. ed. São Paulo: Saraiva, 2013. p. 55.
(47) CESARINO JÚNIOR. Introdução ao direito social. In: CLÉVE, Clémerson Merlin; BARROSO, Luiz Roberto. (Org.). **Doutrinas essenciais**: direito constitucional, Constituição financeira, econômica e social. v. IV., São Paulo: RT, 2011. p. 945.
(48) HOBSBAWM, Eric J. **A era das revoluções**: Europa 1789-1848. (1977). Tradução de: Maria Tereza Lopes Teixeira e Marcos Penchel. Rio de Janeiro: Paz e Terra, 2004. p. 50.
(49) *Ibid.*, p. 55.

A ideia de regulação do mercado nasceu nesse contexto, vez que as revoluções industriais pioneiras aconteceram em momento histórico especial, quando o crescimento econômico surgiu de um acúmulo de decisões do empresariado e investidores particulares, com o mesmo intuito mercadológico – comprar mais barato e vender mais caro.[50]

Necessário mencionar que, "entre 1789 e 1848, a Europa e a América foram inundadas por especialistas, máquinas a vapor, maquinaria para (processamento e transformação do) algodão e investimentos britânicos"[51]. Tal processo só proporcionou desemprego, degradação e deterioração dos postos de trabalho. Nesse cenário o empresariado possuía algo glorioso e vasta redução da mão de obra atrelada ao crescimento da produção. Um contraste entristecedor do ponto de vista do bem-estar humano.

Ainda, a título apenas ilustrativo, a fim de enriquecer a coleta de dados, vez que não se pretende aprofundar no tema, cita-se a Revolução Russa, que compreende outro momento histórico importante, vez que "na virada do século XX a Rússia apresentava contrastes surpreendentes [...] oitenta por cento da população era de camponeses que, nas províncias da Grande Rússia, levavam praticamente a mesma vida de seus ancestrais da Idade Média".[52]

A vida desses campesinos e as condições que lhe eram impostas os jogavam a um modo de vida pautado na miséria e em modos primitivos de vida. Importante perceber que "a classe trabalhadora industrial russa originou-se do campesinato. Sua maioria consistia em empregados deslocados do plantio e contratados *pro tempore* em ferrovias e tecelagens".[53]

Nesse momento histórico "a legislação czarista proibia a organização sindical, e mesmo os modestos esforços visando à formação de círculos educacionais ou associações de ajuda mútua enfrentavam severas punições".[54] Assim vigia na Rússia um modelo político de opressão e violação a um mínimo de condições de vida digna, assim como acontecia no seio da sociedade industrial europeia.

Para fins de recorte, importante mencionar que a Revolução Russa se principiou quando, "no início do século XX, milhares de homens e mulheres russos estavam comprometidos com as mudanças fundamentais".[55] Da mesma forma como na Revolução Industrial, a população passou a perceber que aquele modelo de vida imposto era insustentável e no mínimo inadequado à preservação da dignidade.

Lenin explica que

> a experiência da ditadura proletária triunfante na Rússia, repito, demonstrou, de modo palpável, a quem não sabe pensar ou a quem não teve a oportunidade de refletir sobre esse problema, que a centralização incondicional e a disciplina mais severa do proletariado constituem uma das condições fundamentais da vitória sobre a burguesia.[56]

A Revolução russa, embora não seja objeto de estudos aqui, também exerceu uma grande influência no contexto da formação do direito à liberdade de associação e sindicalização, a partir das percepções pelo operariado, de que o que era oferecido pelo capitalismo não era suficiente para o estabelecimento de um modo de vida digna. Feitas essas considerações, retorna-se ao foco desse tópico, que é a Revolução Industrial.

Importante à percepção de que

> enquanto os lucros do trabalho morto, acumulado, crescem em proporções cada vez mais assombrosas e os capitais dos capitalistas se tornam cada dia mais gigantescos, o salário do trabalho vivo se reduz cada vez mais, e a massa dos operários, que vivem exclusivamente do salário, torna-se cada vez mais numerosa e mais pobre.[57]

Nesse sentido, relevante abranger o contexto do autor no que concerne ao trabalho morto, tido como a acumulação de capitais via maquinaria e o trabalho vivo, a força humana empregada na produção de bens e serviços[58].

---

(50) *Ibid.*, p. 56.
(51) HOBSBAWM, 1977, p. 57.
(52) PIPES, Richard. **A história concisa da revolução russa**. Tradução de: T. Reis. 2. ed. Rio de Janeiro: BestBolso, 2013. p. 24.
(53) PIPES, loc. cit.
(54) PIPES, loc. cit.
(55) *Ibid.*, p. 47.
(56) LENIN, Vladimir Ilitich. **Esquerdismo, doença infantil e o comunismo**. 6. ed. São Paulo: Global, 1989. p. 14.
(57) FRIEDRICH, Engels; MARX, Karl. **Textos**: o capital de Marx. v. 2. São Paulo: Edições Sociais, 1976. p. 25.
(58) FRIEDRICH, loc. cit.

A percepção do ponto de vista valorativo, abordado por Bihr, com relação a determinada contrariedade desenvolvida pelo capitalismo,

> o valor como forma do produto do trabalho social e a lei do valor como medida desse produto, regulando sua circulação e sua distribuição, são tendencialmente destruídos pelo desenvolvimento da automatização, que torna o volume de riqueza social cada vez mais independente da quantidade de trabalho vivo utilizado para produzi-lo.[59]

Para Antunes a racionalização da indústria capitalista moderna, motivada pela lógica do capital, tende a eliminar as propriedades qualitativas do trabalhador produzindo uma decomposição e uma ruptura entre o elemento que produz e o produto do trabalho, o que se acentua com atividade mecanicamente repetida.[60]

A percepção da exploração da força humana decorre da desproporção com que o trabalho humano passou a ser explorado em face do capitalismo e da ideia de acumulação de bens, ainda que sob o suor, a dor e o sofrimento humano desenfreado. Motivos pelos quais é visível que durante todo esse período a indústria, em especial algodoeira, estava diretamente ligada ao trabalho escravo[61], sem condições mínimas e muito menos renda suficiente a um existir minimamente digno. Entre 1830 e 1840, a indústria algodoeira passou por problemas, o que refletiu numa acentuada desaceleração no crescimento e até mesmo um declínio na renda nacional, sendo a primeira crise geral do capitalismo, não exclusivamente britânico.[62]

Essa crise possui fundamentos entre vários segmentos, especialmente no aumento da produção, concorrência e abertura dos mercados, caminhando junto com a industrialização. O fenômeno da Revolução Industrial possui os pontos positivos, quais sejam, as lutas por melhores condições. Não obstante, há o ponto de vista negativo, entre eles degradação do trabalho, aumento da concorrência e abertura de mercados até então inexplorados.

Mais uma vez aqui se ressalta, com relação à Revolução Industrial, "suas mais sérias consequências foram sociais: a transição da nova economia criou a miséria e o descontentamento, os ingredientes da revolução social".[63] A ampliação da degradação, até então já existente, tornou insustentável a continuidade daquele regime. A massa empregada então se manifestava na busca por melhores condições de trabalho, assim como de forma a se associar na busca pelo fortalecimento.[64]

Assim, "e de fato, a revolução social eclodiu na forma de levantes espontâneos dos trabalhadores da indústria e das populações pobres das cidades, produzindo as revoluções de 1848 no continente e os amplos movimentos cartistas na Grã-Bretanha".[65] A população já não mais aceitava os níveis de escravidão e deterioração das condições de trabalho, assim como as longas jornadas de trabalho, especialmente para mulheres e crianças e a falta de normas de saúde e higiene do trabalho.

A desigualdade social aclarava "a exploração da mão de obra, que mantinha sua renda em nível de subsistência, possibilitando aos ricos acumularem lucros que financiavam a industrialização (e seus próprios e amplos confortos), criava um conflito com o proletariado".[66] A calamidade instaurada em torno das péssimas condições de trabalho fomentou a população a não mais suportar as imposições de uma minoria rica e exploradora. Assim os conflitos se intensificaram e a percepção de que muitos tinham muito pouco e poucos tinham excessivamente muito revoltou a população. Não só a massa de trabalhadores, mas a massa de proletários, formada por pequenos empreendedores, também vitimados pela minoria autoritária.

Nesse momento era nítida a união de diferentes classes. A grande massa formada com "os trabalhadores e a queixosa pequena burguesia, prestes a desabar no abismo dos destituídos de

---

(59) BIHR, 2010, p. 273-279.
(60) ANTUNES, Ricardo. **Adiós al trabajo?** Ensayo sobre las metamorfosis y la centralidad del mundo del trabajo. São Paulo: Cortez, 1995. p. 141.
(61) HOBSBAWM, 1977, p. 58.
(62) Ibid., p. 64.
(63) HOBSBAWM, 1977, p. 64.
(64) HOBSBAWM, loc. cit.
(65) HOBSBAWM, loc. cit.
(66) Ibid., p. 65.

propriedade, partilhavam, portanto dos mesmos descontentamentos".[67] Ademais, os excessos e abusos pela minoria detentora do poder alcançou todos os níveis de limites e os ultrapassou, sob a visão da população naquele contexto social.

Vale ilustrar que o proletariado era "composto dos que mourejavam nas minas mortíferas e nas fábricas insalubres", e também formado por indivíduos famintos por salários miseráveis, como verdadeiros frangalhos humanos, inclusive com mulheres e crianças que a indústria aproveitava.[68] Tal exploração era de todo compatível com as práticas econômicas de redução dos custos e aumento da produção, não obstante a busca incessante por melhores resultados econômicos e financeiros faz o empresariado alçar pretensões ainda mais ousadas.

As mulheres e crianças nesse segmento, além de possuírem o histórico perfil de menor índice de reivindicações, aceitavam o labor a condições ainda mais degradantes, logo conquistavam a preferência do empresariado. Absurdamente, "nas fábricas onde a disciplina do operariado era mais urgente, descobriu-se que era mais conveniente empregar as dóceis (e mais baratas) mulheres e crianças".[69] A empregabilidade dessas classes era mais barata, menos problemática e claro imensamente produtiva.

Aqui é possível visualizar a necessidade como uma fonte de exploração e segregação de pessoas. As mães e seus filhos, ainda que sob o manto da escravidão, aceitavam mais facilmente as imposições, uma vez que ante a grande necessidade que possuíam se sujeitavam ainda mais. Assim, espantosamente, "de todos os trabalhadores nos engenhos de algodão ingleses em 1834-47, cerca de ¼ eram homens adultos, mais da metade eram mulheres e meninas e o restante rapazes abaixo de 18 anos".[70] A percepção de possibilidade de lucro pela indústria foi imediata, ademais mulheres e crianças eram mais baratas e mais submissas, logo eram as preferências pelos industriários naquele contexto histórico.

A escassez de recursos e a magnitude da exploração especialmente de crianças e mulheres atingiu um grau insustentável, a ponto de as pessoas não compactuarem mais com essa opressão. Aquele cenário já não se sustentava. A visão humana havia evoluído e agora aquilo que era aceitável já não o é mais, ou ainda, a degradação atingiu níveis absurdos, que as pessoas passaram a questionar a legitimidade daquela exploração.[71]

Nesse panorama, a exploração da mão de obra, ainda que extremamente lucrativa, nos moldes citados em que se avultava a condições desumanas e inclusive sob a argumentação de que a máquina sim era ainda mais eficiente e de custos baixos, o concorrente humano passou a ser a automação. Enfim, o proletariado, depois de muito explorado e humilhado por uma minoria[72], percebeu que "a sua união lhe permitiria fazer das fraquezas, forças, de impor aos privilegiados, senão a igualdade econômica, pelo menos o melhoramento de suas condições".[73] Nesse sentido surgiram as revoltas e manifestações em busca de melhorias nas condições humanas, inclusive com relação às condições de trabalho.

Tais condições ocorriam porque a mecanização aumentara em muito a produção e reduziu o custo da mão de obra por unidade produzida, vez que trabalhadores, mulheres e crianças, na grande maioria, recebiam migalhas pelo trabalho.[74] A ideia de maior submissão e de aceite em receber os piores salários não era uma opção dessas pessoas, mas sim a situação inevitável a que eram submetidas e o medo do pior, a morte. Sim, a morte pela fome e falta de uma vaga de trabalho, ainda que miserável que lhe proporcionasse um mísero pão e água, que alimentava a família, ainda que precariamente.

Ainda para espanto da maioria, "virtualmente livres de impostos, as classes médias continuaram, portanto a acumular em meio a um populacho faminto, cuja fome era o reverso daquela acumulação".[75] Nesse contexto o contraste é visível e gritante, ademais de um lado ricos e poderosos e de outras pessoas que sequer comida possuíam. O trabalho já não era suficiente, ainda que se laborasse em longas e exaustivas jornadas, para alimentar a fome sentida pelos trabalhadores.

---

(67) HOBSBAWM, loc. cit.
(68) CESARINO JÚNIOR, 2011, p. 945-946.
(69) HOBSBAWM, 1977, p. 80.
(70) HOBSBAWM, loc. cit.
(71) HOBSBAWM, loc. cit.
(72) CESARINO JÚNIOR, op. cit., p. 946.
(73) CESARINO JÚNIOR, 2011, p. 946.
(74) HOBSBAWM, 1977, p. 67.
(75) *Ibid.*, p. 80.

A submissão das condições humanas dignas cedeu lugar ao desenvolvimento do capitalismo, ademais a utilização de maquinários modernos e maior mecanização reduziram o número de operários, que eram substituídos pela máquina, fortalecendo ainda mais o capitalismo e reduzindo a humilhantes os salários dos operários.[76] A falta de intervenção do Estado e da imposição de um patamar mínimo aumentou a vulnerabilidade da classe trabalhadora, vez que a lei da oferta e da procura por trabalho lhes desfavorecia em relação à máquina. O desenvolvimento industrial e capitalista, naquele momento, passou necessariamente pela segregação de condições humanas aceitáveis, assim como por um momento em que as consequências daquilo que nasceu como a solução para os problemas de produção em larga escala.

A automação, num primeiro momento, era o ingrediente mágico de que a indústria necessitava para se desenvolver e alçar voos até então impensáveis. A realidade da máquina foi o protagonismo do segregar humano, que agora deve se submeter a condições ainda mais degradantes, pois já não concorria só com os seus pares, mas com uma invenção sua.

"Em termos de produtividade econômica, esta transformação social foi um imenso sucesso; em termos de sofrimento humano, uma tragédia, aprofundada pela depressão agrícola depois de 1815, que reduziu os camponeses pobres a uma massa destituída e desmoralizada".[77] Há dois vieses dos quais se pode ver o movimento da Revolução Industrial: o viés social e o viés jurídico, ressaltando a possibilidade de outros vértices, que aqui não poderão ser trabalhados.

Russel, ao relatar teoria das *lutas de classes* desenvolvidas por Marx, afirma que sob esse tema Marx afirmava que "os trabalhadores aprendem, pouco a pouco, a unir-se contra seus exploradores – primeiro localmente, depois nacionalmente e, por fim, internacionalmente".[78] Aquilo que hoje se constitui juridicamente como sindicato, num primeiro momento, nasceu com a ideia de união da classe em busca de melhores condições, "eliminando a concorrência entre eles".[79] Individualmente a luta não surtia efeitos e em nada impactava na produção industrial, não havia melhoria nas condições de vida dos trabalhadores. Até porque um trabalhador descontente ou reclamando melhores condições poderia ser facilmente substituído, sem nenhuma interferência no sistema produtivo, diferentemente do evento consistente na paralisação, por exemplo, da maioria dos trabalhadores. Isso sim interferia na produtividade.

A percepção de que a partir do momento em que a classe se une em prol de objetivos certos e determinados e que isso proporciona um fortalecimento, é de todo essencial para a implantação desse modelo. Sob um viés crítico, as propostas de Marx, Bakunin em carta escrita aos redatores do boletim da Federação Jura em 12 de outubro de 1873 afirmou que "o tempo não é mais para ideias, e sim para fatos e atos", sendo o mais importante à organização de forças pelo proletariado, pelo próprio proletariado, criticando a formação das lutas operárias por lideranças não comandados por operários (numa crítica as origens de Marx·) e sim burgueses, incentivando as lutas com fundamentos solidários e internacionais.[80]

O aspecto das lutas com finalidade social e para o social, assim como comandadas por operários, neste sentido foi à crítica do autor se referindo a Marx e suas origens, segundo ele, não proletária. A partir das lutas das classes operárias a tendência é a organização da estrutura a fim de alçar melhores resultados. Assim,

> é neste momento que surgem os sindicatos; estes nasceram dos esforços da classe operária na sua luta contra o despotismo e a dominação do capital. Os sindicatos têm como finalidade primeira impedir que os níveis salariais se coloquem abaixo do mínimo necessário para a manutenção e sobrevivência do trabalhador e sua família.[81]

O sindicato, em sua atual denominação, pode ser entendido como o agrupamento de trabalhadores, dependentes ou independentes, privados ou públicos, livremente constituído, com a finalidade principal de defender os interesses profissionais dos seus membros e a luta por melhores condições de

---

(76) ANTUNES, 1989, p. 10-11.
(77) HOBSBAWM, 1977, p. 78.
(78) RUSSEL, 2005, p. 22.
(79) OJEDA AVILÉS, 1995, p. 28.
(80) BAKUNIN, Mikhail. **Revolução e liberdade**: cartas de 1845 a 1875. Tradução e organização de: Plínio Augusto Coêlho. São Paulo: Hedra, 2010. p. 157-161.
(81) ANTUNES, 1989, p. 12.

vida e de trabalho, em geral.[82] A organização, estruturação e até mesmo materialização do sindicato como ente de luta e defesa de determinada classe vem como a concretização de uma necessidade percebida e levada adiante, como medida em razão da opressão suportada pela classe operária.

Importante compreender os anseios, sob o viés jurídico da Revolução Industrial, uma vez que a pesquisa busca justamente entendimentos nessa área para apresentação dos resultados. Para Nascimento, os aspectos jurídicos da Revolução Industrial se referem ao fato de "os trabalhadores reivindicarem, por meio dos sindicatos que os representaram e na medida em que o direito de associação passou a ser tolerado pelo Estado, um direito que os protegesse, em especial o reconhecimento do direito de união, do qual resultou o sindicalismo".[83]

Após a implementação informal de tais instituições, o Estado passou a ser obrigado a reconhecer e a tolerar os ideais sindicalistas quais sejam o direito de associação, de união pelas pessoas, seja por classe ou não. Os ideais aqui perpassam o direito da liberdade, um dos lemas, inclusive da Revolução Francesa, por exemplo. Esclarecendo que tal Revolução, pelos seus ideários voltados à luta pelos direitos civis e políticos, assim como os recortes aqui instituídos, não será instrumento de análise nesta pesquisa.

Interessante frisar que "historicamente, na Revolução Industrial, primeiro surgiu a autonomia. Os mesmos trabalhadores se agruparam (sindicato) e pressionaram (greve) para obter melhores condições de trabalho através de uma convenção coletiva (negociação coletiva)".[84] Os trabalhadores perceberam que ao fundar uma instituição com autonomia e liberdade de gerenciamento de seus atos, seriam fortalecidos e poderiam lutar em prol do bem comum, inclusive coagindo o empresariado e o Estado a discutir os anseios sociais naquele momento. Surgiram assim os movimentos grevistas. Ademais, a partir de determinado momento, foi necessário ouvir a classe operária e negociar o retorno às atividades, mediante imposições. Eis o fenômeno da negociação coletiva.

Premente compreender que "paralelamente, o Estado vai interferindo na mesma direção de proteção e igualação, por meio de seus poderes: uma legislação protetora, uma inspeção de trabalho e uma justiça trabalhista especializada com procedimentos próprios".[85]

Assim foi construída a estrutura sindical ao longo da história, marcada pelo desenvolvimento da liberdade de associação como premissa maior e um direito de todos, na luta por melhores condições de trabalho. Tal movimento era por vezes cerceado e inibido pela intervenção estatal, que num primeiro momento buscou extirpar os movimentos e momento subsequente reconheceu a legitimidade, porém com meandros de intervencionismo.

Não obstante, em termos jurídicos é possível perceber que o Direito Coletivo se estrutura em alguns contextos, conforme pondera Amauri Mascaro Nascimento:

> O direito de contratação, que se desenvolveu em dois âmbitos: o coletivo, com as convenções coletivas de trabalho, e o individual, com a ideia de contrato de trabalho regido pela função social do contrato; e o direito a uma legislação em condições de coibir abusos do empregador e preservar o princípio da dignidade do homem no trabalho, ao contrário do que ocorria com o proletariado exposto a jornadas diárias excessivas, salários infames, exploração dos menores e mulheres e desproteção total diante dos riscos sociais como a doença, o desemprego etc.[86]

Nessa conjunção houve a formação de sindicatos e associações e a consequente organização dos movimentos de luta contra a exploração de pessoas por meio do trabalho. Ademais, existia a premente necessidade de não só se revoltar com os excessos, mas sim preocupar-se com uma melhor condição de vida aos explorados. Assim, de nada adiantaria a percepção de libertação dos Senhores para colocação sob a opressão de um capataz ainda mais severo, sendo a força implícita exercida, mais coercitiva do que a violência de fato.[87]

---

(82) ERRÁZURIZ, Francisco Walker; ORTIZ, Pablo Arellano. **Derecho de las relaciones laborales**: un derecho vivo. Santiago: Librotecnia, 2014. p. 563.
(83) NASCIMENTO, Amauri Mascaro. **Iniciação ao direito do trabalho**. 39. ed. São Paulo: LTr, 2014. p. 44-45.
(84) ERMIDA URIARTE, Oscar. Intervenção e autonomia no direito coletivo do trabalho. In: NICOLADELLI, Sandro Lunard; PASSOS, André Franco de Oliveira; FRIEDRICH, Tatyana Scheila. (Org.). **O direito coletivo, a liberdade sindical e as normas Internacionais**. O direito coletivo na OIT: normas, jurisprudência e reflexões sobre a normatividade protetiva da liberdade sindical. v. I. São Paulo: LTr, 2013. p. 12.
(85) ERMIDA URIARTE, 2013, p. 12.
(86) NASCIMENTO, 2014, p. 44-45.
(87) ARENDT, 2011, p. 97.

Pode-se definir que o sindicato é uma associação em sentido estrutural e possui uma carcaça despersonalizada, não perseguindo lucro, dirigindo-se à confrontação e negociação com o empregador, em nome dos trabalhadores, por isso, sob este viés, a exemplo, a Constituição chilena lhe atribui competência multifuncional.[88]

Além da libertação dos oprimidos se fazia necessário buscar o restabelecimento do convívio social para aquele trabalhador e não mais lançá-lo a outro explorador. Assim se evitaria a falsa ideia de liberdade, qual seja libertá-lo de um explorador para lançá-lo a outro. O segmento laboral necessitava não somente de uma instituição organizada para lutar e refutar as opressões, mas que fosse além, que buscasse a melhoria das condições de trabalho, que galgasse a conquista de direitos e proteções até então impensados. Nesse enfoque era necessário possuir como premissa maior a proteção do ser humano como possuidor de um mínimo existencial.

A necessidade humana, nesse cenário de miséria, representava o maior instrumento de degradação e submissão humana. Uma vez com fome, o ser humano podia vender sua força de trabalho por migalhas alimentares. A percepção de que esse quadro não poderia se consolidar passou então a demandar lutas e indignações que, ao longo da Revolução, apresentaram melhorias nas condições sociais dos trabalhadores. Pequenas reduções de jornada, salários um mínimo sustentável, idade mínima para trabalho de crianças, entre outros pequenos avanços foram alcançados nesse período.

Nesse todo, "o sindicalismo representa, em essência, o ponto de vista do produtor, em contraposição ao do consumidor; interessa-se pela reforma do trabalho real e pela organização da indústria, não simplesmente em assegurar maiores recompensas para o trabalho".[89] Nesse mesmo segmento, ao citar a teoria dos contrapoderes, Avilés esclarece que o sindicato possui essa função como negociador em face do empregador e representante dos empregados, caracterizada como uma relação conflituosa, em especial no desenvolver de uma negociação coletiva.[90]

A percepção de que os propósitos sindicais iriam para muito além da luta por melhores recompensas financeiras aos empregados foi a mola propulsora da expansão desse modelo organizativo pelo mundo todo. O sindicato passou a compreender, naquele momento, de desenvolvimento e avanço da Revolução Industrial, que poderia e deveria pleitear um ambiente de trabalho equilibrado, condições de segurança no trabalho, limitações de jornada, proteção contra acidentes de trabalho, seguros sociais, entre outras possíveis reivindicações que integram o mínimo a um existir digno.

Ao deslizar do tempo, a instituição percebeu, ou ao menos deveria compreender que "a doutrina essencial do sindicalismo é a luta de classes, a ser conduzida mais por métodos industriais do que por métodos políticos. Os principais métodos industriais definidos são a greve, o boicote, os cartazes e a sabotagem".[91] Não obstante nesta nos limitamos à citação breve da greve em função do recorte da pesquisa.

Para Bakunin a greve é o começo da guerra social e via preciosa com duplo aspecto. De um lado "eletrizam as massas", fortalecem a energia moral e despertam o sentimento do antagonismo de interesses, entre a classe trabalhadora e a burguesia e de outro a despertar a consciência e a solidariedade.[92] A organização sindical prescinde a promover formas de conseguir os objetivos pretendidos, mas nem sempre o empresariado aderia às reivindicações. Logo, por vezes a Revolução pacífica não surtia efeitos. Em determinado momento a organização de trabalhadores percebeu que era possível coagir os industriais a negociar e repensar suas práticas. A mais conhecida pelo mundo todo, atualmente, é a greve.

A percepção de que ao promover a interrupção das atividades na indústria como um todo era possível coagir o empresariado a negociar com a classe operária definiu que "de todos os métodos sindicalistas, a greve é de longe o mais importante".[93] A indústria sem pessoas que operem os equipamentos e organizem a produção possui uma série de percalços, ou seja, o mercado reagirá e, por exemplo, consequências contratuais daí decorrem com o então cliente do empresariado.

---

(88) OJEDA AVILÉS, 2012, p. 41-42.
(89) RUSSEL, 2005, p. 61.
(90) OJEDA AVILÉS, 1995, p. 31.
(91) RUSSEL, 2005, p. 64.
(92) BAKUNIN, Mikhail. (1814-1876). **Escrito contra Marx**: Conflitos na internacional. Tradução de: Plínio Augusto Coelho. Brasília, DF: Novos Tempos, 1989. p. 74.
(93) RUSSEL, op. cit., p. 65.

A interrupção da produção então foi assim denominada, sendo

> as greves comuns, para fins específicos, encaradas como ensaios, como um meio de aperfeiçoar a organização e despertar o entusiasmo, mas mesmo quando são vitoriosas no que diz respeito ao ponto específico em disputa, não são vistas pelos sindicalistas como coisa que contribua de alguma maneira para a paz industrial.[94]

As grandes paralisações marcaram a história da Revolução Industrial assim como da luta de classes por melhores condições de trabalho. A importância desse momento histórico está justamente na significativa implantação de normas, instituições de sindicatos e movimentos grevistas que foram organizados.

Nesse sentido, em significativo avanço em lapso temporal, como fruto das lutas sociais e necessidades laborais até então levantadas,

> em 1919 foi criada a Organização Internacional do Trabalho, por meio do Tratado de Versalhes, cuja XIII parte foi inteiramente dedicada a essa instituição recém-estabelecida. O art. 427 do Tratado reconheceu o direito de associação, para todos os efeitos legais, para os empregados, assim como para os empregadores', sendo esse o primeiro instrumento internacional a reconhecer o direito de associação a empregados e empregadores.[95]

A criação da OIT – Organização Internacional do Trabalho foi justamente para buscar a proteção da dignidade da pessoa humana no trabalho, ademais as condições de trabalho nesse momento não eram nada aceitáveis, motivo pelo qual diversas manifestações de trabalhadores aconteceram. Atualmente, a OIT seguramente é a instituição de maior relevância mundial na luta pelo trabalho decente e frentes de trabalho por melhores condições aos trabalhadores, nos mais diversos segmentos sociais.

Ao longo da história, este modelo de lutas sociais se espalhou pelo mundo e se tornou objeto de discussão nos mais diversos segmentos acadêmicos, seja como um direito fundamental a todo ser humano, seja como momentos sociais e antropológicos, assim como, por exemplo, a influência política que espelha a Revolução Industrial nos movimentos sindicais e associativos em todo o mundo.

Aspecto importante é a percepção das mudanças no trabalho trazidas pela industrialização, assim como a formação e construção das lutas coletivas, institucionalizadas por meio do sindicalismo, justificando-se assim a importância da Revolução Industrial na formação e construção do sindicalismo.

1.2 SINDICALISMO E A ABORDAGEM DA LIBERDADE SINDICAL NAS CONSTITUIÇÕES BRASILEIRAS E LEGISLAÇÕES ESPARSAS

Neste tópico a intenção é realizar a abordagem da evolução histórica do sindicalismo no Brasil, vez que necessário se faz para a compreensão da formação atual. Nesse viés, interessante compreender a formatação histórica da construção da legislação a respeito da liberdade sindical ao longo dos anos, assim como os anseios corporativistas adotados no decorrer da formação com profunda base imperial do Brasil. A abordagem não esgotará os instrumentos legislativos, mas apresentará uma síntese dos momentos históricos, do ponto de vista legislativo, de maior relevância para a formação legislativa até os contornos atuais, com a Constituição de 1988.

Assim, à medida que as formas de associação decorrentes da Revolução Industrial foram se disseminando pelo planeta, no decorrer do Século XVIII, o Brasil não divergiu da tendência naquele momento e a instituição sindical foi implementada, um vez que "surgiam iniciativas isoladas de coalizão dos trabalhadores e no Brasil começaram a aparecer alguns tipos de associação".[96] Ressalte-se que o Brasil é marcado pela colonização e exploração da agricultura e mão de obra escrava.

Os movimentos associativos e as formas de organização das entidades foram instituídas sob inúmeras denominações, entre as quais cita-se, apenas exemplificativamente, as *ligas operárias, sociedades*

---

(94) RUSSEL, loc. cit.
(95) PAMPLONA FILHO, 2013, p. 25.
(96) NASCIMENTO, 1992, p. 52.

de resistência e união de trabalhadores em fábricas de tecidos, e união de trabalhadores no comércio, no século XVIII e XIX (grifo do autor). A organização dessas associações, nesse contexto, sempre com finalidades voltadas aos interesses laborais, entre as quais limitações de jornada, assistências e melhores condições de trabalho, guardando sempre a influência ética, ideológica.[97]

Historicamente "se faz de bom alvitre partir da chamada Liga Operária, fundada em 1870, e da União Operária, instituída dez anos depois, cujos propósitos eram a aglutinação classista, visando à reivindicação de direitos maiores em prol dos operários, especialmente a garantia do trabalho livre".[98] Tais movimentos demonstram as formas organizacionais em que se estruturou o sindicalismo brasileiro, sendo moldado ao tempo até as atuais formas.

A estruturação sindical do Brasil e sua classe operária remontam ao final do século XIX e vincula-se ao processo de transformação econômica, pautada na exportação de café, de forma predominante.[99] A agroindústria cafeeira do Brasil possui forte influência na formação econômica e social do país, assim como a partir desse segmento é possível visualizar a formação dos mercados, internos e externos, e os contornos daí decorrentes, inclusive a estrutura legislativa laboral, o que inclui a organização sindical.

Nesse aspecto o Brasil possuía o lastro escravagista e nele assentou toda a envergadura laboral, ou seja, a exploração da mão de obra escrava e a banalização do trabalho humano integraram a formação sindical do Brasil. Aos contornos econômicos decorrentes da agricultura expandiu-se a necessidade de uma melhoria social no que dizia respeito à pessoa do trabalhador. Tais melhorias contribuíram no sentido de proporcionar melhores condições de vida ao trabalhador como sujeito de direitos. Já não se podia mais admitir, ainda que formalmente falando, que o ser humano fosse coisificado.

Sob essa perspectiva, importante citar, segundo Santos, a organização da luta dos trabalhadores rurais, com a fundação, em março de 1922, do Partido Comunista do Brasil (PCB), cujo primeiro desafio pautava-se na permissão de filiação na Internacional Comunista[100]. Na sequência o PCB possuía como desafio "a disputa com os anarcossindicalistas pelo papel de vanguarda no seio do movimento operário".[101]

Nesse segmento importa compreender que

> na ideologia desse partido, o camponês faria parte da classe trabalhadora e deveria ser organizado e mobilizado junto aos operários urbanos para construir e fortalecer o proletariado que um dia tomaria o poder e construiria o comunismo no mundo. Por isso, a organização classista foi um passo importante e, portanto, o sindicalismo rural recebeu apoio constante do PCB.[102]

Assim merece destaque a importância do Partido Político PCB no momento que antecede a Revolução de 1930, na luta pelos ideais comunistas, assim como o apoio às lutas laborais dos trabalhadores rurais.

A exploração do ser humano como um mero objeto já não se sustentava mais ante ao aparato de proteção aos direitos da pessoa humana. Inclusive ressalta-se, no mesmo espaço temporal, a edificação de normas internacionais, especialmente pela OIT, instituição internacional da qual o Brasil é um país-membro. As primeiras leis sociais do país são anteriores a 1930 e demonstram uma sensibilização do poder público com as questões sociais e tal movimento não é uma exclusividade do governo de Getúlio Vargas. Deve-se reconhecer que houve a intensificação na captação de certas necessidades imediatas dos trabalhadores com ampliação de direitos, a partir de 1930, reconhecidos em lei.[103]

---

(97) NASCIMENTO, 1992, p. 52-53.
(98) CHIARELLI, 1974, p. 43.
(99) ANTUNES, 1989, p. 48.
(100) A Quarta Internacional (QI) é uma organização comunista internacional composta por seguidores de Leon Trótski (trotskistas), com o objetivo declarado de ajudar a classe trabalhadora a alcançar o socialismo. Historicamente, a Quarta Internacional foi fundada na França, em 1938, onde Trotsky e seus seguidores, após terem sido expulsos da União Soviética, consideraram a Comintern ou Terceira Internacional como "perdida para o stalinismo" e incapaz de levar a classe trabalhadora internacional ao poder político. Assim sendo, os trotskistas fundaram sua própria Internacional Comunista. Disponível em: <http://pt.wikipedia.org/wiki/Quarta_Internacional>. Acesso em: 31 jan. 2015.
(101) SANTOS, Leonardo Soares dos. Do que "os Livros Diziam" à Rua da Glória, n. 52: o PCB e a "questão camponesa". (1927-1947). Interfaces em desenvolvimento, agricultura e sociedade. **Revista IDeAS**, v. 3, n. 2, jul./dez. 2009. p. 390. Disponível em: <dialnet.unirioja.es/descarga/articulo/4059694.pdf>. Acesso em: 31 jan. 2015.
(102) WELCH, Clifford Andrew. Movimentos sociais no campo até o golpe militar de 1964: a literatura sobre as lutas e resistências dos trabalhadores rurais do século XX. Lutas & Resistências, Londrina, v. 1, set. 2006. Disponível em: <http://www.uel.br/grupo-pesquisa/gepal/revista1aedicao/lr60-75.pdf>. Acesso em: 31 jan. 2015.
(103) LOURENÇO FILHO, Ricardo Machado. **Liberdade sindical**: percursos e desafios na história constitucional brasileira. São Paulo: LTr, 2011. p. 23.

A base alimentadora do sistema laboral brasileiro entre 1800 e 1930,

> ao criar o trabalho assalariado em substituição ao escravo, ao transferir partes de seus lucros para atividades industriais e ao propiciar a Constituição de um amplo mercado interno, a economia exportadora criou, num primeiro momento, as bases necessárias para a Constituição do capital industrial do Brasil.[104]

Nesse novo modelo de indústria não se pode mais suportar invisível aos olhos da sociedade a exploração humana.

Agora as pessoas precisavam receber um salário, a jornada não podia ser ilimitada, ou até que as forças se esgotassem. Nesse sentido as lutas operárias se espalharam e formaram o que atualmente se denomina sindicato, em todo o mundo, e no Brasil não foi diferente. Aspecto importante a mencionar é que nesse período, ainda que as ideias vinculadas ao corporativismo e ao autoritarismo andassem juntas, os sindicatos tinham uma tarefa fundamental na reorganização da sociedade, por isso o interesse em mantê-los submetido ao aparelho estatal.[105]

Sob a guarida da exploração do café, em especial a alta demanda de trabalhadores para tais setores, a exploração da mão de obra, os excessos cometidos pelos empregadores e a degradação humana que se espalhou, surgiram as entidades associativas. Com isso surgiram os primeiros núcleos operários de luta, instalados especialmente no Rio de Janeiro e em São Paulo, que visavam a auxiliar o empregado nos momentos mais difíceis, como por exemplo, nas greves. A organização desses movimentos originou os sindicatos.[106]

Apenas a título de ilustração, uma vez que não se pretende explorar na pesquisa os movimentos grevistas, apenas com finalidade de recorte histórico, cumpre expor que "a greve, forma elementar e indispensável de luta da classe trabalhadora, eclodiu pela primeira vez no Brasil em 1858", quando os tipógrafos do Rio de Janeiro se rebelaram contra as injustiças patronais e reivindicaram aumentos salariais. A vitória dessa luta foi o início e incentivo para a expansão das greves para as demais categorias.[107] Ainda ilustrativamente cumpre mencionar que tal movimento foi formalizado e institucionalizado com o Sindicato dos Tipógrafos, fundado em 1906, no Rio de Janeiro, filiado à Liga das Artes Gráficas, visando na época a transformar-se numa federação do setor.[108]

Nesse retalho, importante citar o Decreto n. 979, do ano de 1903, que autorizou a reunião de profissionais da agricultura e da indústria rural, bastando o registro de estatuto perante o registro de hipotecas do distrito para que a instituição adquirisse personalidade jurídica.[109] Assim se desenvolveu a possibilidade de associações tanto de empregados quanto de empregadores naquele contexto histórico de início do século XIX, uma vez que houve então a autorização legal para profissionais de determinado segmento apenas.

As lutas se consolidavam em buscas por melhores condições de trabalho, num cenário em que a precariedade de condições de trabalho era visível, somando-se à escassez legislativa.

Em 1907, o Decreto n. 1.637 organizou o sindicalismo urbano, com as reuniões de profissões similares ou conexas, numa primeira ideia de categorização. Ainda nesse mesmo sentido houve a instituição de forma clara das finalidades da instituição sindical, quais sejam o estudo, a defesa e o desenvolvimento de interesses coletivos e individuais dos trabalhadores de acordo com a categoria representada.[110]

Importante constar que o sindicalismo no Brasil atravessou algumas fases de lutas operárias seja pelo reconhecimento do direito ao exercício das atividades sindicais, legitimação sindical e até mesmo a luta pelo reconhecimento estatal. Entre elas, insta mencionar a fase intervencionista, a partir do ano de 1930. Nesse modelo algumas características merecem constar nesta pesquisa, inclusive

---

(104) ANTUNES, 1989, p. 48.
(105) LOURENÇO FILHO, 2011, p. 29-31.
(106) ANTUNES, 1989, p. 48.
(107) *Ibid.*, p. 48-49.
(108) BATALHA, Claudio H. M. **Dicionário do movimento operário**: Rio de Janeiro do século XIX aos anos 1920 – militantes e organizações. São Paulo: Perseu Abramo, 2009. p. 260.
(109) NASCIMENTO, 1992, p. 55.
(110) NASCIMENTO, 1992, p. 55.

para fins de marco teórico e histórico, como o autoritarismo liderado pelo governo de Getúlio Vargas, inclusive com a inclusão da ideia de colaboração entre sindicato e poder público, uma vez que, controlados pelo Estado, as instituições sindicais não lançassem o conflito entre capital e trabalho.[111]

Assim, "em 1930, é criado o Ministério do Trabalho, Indústria e Comércio, (...) atribuindo aos sindicatos funções delegadas de poder público, conforme de verifica do Decreto n. 19.433, de 26.11.1930".[112] A percepção de que o sindicato não era independente fora formalizada e assegurada, ademais as atribuições do mesmo eram delegadas pelo poder público, ou seja, atividades públicas, tipicamente de Estado.

Nesse contexto "o Estado expediu a Lei dos sindicatos, o Decreto n. 19.770 (1931)", com a limitação da contratação de estrangeiros, previsão de limitação dos poderes do sindicato. Porém com a atribuição de autoridade pública, dependendo inclusive de autorização do Estado para sua criação, bem como apresentou a proibição de sindicalização por servidores públicos e empregados domésticos, transferindo-lhe prerrogativas próprias do Estado, ou seja, o sindicato perdeu integralmente sua autonomia.[113]

Esse modelo de organização sindical foi complementado com o Decreto n. 24.694, em 1934, com a exigência de no mínimo um terço de empregados da mesma profissão para constituição de sindicatos e cinco empresas para o de empregadores, excluídos os empregados públicos e domésticos do direito a sindicalização.[114] Em função dos propósitos corporativos, o Estado necessitava de uma estrutura que permitisse ao mesmo tempo a representação e a subordinação dos trabalhadores, "daí porque ao lado da difusão do mito da outorga dos direitos sociais o governo iniciou, a partir de 1930, um processo de desmobilização do movimento operário e das lideranças sindicais autônomas".[115]

Na mesma década a Constituição de 1934, no artigo 120, apresentou como princípios a pluralidade e autonomia sindical.[116] O sindicato, nesse momento histórico constitucional, passou teoricamente a pessoa jurídica de direito privado, com liberdade para atuação, constituição e administração, porém havia a exigência de reunião de no mínimo 1/3 dos empregados de cada categoria no mesmo sindicato, o que limitou a existência de um número ilimitado de sindicatos em cada base territorial, contrariamente aos preceitos pluralistas.[117] A percepção de um modelo pautado nos interesses do Estado era visível, ademais ainda que houvesse uma liberdade formal, na prática tal sofria diretas e formais limitações estatais.

Ranços importantes do sistema corporativista em que se fundava o sindicalismo brasileiro permaneceram intactos na Constituição de 1934, e mais, continuam alguns deles até nos nossos dias, ainda na constituição social. É interessante compreender que

> a afirmação dos 'direitos sociais' derivou da constatação da fragilidade dos 'direitos liberais', quando o homem, a favor do qual se proclamam liberdades, não satisfez ainda a necessidades primárias: alimentar-se, vestir-se, morar, ter condições de saúde, ter segurança diante da doença, da velhice, do desemprego e dos outros percalços da vida.[118]

O trabalho que possui uma concepção de sustento humano passou então a não prover um mínimo existencial sob os olhos do trabalhador. Tal percepção surge em decorrência dos excessos cometidos pelos detentores do poder. Assim, uma vez que o ser humano passou a entender que havia sim necessidades primárias a serem satisfeitas se desenvolveu a busca por melhores condições.

No Brasil,

> conquanto a Constituição de 1891 tenha assegurado o livre exercício das profissões e o direito de associação, essas garantias tinham o caráter de meros direitos civis e políticos, ainda no sentido originário dos Direitos Fundamentais dos cidadãos, consubstanciados nas primeiras declarações anglo-americanas e francesa.[119]

---

(111) *Ibid.*, p. 60-61.
(112) PAMPLONA FILHO, 2013, p. 31.
(113) NASCIMENTO, *op. cit.*, p. 62.
(114) SANTOS, Ronaldo Lima dos. **Sindicatos e ações coletivas**: acesso à justiça, jurisdição coletiva e tutela de interesses difusos, coletivos e individuais homogêneos. 4. ed. São Paulo: LTr, 2014. p. 45.
(115) LOURENÇO FILHO, 2011, p. 32.
(116) NASCIMENTO, 1992, p. 65.
(117) NASCIMENTO, loc. cit.
(118) HERKENHOFF, João Baptista. **Gênese dos Direitos Humanos**. 2. ed. Aparecida: Santuário, 2002. p. 51-52.
(119) GALVÃO, Paulo Braga. **Os direitos sociais nas constituições**. São Paulo: LTr, 1981. p. 67.

Na Constituição de 1891, elaborada no advento da República, não havia referência expressa às entidades sindicais, não obstante o artigo 72 dispor a respeito da liberdade de associação, sendo em última análise o dispositivo que garantia a possibilidade de associação sindical, tendo um período de discordância dessa interpretação, tendo o STF em 1920 decidido e pacificado tal entendimento.[120]

Na concepção laboral era clara a exploração de escravos que eram objetos de aquisição pelos empregadores, tidos como meros instrumentos de trabalho e sinônimo de aumento dos lucros da produção. Assim, as raízes dos direitos sociais no Brasil possuem fundamentação civil e política, com resquícios e baseados em modelos anglo-americanos e franceses, conforme expressa o autor,[121] uma vez que o nascedouro dos Direitos Humanos e das Garantias Fundamentais é europeu, somente após longo tempo sendo inseridos no contexto da América Latina.

O desenvolvimento de forma significativa do Direito Social ao trabalho, no Brasil, aconteceu com sua inclusão no texto constitucional:

> somente com a reforma constitucional de 1926, quando pela primeira vez o trabalho passou a figurar na Constituição, atribuindo-se competência privativa ao Congresso Nacional para editar leis sobre o assunto, muito embora já em 1917 houvesse sido criada a Comissão de Legislação social na Câmara dos Deputados e sido expedidos vários diplomas legais contendo normas de caráter social.[122]

Historicamente falando, sem dúvidas a Revolução de 1930 marcou o início de uma nova era no processo de evolução do Direito do Trabalho no Brasil. Especialmente, cita-se a criação do Ministério do Trabalho, Indústria e Comércio, vez que assim passou a existir um organismo estatal com poderes fiscalizatórios e coercitivo com relação ao cumprimento de normas de proteção social.[123] Tal órgão, nesse momento da história, possuía atuação administrativa e integralmente vinculada ao Estado, agindo sob os anseios deste, ademais as reformas sociais trazidas pela Revolução de 1930 possuíam motivos eleitorais.[124]

Nesse escorço histórico, "a primeira Constituição Brasileira a inscrever um título sobre a ordem econômica e social foi a de 1934. Inspirada na Constituição de Weimar, a Carta de 1934 contém um paradoxo: o corporativismo e o pluralismo sindical".[125] Nesse sentido percebe-se que a inserção de alguns direitos sociais no texto constitucional foi consequência de interesses eleitorais e não efetivamente pautada na proteção e no combate a degradação humana.

Intenta a menção de que ainda que tal direito tenha sido inserido no texto constitucional, mesmo assim a liberdade sindical efetiva não existia. Tal conteúdo apenas era objeto de manobras políticas e jamais de proteção a dignidade humana. Na prática não se poderia exercer o efetivo direito à liberdade sindical, uma vez que o modelo era pautado e fundamentado no corporativismo, inclusive estatal.

A década de 1930, no Brasil, foi um marco na institucionalização da proteção social ao trabalho, com a organização de órgãos fiscalizadores e promoção de normas mínimas, ainda que formalmente falando. A efetivação da norma posta ainda é um desafio no Brasil, o que apesar dos avanços naturais ao lapso temporal ainda se está distante de um mínimo ideal à efetiva proteção.

Nesse sentido, "a carta de 1934 reconheceu a pluralidade e autonomia sindicais, bem como as convenções coletivas de trabalho, mas silenciou-se sobre a greve", manifestando-se a respeito de outros preceitos individuais, como por exemplo, dispensa sem justa causa,[126] ainda que tal Constituição tenha silenciado a respeito da possibilidade de greve. Na forma classificatória, "em suma, o diploma constitucional de 1934 era intervencionista e já mostrava sua preferência pelo *Welfare State* (estado do bem-estar)".[127] Ou seja, ainda que de forma limitada e com poucas nuances, a Constituição de 1934 já apresentava uma preocupação com o bem-estar social, em especial com relação ao trabalho, ainda que do ponto de vista formal.

---

(120) CHIARELLI, 1974, p. 51.
(121) GALVÃO, 1981, p. 67.
(122) GALVÃO, loc. cit.
(123) GALVÃO, loc. cit.
(124) STÜRMER, Gilberto. **A liberdade sindical na Constituição da República Federativa do Brasil de 1988 e sua relação com a Convenção 87 da Organização Internacional do Trabalho.** Porto Alegre: Livraria do Advogado, 2007. p. 72.
(125) BEZERRA LEITE, Carlos Henrique. **Constituição e direitos sociais dos trabalhadores.** São Paulo: LTr, 1997. p. 17.
(126) BEZERRA LEITE, loc. cit.
(127) BEZERRA LEITE, loc. cit.

Não obstante a previsão constitucional, impõe ressaltar a inexistência de fato do exercício da liberdade sindical, pois o modelo corporativista de Estado não permitiu a implementação de um modelo de ampla liberdade. Logo, a pluralidade sindical somente foi um texto constitucional morto, não produzindo efeitos de ordem prática. Nesse sentido, apenas do ponto de vista formal é possível afirmar que a Constituição de 1934 "foi um momento de grande euforia no desenvolvimento do sindicalismo brasileiro".[128] Uma euforia acalmada pelo corporativismo estatal e autoritarista que não legitimou o movimento operário de fato.

Tal preocupação, ainda que do ponto de vista formal do legislador constitucional, insere-se na ideia de que "o Estado também exerce a função de garantir a todos igualdade no acesso ao bem-estar social via distribuição de rendimentos, ou via políticas de investimentos públicos em equipamentos sociais".[129] Essa percepção é consequência de uma mudança de visão liberal, para uma premissa de intervencionismo protetor, o que no Brasil surge com os ranços do corporativismo colonial. O Estado social, nesse mesmo aspecto, "teria a tarefa de reestruturação social, tendente à integração dos cidadãos, estendendo a todas as classes a participação no poder social".[130] A integração do cidadão à sociedade e ao próprio Estado é uma das premissas da Democracia e da proteção social. A delimitação quanto ao conceito de corporativismo aqui utilizado concentra-se na ideia de interesses administrados e/ou controlados pelo Estado.

No Brasil o corporativismo se torna visível quando, a exemplo, "os sindicatos deixam de serem meras pessoas jurídicas de direito privado, para serem publicizados", passando suas constituições ao crivo do Ministério do Trabalho e Emprego, tornando, portanto, o sindicato, "órgãos de colaboração com o Governo".[131] Resta claro neste aspecto a ideia do corporativismo brasileiro, pautado no controle e participação estatal, ainda que em situações que regulam a vida privada das pessoas, como é o caso do Sindicato, durante o Brasil Colonial, especialmente.

Ainda se referindo à Constituição de 1934 Paulo Lopo afirma que "o amparo à produção e o estabelecimento de medidas de beneficiamento das condições do trabalho, na cidade e nos campos, tendo em vista a proteção social do trabalhador e os interesses econômicos do país, foram instituídos pela Constituição (art. 121)".[132] Ressaltando o acontecimento formal, o que para a época e a precariedade de direitos, fora um grande avanço.

A Constituição de 1937 apresentou em seu texto melhoras nas condições de trabalho e condições sociais em geral, não obstante a efetivação para aquele momento histórico se demonstrou prejudicada face ao modelo de exploração vigente, não obstante o texto constitucional em si, já era um avanço significativo.

No que diz respeito à liberdade sindical "a Carta Magna de 1937, imposta por Getúlio Vargas [...], versa o art. 137 sobre as questões trabalhistas. Assegura-se [...]: somente o sindicato regularmente reconhecido pelo Estado tem o direito de representação legal dos que participarem da categoria de produção".[133] Assim a Constituição de 1937 é importante marco histórico. Ainda que de forma incipiente, houve importantes intervenções no que concerne aos direitos sociais, no texto constitucional. Conforme já exposto, ainda que tenha efetivamente havido a inclusão da proteção no texto constitucional, na prática a implementação desses direitos ainda demandaria longo período.

A liberdade sindical, nessa Constituição, mais uma vez compôs mero texto sem condições práticas, numa contradição desmedida. Ao contar com a liberdade sindical e impor a necessidade de autorização/reconhecimento do Estado para adquirir representação, não há que se falar em liberdade efetiva, mas sim num modelo ditatorial, do ponto de vista da liberdade sindical e sua extensão.

Os sindicatos nesse período perderam autonomia e passaram a meros instrumentos assistenciais, com a total descaracterização do papel de lutas de classes e defesa dos trabalhadores.[134] Isso consiste em nítido retrocesso social, uma vez que "o golpe de 1937 elimina completamente a

---

(128) CHIARELLI, 1974, p. 51.
(129) RODRIGUEZ, 2003, p. 93.
(130) RODRIGUEZ, loc. cit.
(131) RODRIGUEZ, loc. cit. p. 16.
(132) SARAIVA, Paulo Lopo. **Garantia constitucional dos direitos sociais no Brasil**. Rio de Janeiro: Forense, 1983. p. 56.
(133) MARTINS, Sergio Pinto. **O pluralismo do direito do trabalho**. São Paulo: Atlas, 2001. p. 79-80.
(134) BEZERRA LEITE, loc. cit.

autonomia, o pluralismo e a liberdade de sindicalização"[135]. Ainda tal Constituição criou a Justiça do Trabalho, embora vinculada ao Poder Executivo, assim como praticamente nada se alterou com relação aos direitos individuais, comparando com a Constituição de 1934.[136]

O Decreto-Lei n. 1.402, em 1939, instituiu o imposto sindical, completando assim "um modelo que permitia a manutenção dos sindicatos de forma atrelada e dependente quanto ao Estado, e distantes dos trabalhadores".[137] Nessa conjuntura histórica cumpre ainda aludir a promulgação da Consolidação das Leis do Trabalho – CLT, que "reuniu a legislação anterior, dando uma sistematização aos textos esparsos, mas sem acrescentar qualquer elemento novo".[138] A promulgação da CLT, por meio do Decreto-lei n. 5.452, em 1º de maio de 1943, "manteve e aprofundou a organização sindical estabelecida constitucionalmente, persistindo a unicidade sindical e a representação da categoria por base territorial como critérios fundamentais da organização sindical brasileira".[139] A sistematização das leis laborais é de todo significativa, uma vez que tal consolidação ainda vige no ordenamento jurídico do Brasil. Não obstante as críticas a respeito da ineficiência da CLT, esta ainda significa e constitui instrumento importante no que concerne a legislação laboral atualmente.

O Título V da CLT, denominado Organização Sindical, apresenta as diretrizes para a instituição e o funcionamento dos sindicatos. O artigo 511, em seu texto original, apresentava a seguinte disposição:

> É lícita a associação para fins de estudo, defesa e coordenação dos seus interesses econômicos ou profissionais de todos os que, como empregadores, empregados, agentes ou trabalhadores autônomos ou profissionais liberais exerçam, respectivamente, a mesma atividade ou profissão ou atividades ou profissões similares ou conexas.[140]

A percepção desse texto é de que a CLT dispõe a respeito da liberdade de associação, para fins de estudos, defesa e coordenação de interesses profissionais. Nesse sentido o texto original, poder-se-ia dizer, autorizou a ampla liberdade sindical.

Em 1946, nova redação recebeu o artigo 511 da CLT: "é livre a organização sindical, em todo o território nacional, para fins de estudo, defesa e coordenação de interesses econômicos ou profissionais. (Redação dada pelo Decreto-lei n. 8.740, de 19.1.1946, com vigência suspensa pelo Decreto-lei n. 8.987 – A, de 1946)".[141] Conforme consta do próprio conteúdo, tal texto foi suspenso, retornando ao texto originário que vige atualmente.

Percebe-se que a CLT, ainda que do ponto de vista formal autorize o exercício da liberdade associativa para fins sindicais e para defesa dos interesses profissionais, atualmente contraria o texto constitucional, que assegura a existência do sindicato único, por categoria. Ressalta-se que, conforme afirma Franco Filho, a noção de categoria, contemplada no artigo parágrafos 1º e 2º, é um óbice para a pluralidade sindical.[142]

A próxima Constituição do Brasil foi a de 1946, "considerada uma das mais avançadas naquela época, a Constituição democrática de 1946 declarou o trabalho como um dever social, que tinha por objeto assegurar a todos uma existência digna".[143] Essa Constituição deixou para a legislação ordinária a regulação da organização sindical, o que não aconteceu.[144] A legislação de preceitos de greve, até os nossos dias, carecem de uma legislação efetiva e autoaplicável, inclusive merece destaque no que concerne aos servidores públicos, que carecem de Lei específica para regular o exercício do direito a greve.

---

(135) RODRIGUEZ, 2003, p. 14.
(136) BEZERRA LEITE, *op. cit.*, p. 18.
(137) LOURENÇO FILHO, 2011, p. 42-43.
(138) RODRIGUEZ, *op. cit.*, p. 19.
(139) PAMPLONA FILHO, 2013, p. 36.
(140) BRASIL. **Consolidação das leis do trabalho**. Decreto-lei 5452/1943. Disponível em: <http://www.planalto.gov.br/ccivil_03/decreto-lei/del5452.htm>. Acesso em: 20 jun. 2014.
(141) BRASIL. **Consolidação das leis do trabalho**. Decreto-lei 5452/1943. loc. cit.
(142) FRANCO FILHO, Geogenor de Sousa. Sindicalismo no Brasil. In: GUNTHER, Luiz Eduardo; MANDALOZZO, Silvana Souza Netto. (Coord.). BUSNARDO, Juliana Cristina; VILLATORE, Marco Antônio César. (Org.). **25 anos da Constituição e o direito do trabalho**. Curitiba: Juruá, 2013. p. 242.
(143) BEZERRA LEITE, 1997, p. 18.
(144) BEZERRA LEITE, loc. cit.

A exceção da implementação de normas a respeito de prerrogativas e direitos dos sindicatos, a Constituição de 1946 "manteve a sistemática ampla da liberdade, genericamente considerada, condicionada, porém o seu exercício, a restrições e limites" estabelecidos por leis ordinárias, que na realidade é quem comanda a vida sindical no Brasil.[145] No que diz respeito a normas de direito social e fundamental a Constituição de 1946 de modo geral reproduziu as constituições anteriores ainda no que concerne ao direito de greve, vez que reconheceu na forma da lei.[146]

Essa Constituição em pouco inovou no que concerne à previsão e institucionalização da liberdade sindical. Nesse sentido,

> a Constituição de 1946, oriunda de redemocratização do país, elaborada, discutida, aprovada e promulgada pela Assembleia Constituinte, eleita em 2 de dezembro de 1945, reafirma o sentimento democrático do povo brasileiro e amplia os horizontes do constitucionalismo social.[147]

A institucionalização de direitos sociais, contexto em que a Constituição foi elaborada nos moldes da democracia, com raízes ditatoriais, porém abrindo novos horizontes a um modelo democrático. Assim,

> a Constituição de 1946 elevou a categoria de constitucionalmente tutelados alguns direitos previstos na CLT relativos à duração do trabalho, inovando na questão do descanso semanal, ao estabelecer a diretriz para legislação futura no sentido de prever remuneração para as interrupções semanais e nos dias feriados, após intensos debates.[148]

A questão é que embora a CLT possua a previsão da liberdade de associação no artigo 511, ainda sim não houve a implementação desse sistema face ao conteúdo das constituições, e mais, face ao prevalecimento do sistema corporativo e pautado no interesse de poucos em detrimento da proteção efetiva dos direitos e Garantias Fundamentais. Não há dúvidas de que a unicidade sindical no período da ditadura e no contexto de governos autoritários se fundamentava na necessidade de limitação de uma competição entre os diversos organismos e consequente aumento da organização.[149]

A Constituição de 1946, nesse segmento, estabeleceu diretrizes e normas a respeito de tutelas gerais do direito material do trabalho, algumas delas que até os dias de hoje estão presentes no ordenamento jurídico brasileiro. Para Ramos Filho, "a Constituição de 1946, no que respeita as relações de trabalho capitalistas, introduziu temas característicos da ideologia fordista, inspirada pelo *intervencionismo bélico assistencial* implantado nos EUA e em vários países submetidos a sua área de influência" (destaque do autor)[150]. Tal ideologia retrata modelos de produção e de aumento da lucratividade, com a redução de custos, o que de um modo geral não produz bons frutos no que concerne à proteção ao trabalho.

E concluindo, "por fim, o sistema adotado na Constituição de 1946 manteve o padrão das relações trabalhistas instituído durante o regime anterior, ou seja, não rompeu com o corporativismo que havia inspirado o fascismo na Europa".[151] O modelo de 1946 foi inspirado num padrão corporativista, fundamentado em interesses alheios a uma proteção efetiva do trabalho como instrumento de efetivação de Direitos Humanos. Assim é possível perceber que "o controle escapou das mãos da elite, que dominava o sistema político desde 1945, quando os líderes sindicais e os políticos mais radicais alteraram o jogo populista em proveito próprio"[152]. Resquícios do modelo corporativista que impregna as instituições desde o Brasil colônia.

A próxima Constituição do Brasil aconteceu quando, "a 31 de março de 1964 instalou-se em nosso país um movimento político-militar que desaguou na queda do Presidente João Goulart, sendo eleito [sic] nomeado novo presidente o Marechal Castelo Branco".[153] Ao que diz respeito à atividade sindical naquele momento histórico, "o período de 1960-1964 foi caracterizado por uma intensa atividade grevista.

---

(145) CHIARELLI, 1974, p. 52-53.
(146) BEZERRA LEITE, *op. cit.*, p. 18.
(147) SARAIVA, 1983, p. 57.
(148) SARAIVA, loc. cit.
(149) RODRIGUEZ, 2003, p. 22.
(150) RAMOS FILHO, 2012, p. 187.
(151) *Ibid.*, p. 188.
(152) RODRIGUEZ, *op. cit.*, p. 28-29.
(153) BEZERRA LEITE, 1997, p. 19.

[...] O crescimento do sindicalismo foi reflexo da industrialização pela qual o país estava passando, que provocou maior socialização da produção, aumentando ainda mais a importância do proletariado industrial na economia".[154]

Nesse momento, o que havia eram pressões sobre o governo, manifestadas na forma de movimentos grevistas com finalidades amplas, entre elas eleitorais. Não obstante, o movimento operário é significativo e busca melhores condições de trabalho e uma tomada de posições do governo em face das opressões laborais pelo empresariado. Na realidade, "a Constituição de 1967, embora autoproclamando-se promulgada, foi imposta pela força militar, razão pela qual pode ser classificada como Constituição semioutorgada".[155]

A Constituição de 1967 nasceu em meio a um contexto político e governamental complicado, marcado pelo movimento militar e a adoção de políticas de um governo ditatorial. Assim, "no campo do direito coletivo, manteve o mesmo sistema previsto na Constituição de 1946, proibindo, porém, a greve nos serviços públicos e serviços essenciais".[156] Ainda nesse contexto constitucional de 1967, deixou de exigir a homologação da greve pela autoridade pública e instrumentos coletivos seriam depositados para registro perante o Ministério do Trabalho e Emprego.[157]

Outro fator marcante nesse instrumento constitucional de importante ressalte é que "com efeito, a Carta de 1967 constitucionalizou um duplo regime de contratação de trabalhadores subordinados pelas empresas privadas ao prever (i) a indenização do trabalhador despedido ou (ii) o fundo de garantia equivalente".[158] Aqui surge um instrumento importante e vigente até os nossos dias, qual seja, o fundo de garantia por tempo de serviço.

Ainda e finalmente, importante ressaltar que a Constituição em questão, no artigo 157, II, sob o título da ordem econômica e social, constou como princípios da ordem econômica e social "valorização do trabalho como condição de dignidade humana".[159] Tal ditame legal, ainda que contido no título da ordem econômica e social, possui grande importância. É sim importante instrumento que produziu efeitos e sofreu alterações na Constituição de 1988 e um título dedicado aos direitos sociais, passos que somente foram trilhados em longos anos. Os direitos sociais são efetivamente frutos de longas construções formais e sociais.

Após a vigência da Constituição de 1967, se tem o Ato Institucional n. de 1968, sendo que "no que pertine aos direitos sociais, praticamente manteve o regime constitucional anterior", alterando a competência da justiça federal para causas em que figurassem em um dos polos passivos a união, autarquias e empresas públicas federais.[160]

Ramos Filho cita o ano de 1968 como "o ano que abalou o mundo", por força das inúmeras Revoluções e conflitos existentes em diversos locais do mundo. Cita que no Brasil, "ao contrário, a ordem capitalista estava sendo imposta pela força das armas e da repressão, prescindindo de elementos de relegitimação, ensejando inclusive a retirada de alguns direitos já assegurados no período anterior".[161]

Fácil compreender que o Ato Institucional n. 5 de 1968 retrata o regime militar que por anos vigeu no Brasil. Nesse sentido, poucas inovações apresentou tal texto constitucional, limitando-se a manter o texto anterior, apenas com pequenas alterações, conforme já citado. Ainda que ao longo do tempo "modificações mais profundas, contudo, não advieram, sendo mantido o sistema corporativista, remanescendo a unicidade sindical e a representação da categoria por base territorial, cenário que não foi modificado com a promulgação da Constituição de 1988".[162]

A compreensão de que havia essa necessidade de limitação do poder dos sindicatos e associações é justamente porque "os sindicatos têm como função primordial representar a categoria em questões trabalhistas, ou seja, em questões relativas a conflitos com empregadores por melhores condições

---

(154) RODRIGUEZ 2003, p. 29-30.
(155) BEZERRA LEITE, 1997, p. 19.
(156) BEZERRA LEITE, loc. cit.
(157) RAMOS FILHO, 2012, p. 236.
(158) *Ibid.*, p. 247.
(159) BRASIL. **Constituição do Brasil**. (1967). São Paulo: Saraiva, 1967. p. 54.
(160) BEZERRA LEITE, 1997, p. 19.
(161) RAMOS FILHO, 2012, p. 256.
(162) PAMPLONA FILHO, 2013, p. 39.

sociais".[163] Assim um fortalecimento da maioria em detrimento de minorias impõe sim sérias alterações sociais, especialmente considerando que as lutas sindicais, essencialmente, devem ser em busca da efetivação de direitos e Garantias Fundamentais aos trabalhadores e melhorias nas condições de trabalho, sempre.

O sindicato, nesse sentido, possui grande relevância, é um intermediador das relações laborais, além de visivelmente ser o organizador das lutas operárias. O empregado ante a qualquer situação que lhe forneça risco ou insegurança, de um modo geral, recorre ao sindicato. O empregado deposita suas expectativas no sindicato, como ente intermediador e interlocutor nas relações de trabalho e democratização das relações coletivas.

O Estado Democrático de Direito demonstra nítida maturação histórica e teórica, em função da incorporação da Democracia na construção do conceito político e jurídico, originando inovador paradigma de organização e gestão da sociedade civil e política. Nesse novo paradigma tem destaque a importância da pessoa e dignidade humana, como direcionador de princípios e regras para uma democracia inclusiva, estrutura essa que se faz presente na Constituição brasileira de 1988.[164]

Importante menção se faz para a centralidade dos direitos e Garantias Fundamentais trazidos pela Constituição de 1988, sendo o trabalho um direito social e fundamental, vez que contido expressamente no tópico dos direitos sociais, com artigos específicos contendo um patamar mínimo de direitos e garantias aos trabalhadores em geral. Conforme mencionado anteriormente, em Constituições anteriores, por vezes o direito do trabalho estava contido no tópico de direito civil ou até mesmo no conteúdo de direito econômico. A Constituição de 1988 elevou o trabalho a um direito social e fundamental, exaltando assim a centralidade e importância dele.

Importante avanço compreende a conquista do direito à greve pelos servidores públicos. A Constituição de 1988 reconhece tanto o direito à greve para o trabalhador nos setores privados "quanto para os servidores públicos civis (artigo 37, VI e VII)", sendo para estes pela primeira vez acontece tal reconhecimento (de acordo com a lei complementar ainda não editada), assim como o direito a sindicalização.[165]

A Constituição de 1988 garante ao servidor público civil o direito à liberdade para associação sindical e lhe assegura o direito à greve, nos limites de lei específica.[166] Tal constitui um dos grandes avanços contidos na Carta Social de 1988, que será abordada a seguir. O servidor público até então não possuía o direito ao exercício de greve, assunto que não será aprofundado aqui, porém se cita apenas de forma pontual.

Face ao ranço corporativista já mencionado a Constituição de 1988, "é acusada de ter Tratado ambiguamente a questão sindical, implementando a liberdade sindical pela metade, ao manter os institutos de origem corporativa em seu texto".[167] A previsão contida no artigo 8º II da Constituição de 1988, referente à unicidade sindical, é uma contradição aos demais anseios do texto constitucional. No *caput* do artigo 8º, inciso II, assegura a liberdade sindical e no inciso II a sucumbe sob a limitação de existência de apenas um sindicato na mesma base territorial.

Ante a existência de interesses alheios aos interesses da classe trabalhadora, "é fato que o movimento sindical não colocou entre suas demandas prioritárias a reforma sindical, pois não houve consenso entre as diversas correntes".[168] O modelo de interesses corporativistas e empresariais de um modo geral põe em risco os anseios e demais princípios que regem os principais interesses das instituições sindicais.

---

(163) RODRIGUEZ, 2003, p. 43.
(164) DELGADO, Maurício Godinho. Constituição da república, estado democrático de direito e direito do trabalho. In: DELGADO, Gabriela Neves; PEREIRA, Ricardo José Macêdo de Britto. (Coord.). **Trabalho, Constituição e cidadania**: a dimensão coletiva dos direitos sociais trabalhistas. São Paulo: LTr, 2014. p. 158.
(165) BEZERRA LEITE, Carlos Henrique. A greve do servidor público civil como direito humano fundamental. In: COLNAGO, Lorena de Mello Rezende; ALVARENGA, Rúbia Zanotelli de. (Org.). **Direito internacional do trabalho e as convenções internacionais da OIT comentadas**. São Paulo: LTr, 2014. p. 146-147.
(166) GARCIA, Gustavo Filipe Barbosa. Convenção n. 98 da Organização Internacional do Trabalho: proteção da liberdade e atividade sindical. In: ALVARENGA, Rúbia Zanotelli de; COLNAGO, Lorena de Mello Rezende. (Coord.). **Direito internacional do trabalho e as convenções internacionais da OIT comentadas**. São Paulo: LTr, 2014. p. 397.
(167) RODRIGUEZ, 2003, p. 47.
(168) RODRIGUEZ, 2003, p. 47.

Tais discussões ficam claras no seio da Constituinte, assunto que será abordado em tópico posterior, quando da abordagem da unicidade sindical vigente no Brasil.

Visivelmente, "uma estrutura que, na origem, serviu para controlar o perigo da questão social, moldando o conflito conforme os interesses dominantes, hoje é um instrumento para a resistência ao processo de supressão do antagonismo na gestão da nossa precária coisa pública".[169] Assim se percebe que a essência da liberdade sindical foi suprimida por fatores alheios totalmente contrários a princípios sociais. A formatação de um modelo sindical contraditório e ambíguo é o fruto do conflito de interesses que se estabelece.

Nesse sentido, o sindicato, segundo Chiarelli, possui sua razão de ser fundado numa "genérica solidariedade social, ideia que se completa com o exposto na letra *c* do *caput* do artigo 514" da CLT,[170] quando afirma ser um dever dos sindicatos a promoção da conciliação nos dissídios coletivos. Logo não pode o sindicalismo estar associado à ideia de autoritarismo e intervencionismo do Estado, mas sim ao ideário de justiça social e as lutas por melhores condições de trabalho, no lastro da coletividade.

Segundo José Rodrigo Rodriguez, importante compreender que

> o sindicalismo brasileiro desenvolveu-se no interior das estruturas montadas pelo Estado Corporativista nascido com a Revolução de 30, encontrando espaços para desenvolver, ao longo do tempo, uma ação legítima e representativa dos interesses dos trabalhadores que convive com práticas condenáveis de sindicatos (chamados "sindicatos de papel") voltados apenas para o gozo dos benefícios proporcionados pela estrutura sindical brasileira.[171]

A percepção de que os interesses foram desvirtuados e persistem ao longo da história é visível. O contexto de descrédito enfrentado pelas entidades sindicais é fruto dessa acomodação pelas entidades e desse modelo que se implementou ao longo da história do Brasil. A antagônica questão é justamente a percepção de que de um lado um direito fundamental e humano a todos é manuseado como instrumento de satisfação de interesses de poucos em prejuízo dos direitos de classes que demandam atenção e luta por direitos mínimos.

"O sindicalismo brasileiro – ou pelo menos expressivo percentual dos 'dirigentes sindicais' – acostumou-se, assim, à adulação oficial do Estado, sem que houvesse questionamentos profundos a respeito da estrutura e atuação das entidades sindicais".[172] A luta por independência e corte dos vínculos embrionários com o Estado foram sufocadas pela acomodação interesseira de quem comanda tais entidades, vícios que ultrapassam séculos. Nesse sentido, explica-se a falta de anseios pelos sindicatos, na luta pela conquista de melhores condições, de avanços na implantação de um sistema sindical marcado pela ampla e livre possibilidade de realização da liberdade como bem maior a todo trabalhador.

Os vícios e problemas embrionários que decorrem do sistema colonial e pautados no clientelismo e na acomodação proporcionada pelo Estado e por interesses particulares, de fato é sim um entrave ao verdadeiro desenvolvimento sindical no Brasil. Não obstante, impõe-se ressaltar que ainda que se tenham problemas, ainda assim os sindicatos possuem papel primordial no desenvolvimento do trabalho. É um dos principais e o primeiro ente a que o empregado recorre, até pela proximidade, quando necessita resolver algum impasse laboral de índole coletiva ou individual.

Enfim, há muito que se avançar e importante é esse avanço, porém há que se reconhecer a importância da entidade no desenvolvimento das relações de trabalho, ressaltando a importância de uma evolução pautada em interesses sociais e fundamentais. Toda a sociedade tem muito a ganhar com a evolução do Direito Coletivo laboral, assunto que embora possua avanços importantes instituídos pela Constituição de 1988, necessita se desvencilhar do velho modelo, assim como evoluir na forma de implementação e aplicação do conteúdo legal, para só assim tratarmos de uma verdadeira transformação constitucional no concernente à liberdade sindical.

---

(169) *Ibid.*, p. 57.
(170) CHIARELLI, 1974, p. 52-62.
(171) RODRIGUEZ, *op. cit.*, p. 477.
(172) PAMPLONA FILHO, 2013, p. 41.

1.3 IMPORTÂNCIA DO SINDICALISMO E DO MOVIMENTO SINDICAL PARA OS DIREITOS HUMANOS

Ao longo deste item da pesquisa, a pretensão é a abordagem da importância do sindicalismo na construção dos Direitos Humanos, assim como a importância da proteção aos Direitos Humanos para o desenvolvimento da liberdade sindical como um todo. O atual *status* de Direito Humano e fundamental adquirido pela Liberdade Sindical é fruto de uma construção de lutas históricas e ultrapassagem de barreiras legislativas e sociais.

Nesse aspecto "os Direitos Sociais começaram a surgir nos séculos XVIII e XIX, quando a sociedade da época volta-se (*sic*) basicamente para a garantia formal das liberdades como princípio da democracia política ou democracia burguesa".[173] Com o advento da Revolução Francesa houve uma transição, do Estado Absolutista para um Estado Legalista, representativo do Estado Liberal. O Estado de Direito é caracterizado pela limitação do Estado pela lei, sob o argumento da proteção ao cidadão, viés de estabelecimento dos direitos sociais.[174]

A convicção de que todos os seres humanos têm direito a respeito pelo simples fato de ser humano nasce vinculada à lei escrita, como uma instituição social, como regra geral e uniforme, aplicável a todos os indivíduos de uma sociedade organizada.[175] Nesse sentido Flávia Piovesan, a despeito da concepção contemporânea de Direitos Humanos, afirma que eles são "concebidos como uma unidade indivisível, interdependente e inter-relacionada, na qual os valores da igualdade e liberdade se conjugam e se completam".[176]

Ainda Flávia Piovesan afirma que "para a Declaração Universal a condição de pessoa é o requisito único e exclusivo para a titularidade de direitos", ou seja, a universalidade dos Direitos Humanos constitui uma ruptura absoluta com o legado nazista.[177]

Nessa circunstância interessante a percepção de que "a democracia fundamenta-se na garantia da igualdade, por isto não pode tolerar a extrema desigualdade entre trabalhadores e classe dominante".[178]

A percepção de respeito a direitos e garantias pelo fato de pertencer à espécie humana eleva a convicção humana de que não é possível que a espécie não possua um mínimo de direitos, ante as intervenções econômicas e estatais que tanto degradam e pioram por vezes a vida do ser humano no planeta.

Sob uma perspectiva crítica os Direitos Humanos constituem uma convenção cultural e são utilizados para introduzir uma tensão entre direitos reconhecidos e práticas sociais, por vezes não positivadas ou outra forma de reconhecimento ou procedimento de garantia interior ou exterior a tais normas.[179] Assim os Direitos Humanos fundamentais estão relacionados à garantia de não ingerência pelo Estado na esfera individual e a consagração da dignidade humana como universal pela maioria dos Estados, seja em nível constitucional ou infraconstitucional, seja em nível consuetudinário ou em Tratados e Convenções.[180]

O emprego da expressão "Direitos Humanos" alude-se a uma pretensão que se denota no plano internacional, com tradução moral ou natural, reclamadas como direitos básicos, os fundamentais se caracterizam como Direitos Humanos positivados, garantidos e reconhecidos pelo ordenamento. Os

---

(173) MACHICZEK, Maria Cristina Cintra. A liberdade sindical como concretização dos direitos da pessoa humana do trabalhador. In: PIOVESAN, Flávia; CARVALHO, Luciana Paula Vaz de. (Coord.). **Direitos Humanos e direito do trabalho**. São Paulo: Atlas, 2010. p. 290.
(174) *Ibid.*, p. 290-291.
(175) COMPARATO, Fábio Konder. **A afirmação histórica dos Direitos Humanos**. 7. ed. rev. e atual. 3. tir. São Paulo: Saraiva, 2011. p. 24.
(176) PIOVESAN, Flávia. **Direitos Humanos e o direito constitucional internacional**. 13. ed. rev. e atual. São Paulo: Saraiva, 2012a. p. 69.
(177) *Ibid.*, p. 204.
(178) SILVA, José Afonso da. Democracia e direitos fundamentais. In: CLÈVE, Clèmerson Merlin; SARLET, Ingo Wolfgang; PAGLIARINI, Alexandre Coutinho. (Coord.). **Direitos Humanos e democracia**. Rio de Janeiro: Forense, 2007. p. 369.
(179) HERRERA FLORES, Joaquín. **A (re)invenção dos Direitos Humanos**. Tradução de: Carlos Roberto Diogo Garcia; Antônio Henrique Graciano Suxberger; Jefferson Aparecido Dias. Florianópolis: Fundação Boiteux, 2009. p. 34.
(180) MORAES, Alexandre de. **Direitos Humanos fundamentais**: teoria geral, comentários aos arts. 1º a 5º da Constituição da República Federativa do Brasil, doutrina e jurisprudência. 9. ed. São Paulo: Atlas, 2011. p. 21.

Direitos Humanos se distinguem dos Direitos Fundamentais, sendo os primeiros pela vocação universalista e o segundo vigente na ordem jurídica interna e concreta.[181]

Assim, segundo Herrera Flores, os Direitos Humanos consistem em "dinâmicas sociais que tendem a construir condições materiais e imateriais" necessárias ao alcance de determinados objetivos genéricos que se situam fora do direito, a exemplo forças parlamentares. Assim, a luta por acesso a bens via atores sociais coloca em funcionamento práticas sociais, políticas, econômicas, jurídicas ou culturais que possibilitem a construção de condições materiais e imateriais para a vida.[182]

A normatividade internacional de proteção aos Direitos Humanos é fruto de lutas históricas e um lento e gradual processo de internacionalização e universalização desses direitos, passando a transcender os interesses exclusivos dos Estados, salvaguardando interesses dos seres humanos protegidos.[183] Interessante a menção de que "o reconhecimento dos Direitos Humanos é inseparável de uma crença na dignidade da pessoa humana".[184]

A perspectiva de que a proteção não se limita a mero instrumento de discussão normativa interna aos países, assim como a percepção de que preceitos universais de proteção, necessitam projetar um modelo protetivo pautado na violação das barreiras impostas pela soberania, que deverá ceder lugar a preceitos universais de proteção a todos os seres humanos.

Historicamente, ainda que esboçados na Declaração dos Direitos do Homem e do Cidadão (1789), os Direitos Humanos têm o reconhecimento do "seu caráter universal pela Carta da ONU (1945) e pelo Estatuto da Corte Internacional de Justiça (1945). Em seguida, foram institucionalizados pela Declaração Universal dos Direitos Humanos (1948)". (destaque do autor).[185] Merece destaque na formação histórica da construção e consolidação dos Direitos Humanos a Carta Magna de 1215, outorgada por João Sem-Terra, na Inglaterra, consistindo na enumeração de prerrogativas e garantias a todos os súditos, com garantias de judicialidade, liberdade de ir e vir, entre outros direitos, sendo um marco no que concerne a direitos e garantias constitucionais.[186]

Ressalte-se que a afirmação histórica dos Direitos Humanos somente aconteceu no momento pós-segunda guerra mundial, com a consolidação da ONU, fruto da evolução legislativa até então consolidada como reflexão dos anseios sociais da época e, principalmente, nos nefastos efeitos da Segunda Guerra Mundial. Logo, é necessário o esclarecimento de que os Direitos Humanos se consolidaram com a segunda Guerra Mundial, sendo possível o reconhecimento formal do sistema de proteção aos Direitos Humanos somente após a universalização pela Carta da ONU.

Na ideia de conceituação, a Carta Europeia de Direitos Humanos adotada em 1950 apresenta uma concepção clássica dos Direitos Humanos no que concerne às liberdades individuais, quando o enfoque é feito sobre a dignidade das pessoas e seu direito a vida, liberdade laboral, e não submissão a tratamento degradante, segurança e liberdade de consciência, entre outros. No que diz respeito às liberdades coletivas ênfase se dá à exigência de uma democracia pluralista e que implica no reconhecimento de liberdades de expressão, ensino, culto, e de associação, especialmente sindical e de reunião.[187]

Importante menção faz Mazzuoli ao fato de que a criação da OIT após o fim da Primeira Guerra foi o antecedente que mais contribuiu para a formação do Direito Internacional dos Direitos Humanos, com o estabelecimento de critérios básicos de proteção ao trabalhador, com padrões "condizentes de dignidade e de bem estar social". Assim, figurando os Direitos Humanos como tema de interesse internacional, sendo o indivíduo considerado, a partir de então, sujeito de direito internacional e o afastamento da soberania absoluta dos Estados, instala-se uma nova ordem mundial, pautada no referencial ético da proteção aos Direitos Humanos.[188]

---

(181) ROMITA, Arion Sayão. **Direitos fundamentais nas relações de trabalho**. 5. ed. São Paulo: LTr, 2014. p. 71-72.
(182) HERRERA FLORES, *op. cit.*, p. 35.
(183) MAZZUOLI, Valério de Oliveira. **Direitos Humanos & cidadania**: à luz do novo direito internacional. Campinas: Minelli, 2002. p. 33-34.
(184) MORANGE, Jean. **Direitos Humanos e liberdades públicas**. Tradução de: Eveline Bouteiller. 5. ed. ampl. e rev. Barueri, SP: Manole, 2004. p. 483.
(185) DELGADO, Gabriela Neves; RIBEIRO, Ana Carolina Paranhos de Campos. Os direitos sociotrabalhistas como dimensão dos Direitos Humanos. In: ALVARENGA, Rúbia Zanotelli de; COLNAGO, Lorena de Mello Rezende. (Coord.). **Direito internacional do trabalho e as convenções internacionais da OIT comentadas**. São Paulo: LTr, 2014. p. 67-68.
(186) FERREIRA FILHO, Manoel Gonçalves. **Direitos Humanos fundamentais**. 6. ed. São Paulo: Saraiva, 2004. p. 11-12.
(187) MORANGE, 2004, p. 113.
(188) MAZZUOLI, 2002, p. 37-43.

Aspecto do qual a OIT participou ao nascer no contexto de conflitos e degradação humana, ante a percepção de que o trabalho poderia restabelecer um modo de vida minimamente aceitável àquelas milhares de pessoas vitimadas pela guerra, que ao lhes possibilitar o acesso a um trabalho digno lhes estaria a conferir a chance de um recomeço com dignidade.

Ainda, historicamente falando, a Declaração Universal dos Direitos Humanos de 1948 consolidou-se como verdadeiro marco divisor no processo de internacionalização dos Direitos Humanos e o surgimento do sistema global de proteção, com inúmeros pactos e instrumentos internacionais nas mais diversas frentes de proteção.[189] Estruturalmente, "os Direitos Humanos passaram a fundar-se nos pilares magnos da *universalidade, indivisibilidade e interdependência*, consagrados na Declaração Universal de 1948 e reiterados pela segunda Conferência Mundial de Direitos Humanos de Viena em 1993".[190]

Ainda com o surgimento do Estado Social no início do século XX, houve a ampliação das fronteiras da cidadania, com a reformulação do conceito de mínimo, adequando-se as novas exigências da democracia e direitos da pessoa humana.[191] O Estado social apresenta uma recopilação de conceitos até então tidos como suficientes, porém a Democracia exige um avanço no concernente à proteção e centralidade do ser humano.

Nessa perspectiva,

> a atual conjuntura econômica mundial demonstra que a proteção que o Direito do Trabalho deve oferecer ao trabalhador vai além da interpretação sistêmica de que o empregador é a parte mais forte da relação. A proteção está acima de um instituto e deve ser preconizada nos níveis social, econômico e institucional.[192]

Essa é uma premissa maior da proteção aos Direitos Humanos por meio do trabalho, qual seja, o capital não pode se sobrepor ao trabalho humano.

Assim, houve a constatação de que "o Estado Social previa uma repactuação de direitos, que passava, necessariamente, pelo direito laboral. Nesse espaço a liberdade sindical foi um catalisador para a implementação de direitos individuais trabalhistas".[193] O trabalho como modo de vida da maioria das pessoas possui forte influência na implantação do Estado social e na melhoria das condições de vida da sociedade, vez que, conforme já visto, há muito houve a inclusão do direito ao trabalho na lista de direito social e fundamental, na maioria das Constituições atualmente reconhecidas como democráticas.

Importante mencionar que o próprio Direito ao Trabalho, conforme cita Wandelli, surge como pretensão crítica frente aos Direitos Humanos "do individualismo burguês, denunciando as vítimas da nova institucionalidade que substituíra a ordem medieval".[194] Sob esse aspecto, importante perceber que "a consagração da liberdade sindical é de fundamental importância para a efetivação dos direitos sociais trabalhistas".[195] Tanto que atualmente ocupa o patamar de Princípio de Direito Internacional e fundamental ao trabalho.

A importância está no poderio das lutas, sem embargo, um movimento numeroso, intenso, com potencial de negociação e poder de coerção da classe operária pode limitar a atividade econômica. Logo, influenciar nas decisões do empresariado e do Estado, em geral. Para Nogueira Alcalá os sindicatos surgem como uma expressão concreta do direito de associação, com o objetivo de equilibrar as relações de poder na vida laboral e uma proteção aos trabalhadores em defesa e em face das injustiças sociais, exploração do trabalhador e condições indignas de trabalho.[196] O direito de associação como uma liberdade autoriza o trabalhador a se associar para o exercício de liberdades fundamentais, como a liberdade sindical, e com isso construir um histórico laboral pautado no respeito mínimo ao trabalhador.

---

(189) *Ibid.*, p. 44-50.
(190) *Ibid.*, p. 125.
(191) *Ibid.*, p. 21-23.
(192) GOMES, Eduardo Biacchi; VAZ, Andréa Arruda. Direitos e Garantias Fundamentais do trabalhador e os estados-partes do Mercosul. **Revista de informação legislativa**, v. 50, n. 197, jan./mar. 2013. p. 104. Disponível em:<http://www2.senado.leg.br/bdsf/bitstream/handle/id/496975/000991321.pdf?sequence=1>. Acesso em: 31 jan. 2015.
(193) SANTOS, Cibele Carneiro da Cunha Macedo. Breves comentários às convenções ns. 87 e 98 da Organização Internacional do Trabalho. In: ALVARENGA, Rúbia Zanotelli de; COLNAGO, Lorena de Mello Rezende. (Coord.). **Direito internacional do trabalho e as convenções internacionais da OIT comentadas**. São Paulo: LTr, 2014a. p. 411.
(194) WANDELLI, 2012, p. 75.
(195) SANTOS, 2014a, p. 412.
(196) NOGUEIRA ALCALÁ, Humberto. **Derechos fundamentales y garantias constitucionales**: los derechos sociales fundamentales. tomo 3. Centro de Estudios Constitucionales de Chile, Universidad de Talca – CECOCH. Santiago: Librotecnia, 2009. p. 547.

Imprescindível aludir que "a dimensão ética dos Direitos Humanos revela-se em plenitude pelas noções de dignidade humana, de cidadania e de justiça social" (itálico das autoras).[197] A dignidade constitui valor supremo que atrai o conteúdo integral dos Direitos Fundamentais; a cidadania é um conceito que abrange o direito do cidadão como sujeito portador de todos os Direitos Fundamentais; já a justiça social consolida-se em instituições e "interações humanas organizadas, com vistas ao desenvolvimento pessoal, social e comunitário", como medidas de promoção da igualdade e intimamente relacionada à ideia de solidariedade social como meta da OIT, inclusive.[198]

Ademais, "se houvesse igualdade entre aqueles que oferecem seu trabalho e aqueles que o compram, entre a necessidade de vender o trabalho de alguém e a necessidade de comprá-lo, a escravidão e a pobreza do proletariado não existiriam".[199] Tal aspecto demonstra o desequilíbrio existente entre o fornecedor do trabalho vivo e o explorador. Esse desequilíbrio é fruto da desigualdade que aflige a grande massa trabalhadora, que na maioria das vezes não possui vagas de trabalho suficientes a todos os trabalhadores, logo o valor das remunerações é afetado, vez que a oferta de vagas é menor que o número de trabalhadores disponíveis no mercado de trabalho. Desigualdade estrutural, permeada pela possibilidade predatória do lucro pelo capitalismo, minando as perspectivas de igualização entre os atores sociais da relação de trabalho.

Importante visualizar que

> a sofisticação da organização social, impactada pelas revoluções ocorridas desde o século XV foi crescente, ensejando o surgimento de organização mais institucionalizada do poder político, até porque as demandas sociais começaram a impor outros tipos de relações poder-indivíduo, mais racionalizadas, menos sacralizadas, sobretudo com maior expressão das atividades econômicas.[200]

O surgimento do movimento operário desaguou no sindicalismo e na progressiva organização dos trabalhadores e lideranças com a influência no poder político e social em geral. Nesse viés, dois movimentos foram importantes para a consolidação da inserção do Mundo do Trabalho no universo estatal: o fim da Primeira Guerra e a Revolução Russa de Outubro de 1917. Os movimentos dos trabalhadores contrários à guerra, mobilizados pela esquerda pregavam a recusa em lutar com fundamento na visão internacionalista de Marx.[201]

A liberdade sindical é uma linha medular que não é mais que a condensação jurídica da tutela coletiva, sendo uma instituição "multifuncional y caleidoscópica" que cumpre papel decisivo nos processos de produção e distribuição de riqueza e alocação do exercício de poder.[202] O exercício da liberdade plena, seja ela na forma associativa ou ainda mais especificamente na forma da liberdade sindical impõe limitações ao poderio econômico, assim como cinge linhas mínimas e coage a efetivação de garantias, com vários instrumentos, entre eles, os mais importantes, neste viés, a greve e a negociação coletiva.

Ao entorno do decorrer histórico "o movimento operário ganhou densidade e expressão política a ponto de converter-se em fator real de poder".[203] Nesse aspecto interessante a percepção do quanto a organização sindical influencia e decide a vida das pessoas no contexto laboral, tornou-se o intermediador e interlocutor entre o empregado e o empregador.

Premente citar que com o movimento de constitucionalização há a ampliação dos Direitos Fundamentais, com o reconhecimento da limitação do poder econômico e a intermediação estatal, com o relevo da realização ao trabalho como integrante da dignidade humana.[204] Tal viés fundamenta a

---

(197) DELGADO; RIBEIRO, 2014, p. 64.
(198) *Ibid.*, p. 64-65.
(199) BAKUNIN, Mikhail. **O sistema capitalista**. Tradução de: Thaís Ribeiro Bueno. São Paulo: Faísca Publicações Libertárias, 2007a. p. 5.
(200) JUCÁ, Francisco Pedro. **A constitucionalização dos direitos dos trabalhadores e a hermenêutica das normas infraconstitucionais**. São Paulo: LTr, 1997. p. 15.
(201) JUCÁ, 1997, p. 26-27.
(202) RÍOS, Alfredo Villavicencio. La intervención del sindicato por ley em América Latina: los planos orgânico e tutelar. In: VÉLEZ, Rodrigo Palomo. (Coord.). **La organización sindical en Chile**: XX jornadas nacionales de derecho del trabajo y la seguridad social. Santiago: Librotecnia, 2014. p. 12.
(203) JUCÁ, *op. cit.*, p. 28.
(204) *Ibid.*, p. 31.

autuação da OIT no quesito à promoção do trabalho decente e de um patamar mínimo de dignidade, com intuito de "abarcar o máximo de países do planeta, em caráter universal, para um modo de vida minimamente decente, já que na maioria das vezes o trabalho, para grande parcela da população, pode ser o principal meio de se proporcionar e efetivar Direitos Humanos".[205]

Sob esse viés, o direito à liberdade sindical transcende o âmbito das relações laborais para converter-se em componente essencial do Estado Constitucional de direito e instrumento chave de equilíbrio social e econômico, na medida em que cumpre uma função central, qual seja a promoção cada vez maior da igualdade substancial.[206] Ainda, nesse mesmo sentido, Ríos se posiciona afirmando que a liberdade sindical

> el más relevante instituto de atribuición de poder y equilibrio social de nuestras democracias, la tutela colectiva, funciona de manera sistémica: tiene como presupuesto la creación libre de sujetos colectivos, a la negociación colectiva como medio de expresión y la huelga como garantia de eficácia.[207] [208]

Nesse viés a liberdade sindical integra a concepção fundante dos Direitos Humanos fundamentais, inerentes ao homem em função da condição humana, e como razão de ser e finalidade última do Estado, como estrutura serviente ao ser humano.[209] A centralidade de toda a proteção e efetivação de direitos está na centralidade humana, assim como os preceitos que o protegem e asseguram uma vida com um mínimo de dignidade.

Para Martins Neto a liberdade é conceituada como "a ideia de ausência de oposição ou de impedimentos físicos ao movimento das coisas e seres".[210] A ideia da liberdade como a possibilidade de livremente e sem nenhum impedimento ou constrangimento, o ser humano possui para, agir em diversos segmentos da vida. A possibilidade de atuação livre e desimpedida no contexto jurídico e social e especialmente laboral conduz à ideia do império de possibilidades ao sujeito, enquanto portador de um livre arbítrio. Tais possibilidades é que propulsionam o desenvolvimento humano e social.

Amartya Sen menciona que o desenvolvimento implica na remoção das principais fontes de privação da liberdade, quais sejam, da pobreza, tirania, carência de oportunidades econômicas e a destituição social, assim como a negligência na prestação de serviços públicos e a atuação repressiva estatal na repressão e intolerância.[211]

As fontes de privações econômicas, sociais e laborais aniquilam as subjetividades e o desenvolvimento humano. Ademais o cerceamento do direito ao exercício da liberdade laboral perpassa pela desvalorização humana e a consequente segregação laboral, social e econômica, em contramão aos preceitos de liberdade plena ao ser humano.

A ideia da valoração da pessoa humana possui raízes no pensamento clássico e na ideologia cristã, tanto que consta do Antigo e Novo Testamento que o homem foi criado à imagem e semelhança de Deus. Logo, tem-se a ideia cristã de valor próprio e intrínseco ao ser humano.[212] Visível é a percepção de que "a dignidade constitui verdadeira condição da democracia, que dela não se pode livremente dispor".[213] Conclui-se neste segmento da pesquisa que a democracia possui requisitos e segmentos que formam a base, sem os quais não se pode efetivamente afirmar que a existência da democracia e da liberdade sindical seguramente é um dos pilares dessa base.

---

(205) GOMES, Eduardo Biacchi; VAZ, Andréa Arruda. A aplicabilidade das convenções da Organização Internacional do Trabalho pelos tribunais brasileiros: observância dos direitos fundamentais. In: CAVALCANTE, Jouberto de Quadros Pessoa; VILLATORE, Marco Antônio César; WINTER, Luís Alexandre Carta; GUNTHER, Luiz Eduardo. (Org.). **Direito internacional do trabalho e a organização internacional do trabalho**: um debate atual. São Paulo: Atlas, 2015. p. 158.
(206) RÍOS, 2014, p. 12.
(207) *Ibid.*, p. 14.
(208) "O mais relevante instituto de atribuição de poder e equilíbrio social de nossas democracias, a tutela coletiva, funciona de maneira sistemática: tem como pressuposto de criação a liberdade dos sujeitos coletivos, a negociação coletiva como meio de expressão e a greve como garantia de eficácia". (tradução livre da autora).
(209) JUCÁ, 1997, p. 32-33.
(210) MARTINS NETO, João dos Passos. Noções preliminares de uma teoria jurídica das liberdades. Disponível em: https://periodicos.ufsc.br/index.php/sequencia/article/view/15098/13753, acesso em 16/04/2016.
(211) SEN, Amartya. Desenvolvimento como liberdade. Tradução Laura Teixeira Motta. São Paulo: Companhia das Letras, p. 16-17.
(212) SARLET, Ingo Wolfgang. **A eficácia dos direitos fundamentais**. 7. ed. rev. atual. e ampl. Porto Alegre: Livraria do Advogado, 2007. p. 115.
(213) *Ibid.*, p. 125.

Nesse aspecto, de forma comparativa, em interpretação ao artigo 19 da Constituição da República do Chile, que versa a respeito do direito a liberdade, os autores afirmam que uma vez que a Constituição Política garante o pluralismo político, logo são inconstitucionais os partidos, movimentos ou outras formas de organização cujos objetivos, atos e condutas não respeitem os princípios básicos do regime democrático e constitucional e procurem o estabelecimento de um sistema autoritário, cabendo ao tribunal constitucional a declaração da inconstitucionalidade.[214] Fator que levaria a conclusão de que a previsão do artigo 8º, II da CRFB, quanto à unicidade sindical, não está em consonância com os princípios democráticos, mas cinge-se a violação de direitos e garantias mínimas.

Neste viés importante a conceituação da Democracia como a tradução da soberania popular de governo de maioria.[215] A prevalência das decisões da maioria da população como imperativo se perfaz na concretização da democracia, no contexto formal. A democracia efetivada e concreta é fruto de uma construção social, cultural e até mesmo de reafirmação por quem esteja no poder e tenha como dever a aplicabilidade normativa estatal. Pamplona Filho e Lima Filho definem Democracia como "a possibilidade de tomada de decisões pelos próprios destinatários delas".[216] A tomada de decisões pelos destinatários das próprias decisões é a plenitude formal do exercício da democracia como premissa de direitos humanos e da proteção à dignidade humana. Enfim, não há dignidade sem a convergência dos preceitos de Democracia e Liberdade, especialmente.

A premissa de que os Direitos Humanos são inerentes à pessoa sem exceção demonstra que a fundamentação desses direitos relativa a toda forma de organização política não se esgota nos sistemas estatais de proteção, mas está no plano do Direito Internacional Público. Tal sistema demonstra a evolução do sistema jurídico internacional e inscrição de uma nova ordem, em que o ser humano é o núcleo central.[217]

A dignidade da pessoa tem um conteúdo integrador dos vazios ou lacunas do ordenamento jurídico e da própria Constituição, de reconhecimento de direitos implícitos, como fundamento dos direitos sendo o princípio fundamental e central de todo o ordenamento jurídico, tendo o Tribunal constitucional do Chile se manifestado no mesmo sentido, em análise de caso prático.[218] No caso da Constituição do Brasil de 1988 a dignidade da pessoa humana é um princípio contido logo no preâmbulo do texto constitucional, sendo um dos elementos basilares ao Estado Democrático de Direito.

A compreensão de dignidade humana assentada no Pacto de San José da Costa Rica logo no preâmbulo afirma que os "os direitos essenciais do homem não derivam do fato de ser ele nacional de determinado Estado, mas sim do fato de ter como fundamento os atributos da pessoa humana".[219] A dignidade humana está fundamentada no atributo da condição humana. A essência humana condiciona a pessoa a um feixe de proteção que proporcionem uma vida digna e minimamente decente.

Ainda compreendem Direitos Humanos os direitos positivados em Tratados ou costumes internacionais, ou seja, que já ascenderam ao patamar de Direito Internacional Público, diferentemente dos Direitos Fundamentais, que estão positivados no ordenamento jurídico interno de determinado país.[220] A partir da premissa de que "a importância da liberdade sindical fomentou sua consagração em máximo nível normativo, em nível constitucional, reconhecendo sua "irresistível supremacia", existindo consenso de que a liberdade sindical é um direito humano essencial."[221] Aporta-se a ideia de que a construção histórica e atual formação do sindicalismo é um pilar na sedimentação dos Direitos Humanos. Ademais sem liberdade não se pode afirmar o respeito aos Direitos Humanos.

---

(214) VARGAS, Alan Bronfman; ESTAY, José Ignacio Martínez; POBLETE, Manuel Núñez. **Constitución política comentada**: parte dogmática, doctrina y jurisprudencia. Santiago: Abeledo Perrot, Legalpublishing, Chile, 2012. p. 317-318.
(215) BARROSO, Luís Roberto. Curso de Direito Constitucional Contemporâneo. Os conceitos fundamentais e construção do novo modelo. 4ª ed. São Paulo: Saraiva, 2013, p. 111.
(216) PAMPLONA FILHO, Rodolfo; LIMA FILHO, Claudio Dias. Pluralidade sindical e democracia. 2ª. Ed. Ver. Ampl. São Paulo: LTr, 2013, p. 158.
(217) MAZZUOLI, Valério de Oliveira. **Curso de direito internacional público**. 6. ed. rev., atual. e ampl. São Paulo: RT, 2012. p. 821-822.
(218) NOGUEIRA ALCALÁ, 2009, p. 12-13.
(219) OEA. PROTOCOLO ADICIONAL À CONVENÇÃO AMERICANA SOBRE DIREITOS HUMANOS EM MATÉRIA DE DIREITOS ECONÔMICOS, SOCIAIS E CULTURAIS, "PROTOCOLO DE SAN SALVADOR". Disponível em: http://www.cidh.org/Basicos/Portugues/e.Protocolo_de_San_Salvador.htm, acesso em 19 de abril de 2016.
(220) MAZZUOLI, *op. cit.*, p. 822.
(221) GAMONAL CONTRERAS, Sergio. **Derecho colectivo del trabajo**. 2. ed. Santiago: Abeledo-Perrot Legal Publishing Chile, 2011. p. 62.

Os Direitos Humanos possuem características relacionadas a titularidade, natureza e princípios, que são: historicidade, universalidade, essencialidade, irrenunciabilidade, inalienabilidade, inexauribilidade, imprescritibilidade e vedação ao retrocesso.[222] Assim, "o respeito às diferenças, corolário do reconhecimento dos Direitos Fundamentais, implica assegurar também às minorias o direito de livre Constituição de sindicatos, o que é imprescindível a uma efetiva democracia sindical".[223] Sem o livre exercício de liberdades mínimas não se pode falar em democracia efetivamente, vez que "la libertad sindical sin democracia y autonomia se constituye en un concepto vacío de contenido".[224] [225]

A proteção aos Direitos Humanos sem o exercício da liberdade, da democracia e da autonomia individual e coletiva se demonstra um conteúdo contraditório e vazio. A proteção aos Direitos Humanos prescinde o respeito às liberdades e demais características de uma democracia. Logo, os Direitos Humanos estão para a liberdade assim como a liberdade está para os Direitos Humanos, como conceitos intercalados e inexistentes um sem o outro.

Nesse viés e no liame da pesquisa, "a deliberação racional e democrática entre Estados, trabalhadores e empregadores ocorre, no seio da OIT, em suas negociações direcionadas ao estabelecimento de diretrizes sobre os Direitos Humanos dos Trabalhadores na sociedade internacional multicultural".[226] Deliberações racionais no seio de um ambiente propiciamente deliberativo, qual seja a OIT, como instituição de direito público internacional, responsável pela promoção dos debates democráticos e livres, com foco na promoção do trabalho digno e decente.

Necessariamente, "enquanto não sobrevier uma cultura de respeito aos Direitos Humanos e fundamentais dos trabalhadores não haverá liberdade, igualdade, solidariedade, paz e democracia tanto para as presentes quanto para as futuras gerações".[227] Conforme visto, sem o respeito aos Direitos Humanos não se pode falar em democracia, assim como exercício pleno de liberdades fundamentais, como conceitos interrelacionados que são.

Importante compreender que "a dimensão objetiva dos Direitos Fundamentais põe em relevo o aspecto essencial de que não é possível construir uma ordem social que valorize e respeite Direitos Fundamentais sem a coletividade".[228] O espaço deliberativo que se estabelece com o exercício de liberdades coletivas é de todo fundamental à construção e à proteção dos Direitos Humanos. Quando se aborda efetivamente esse instituto, de um modo geral se está perante grupos vulneráveis ou determinada coletividade.

No que concerne à autonomia coletiva, trata-se do espaço de atuação institucional, normativa e de defesa de interesses que se reconhece ao sujeito que organiza o coletivo, uma vez dotada de reconhecimento e capacidade, sendo a base de debates entre as diversas formas de relação entre a lei e a capacidade dos sujeitos na participação e criação de leis.[229]

Assim "os direitos trabalhistas são indissociáveis dos Direitos Humanos". A Declaração dos princípios e Direitos Fundamentais de 1998 estabelece os Direitos Fundamentais do trabalho a partir de quatro princípios básicos, quais sejam a liberdade sindical, negociação coletiva, não discriminação e abolição do trabalho escravo e infantil, identificados como valores essenciais de Direitos Humanos, para a promoção econômica e social.[230]

---

(222) MAZZUOLI, 2012, p. 825-827.
(223) LOURENÇO FILHO, 2011, p. 122.
(224) CONONEL, Raquel. Algunos aportes sobre la democracia sindical. Autonomía y concentración, y la actualidad sindical. In: RAMÍREZ, Luis Henrique. (Coord.). **Relaciones laborales**: una visión unificadora. Montevideo: Editorial de Montevidéo, 2010. p. 79.
(225) "A liberdade sindical sem democracia e autonomia se constitui um conceito vazio de conteúdo". (tradução livre da autora).
(226) DELGADO; RIBEIRO, 2014, p. 69.
(227) BEZERRA LEITE, Carlos Henrique. O direito do trabalho na perspectiva dos Direitos Humanos. In: COLNAGO, Lorena de Mello Rezende; ALVARENGA, Rúbia Zanotelli de. (Org.). **Direitos Humanos e direito do trabalho**. São Paulo: LTr, 2013. p. 66.
(228) WANDELLI, 2012, p. 240.
(229) GUERREIRO, Francisco J. Tapia. **Sindicatos en el derecho chileno del trabajo**: derecho del trabajo y seguridad social. 2. ed. Santiago: Lexis Nexis, 2007. p. 10-11.
(230) LOPES, Inez. Sindicatos globais e a proteção dos direitos trabalhistas. In: DELGADO, Gabriela Neves; PEREIRA, Ricardo José Macêdo de Britto. (Coord.). **Trabalho, Constituição e cidadania**: a dimensão coletiva dos direitos sociais trabalhistas. São Paulo: LTr, 2014. 2014, p. 79.

A liberdade sindical é um direito humano e os benefícios sociais também são Direitos Humanos. Logo, uma sincronia entre a liberdade sindical e a função sindical permitiria maior proteção aos membros dos sindicatos e uma maior efetivação da liberdade sindical e dos direitos sociais.[231] Os Direitos Humanos passam a constituir uma categoria normativa de maior importância frente aos Estados. Além disso, os Direitos Humanos se desenvolvem como garantias dos indivíduos e grupos vulneráveis na sociedade, em contrariedade à opressão do Estado, da sociedade e de outros grupos.[232] A proteção e os direitos que se reconheça a quem de direito são questões de vital relevância na definição de um concreto modelo de sindicalismo.[233]

Acerca da importância do Direito do Trabalho na construção dos Direitos Humanos, "percebe-se que o trabalho digno, acerca dos Direitos Humanos, é o objetivo central da OIT". Esta com estrutura tripartite, com representantes do governo, dos empregados e empregadores em todos os seus órgãos, em deferência ao diálogo de classes, edita normas a serem seguidas por todos os membros.[234] Aspecto esse em que também importa a participação da coletividade, ali representada no espaço deliberativo denominado OIT, em mais uma demonstração do relacionamento existente entre liberdade, democracia e Direitos Humanos, numa tríade fundamental à promoção da vida digna.

Interessante à compreensão de que "mobilizar a sociedade civil e a sociedade política contra as modalidades de espoliação da dignidade da pessoa humana pelo capital torna-se a luta política fundamental do século XXI".[235] Os limites impostos pelo direito individual do trabalho são resultados das lutas coletivas dos trabalhadores, exercendo a autonomia privada, desde a Revolução Industrial.[236]

Aspecto esse ressaltado na temática dos programas políticos e econômicos no pós-guerra pelas Nações Unidas, na obra em abordagem específica a Federação Americana do Trabalho e seu contexto, ressaltando que em 1946 para o conselho Executivo das Nações Unidas "o objetivo do movimento sindical era a conquista de maior liberdade, de sorte que a liberdade econômica, tanto quanto a política, fossem desfrutadas pelos homens".[237]

A efetiva realização e efetivação do exercício das liberdades de associação em geral estende ao trabalhador o direito a participação também na esfera econômica, social e política. Tal fenômeno proporciona uma maior participação popular em setores importantes da sociedade, ampla, irrestrita e até mesmo incentivado exercício da liberdade para fundar, administrar constituir sindicatos desperta a luta social e participativa das classes.

Nesse aspecto, Guéhenno explica que a liberdade nos tempos modernos é a dos indivíduos, quando toda a construção política tem como ambição a proteção da liberdade do indivíduo, sendo a sociedade serva do indivíduo.[238] Para tal e considerando o caso em análise, já nos primórdios legislativos, no Brasil havia uma corrente de pensamento jus internacionalista que manifestava que a noção de soberania era inadequada ao plano das relações internacionais, devendo ceder à concepção de solidariedade.[239]

---

(231) ORTIZ, Pablo Arellano. El sistema de garantías y facilidades para el ejercicio de la función sindical: la función social. In: VÉLEZ, Rodrigo Palomo. (Coord.). **La organización sindical en Chile**: XX jornadas nacionales de derecho del trabajo y la seguridad social. Santiago: Librotecnia, 2014. p. 358.
(232) LEDESMA, Héctor Faúndez. **El sistema interamericano de protección de los derechos humanos**: aspectos institucionales y procesales. 3. ed. San Jose, Costa Rica: Instituto Interamericano de Derechos Humanos (IIDH), 2004. p. 6.
(233) VÉLEZ, Rodrigo Palomo. El sistema de garantías y facilidades para el ejercicio de la función sindical: comentarios desde un enfoque dogmático y de derecho comparado. ORTIZ, Pablo Arellano. El sistema de garantías y facilidades para el ejercicio de la función sindical: la función social. In: VÉLEZ, Rodrigo Palomo. (Coord.). **La organización sindical en Chile**: XX jornadas nacionales de derecho del trabajo y la seguridad social. Santiago: Librotecnia, 2014. p. 376.
(234) ARRUDA, Hélio Mário de. As Convenções n. 87, 98 e 154 da OIT e o princípio da ultratividade das negociações coletivas. In: ALVARENGA, Rúbia Zanotelli de; COLNAGO, Lorena de Mello Rezende. (Coord.). **Direito internacional do trabalho e as convenções internacionais da OIT comentadas**. São Paulo: LTr, 2014. p. 404.
(235) ALVES, 2014, p. 26.
(236) CALIXTO, Clarice Costa. A fábula do dinossauro trabalhista: discursos midiáticos sobre direitos e lutas coletivas. In: DELGADO, Gabriela Neves; PEREIRA, Ricardo José Macêdo de Britto. (Coord.). **Trabalho, Constituição e cidadania**: a dimensão coletiva dos direitos sociais trabalhistas. São Paulo: LTr, 2014. p. 47.
(237) TAFT, Philip. **A federação americana do trabalho**: da morte de Gompers até a fusão. Tradução de: Napoleão de Carvalho. Rio de Janeiro: Distribuidora Record, 1966. p. 256.
(238) GUÉHENNO, Jean-Marie. **O futuro da liberdade**: a democracia no mundo globalizado. Tradução de: Rejane Janowitzer. Rio de Janeiro: Bertrand Brasil, 2003. p. 171.
(239) CANÇADO TRINDADE, Antônio Augusto. **A proteção internacional dos Direitos Humanos e o Brasil (1948-1997)**: as primeiras cinco décadas. 2. ed. Brasília: Universidade de Brasília, 2000. p. 35.

No plano Regional foi importante a proposição na IX Conferência Internacional Americana (Bogotá, 1948) pela delegação Brasileira, a criação da Corte Interamericana de Direitos Humanos.[240]

Tal aspecto ingressou para a história da participação brasileira na criação da Corte, porém após, não se efetivaram os direitos e Garantias Fundamentais previstos em instrumentos internacionais, marca na história a contradição brasileira, na construção dos Direitos Humanos. Nesse aspecto a elevação da dignidade humana a um patamar de direito fundamental, como paradigma e referencial ético e verdadeiro superprincípio a orientador do constitucionalismo contemporâneo, no âmbito local, regional e global, proporcionando racionalidade, unidade e sentido.[241] Fator de contradição quando se trata do Brasil, vez que formalmente internaliza os instrumentos de proteção aos Direitos Humanos, na grande maioria, ressaltando a exceção para a Convenção n. 87 da OIT, porém o cumprimento é deficitário e questionável, no contexto, especialmente do Sistema Interamericano de Direitos Humanos.

O processo de universalização permitiu a formação de um sistema internacional de proteção aos Direitos Humanos, que é integrado pelos Tratados internacionais que refletem a consciência ética contemporânea compartilhada pelos Estados, invocando o consenso internacional referente a temas relacionados na busca pela salvaguarda de parâmetros mínimos de proteção.[242] Nesse viés, a Constituição de 1988, no capítulo dos Direitos Sociais, "não possui uma linha filosófica coerente, sobretudo nos dispositivos concernentes às relações coletivas de trabalho, em que os espaços abertos ao regramento pelos interlocutores sociais mesclam-se com invasões estatais na organização sindical".[243]

Enfim, afora as críticas ao comportamento do Brasil – assunto que será abordado em tópicos sequentes – importa a compreensão da construção histórica dos Direitos Humanos e a sua abordagem no contexto dos direitos sociais e laborais. O Direito Laboral e a proteção à pessoa do trabalhador se remonta à percepção de desumano o tratamento perpassado aos operários ao longo do contexto histórico das lutas sociais e laborais.

A liberdade sindical como institucionalização da força coletiva converge ao *status* de princípio humano e fundamental, conforme Declaração de 1998 pela OIT, que também será instrumento de aprofundamento na sequência.

Nesse aspecto o sindicalismo constitui um dos alicerces da formação dos Direitos Humanos e dos Direitos Sociais como mecanismo de proteção aos Direitos Humanos. Tal vinculação está justamente nas lutas ao longo do desenvolver histórico e do protagonismo das lutas laborais e seus impactos nos Direitos Humanos. Tanto que a OIT atualmente constitui a Organização Internacional de maior relevância mundial na luta e proteção aos Direitos Humanos no ambiente laboral em todo o planeta.

---

(240) *Ibid.*, p. 39.
(241) PIOVESAN, Flávia. **Direitos Humanos e justiça internacional**: um estudo comparativo dos sistemas regionais europeu, interamericano e africano. 3. ed. rev. ampl. e atual. São Paulo: Saraiva, 2012b. p. 42.
(242) *Ibid.*, p. 43.
(243) TEIXEIRA FILHO, João de Lima; CARVALHO, Luiz Inácio Barbosa. Intervenção e autonomia nas relações coletivas de trabalho no Brasil. In: URIARTE, Oscar Ermida. (Coord.). **Intervención y autonomia en las relaciones colectivas de trabajo**. Montevideo: FCU, 1993. p. 64.

PROTEÇÃO DA LIBERDADE SINDICAL NO DIREITO INTERNACIONAL

Capítulo II

Neste capítulo far-se-á a abordagem da liberdade sindical como conteúdo de normas e instrumentos internacionais. A liberdade atualmente é reconhecida universalmente como um direito humano e fundamental, sendo objeto de proteção nos mais diversos instrumentos em inúmeras instituições Internacionais. Em medida de delimitação não será possível o esgotamento dos Tratados e Pactos Internacionais, mas se abordarão nesta pesquisa os instrumentos que possuam maior relevância para esta dissertação, assim como os relacionados ao tema da liberdade sindical e com hierarquia de instrumento de proteção aos Direitos Humanos.

Assim se fará uma análise da Declaração Universal de 1948 como instrumento central e universal na proteção aos Direitos Humanos. Ainda serão analisados os Pactos relacionados à recepção, hierarquia e direito dos Tratados, assim como o Pacto de Direitos Civis e Políticos, o Pacto de Direitos Econômicos, Sociais e Culturais, o Pacto de San José da Costa Rica o Protocolo Adicional de São Salvador que constituem instrumentos de proteção aos Direitos Humanos.

Dentro do recorte da pesquisa, importante mencionar a abordagem da Convenção Americana de Direitos Humanos e as Convenções da OIT, em especial as Convenções n. 87 e 98, assim como a Declaração dos Direitos e Garantias Fundamentais de 1998. Tais instrumentos apresentam a proteção da liberdade sindical como um direito humano e fundamental. Nesse aspecto, é de fundamental importância a análise de tais instrumentos, se houve ou não a incorporação pelo Brasil e o *status* de cada instrumento dentro do ordenamento jurídico brasileiro, assim como a abrangência e limites dos mesmos.

A abordagem da liberdade sindical e a construção histórica desse instituto se faz fundamental para a pesquisa. Aspecto que passa pelo surgimento e implementação, assim como adoção pelos instrumentos internacionais. Este capítulo se prestará também à abordagem da criação da OIT como Organização Internacional que atualmente se destaca pela relevância na proteção e luta por melhores condições de trabalho.

A OIT atualmente é o Organismo mundialmente conhecido pelas lutas e conquistas no que concerne à proteção dos trabalhadores, seja via Convenções, Recomendações ou ainda Conferências e frentes de lutas em combate às formas mais degradantes de exploração humana no trabalho. Nesse viés, o pleno exercício da liberdade sindical como princípio humano e fundamental reconhecido por inúmeros instrumentos internacionais é um dos pilares dos Direitos Humanos. Nesse aspecto far-se-á a abordagem desses instrumentos e organizações, de forma a compreender a evolução e atuais meandros da liberdade sindical, assim como a posição do Brasil perante os instrumentos ratificados e o exercício da liberdade sindical internamente.

A pesquisa passará pela Conferência e criação da ONU, a abordagem e delineamentos pós-Primeira Guerra Mundial e as consequências desse momento. Será necessário trabalhar, ainda que de forma breve, o processo de formação e hierarquia dos Tratados, assim como a previsão da liberdade sindical em Tratados de Direitos Humanos como a DUDH, o Pacto de Direitos Civis e Políticos, o Protocolo Adicional de São Salvador, a Convenção Americana de Direitos Humanos, assim como as Convenções da OIT a respeito de liberdade sindical, sem deixar de lado a importância e alcance da Declaração de Direitos Fundamentais de 1998.

Inicialmente, compete à compreensão da importância do trabalho no desenvolvimento do ser humano. Fato que é fundamental, uma vez que o trabalho para proporcionar desenvolvimento humano deve ser pautado em preceitos de preservação e proteção da dignidade. Nesse sentido, "o trabalho entendido como criação de algo a partir da imaginação é essencial ao humano. A redução deste espaço para a criatividade é resultado da instrumentalização do trabalho e da vida da grande maioria da humanidade".[244]

---

(244) RODRIGUEZ, 2003, p. 155.

A instrumentalização do trabalho como aparelho de desenvolvimento do capitalismo produz ao campo do trabalho vivo inúmeras consequências físicas e psicológicas, assim como pode alterar o modo de vida das pessoas. Logo, tamanha a importância de se estudar esse segmento como forma de reduzir a aniquilação do trabalho vivo em razão do trabalho mecanizado e morto.

A percepção de que o trabalho na atualidade não tem produzido um desenvolvimento das criatividades se dá pelo fato de que "a maior parte das pessoas, mesmo nos países ricos, gasta a maior parte das suas vidas trabalhando, exercendo atividades repetitivas e totalmente absorventes, sem espaço para atividades criativas ou livres de controle".[245] Nesse sentido o trabalho já não proporciona um espaço para desenvolvimento físico e psíquico do trabalhador, ou seja, o trabalho para ser útil do ponto de vista do desenvolvimento tem que proporcionar um crescimento e desenvolvimento da pessoa, sob o risco de atrofiá-la em suas habilidades, sonhos e expectativas.

Nesse aspecto de atrofiamento das habilidades pode acontecer o sequestro da subjetividade ou o sequestro do corpo que é uma "modalidade de violência" que consiste em um "ritual de profundo desrespeito à condição humana. O sequestro consiste em retirar uma pessoa do local de sua identificação, de seus significados, subordinando-a a um tratamento que tem por finalidade fragilizá-la, facilitando assim um estado de total dependência e rendição ao sequestrador".[246]

Tal modalidade constitui causa de adoecimento e degradação do trabalho, assim como é instrumento de deterioração do exercício da liberdade no contexto do trabalho. "O sequestro da subjetividade é muito comum nas relações profissionais. Imersas numa trama em que a utilidade costuma prevalecer sobre os significados, as pessoas nem sempre conseguem preservar a inteireza de suas identidades".[247] Essas percepções na ótica do trabalho demonstram que os danos na vida, na saúde e até mesmo do ponto de vista dos sonhos e expectativas de vida do ser humano podem ser alterados.

Comum e importante citar a quantidade de moléstias que acometem os trabalhadores em todo o planeta, percorrendo diagnósticos físicos e os difíceis diagnósticos de transtornos psicológicos, que por vezes ceifam carreiras e sonhos profissionais de pessoas excessivamente jovens. Fatores que demandam pesquisas e estudos a fim de prevenir e conter esse fenômeno, que é uma consequência da evolução do capitalismo, com a alteração no modo de vida da sociedade e especialmente do trabalhador.

Ao longo do desenvolvimento do trabalho e do capital, percebe-se a necessidade de proteção humana no trabalho e dos riscos que este expõe ao trabalhador. A percepção de que a associação de pessoas com o mesmo interesse poderia fortalecer as lutas e pretensões fizeram com que as pessoas, categorias e determinadas profissões se organizassem para pleitear direitos e garantias.

Assim surge a liberdade sindical "como fruto de um processo iniciado com o florescimento da Revolução Industrial nos fins do Séc. XVIII"[248], quando houve o reconhecimento das associações e formas de organizações coletivas na luta em face da exploração humana no trabalho. Instituto que no o ordenamento jurídico chileno aqui estudado como modelo comparado, é definido como "los princípios fundantes de derecho colectivo del trabajo pueden estudiarse agrupados en un megaprincipio o fundamento rector esencial: la libertad sindical."[249],[250]

O reconhecimento da liberdade sindical como um "megaprincípio" apresenta como instrumento importante de deliberação a instituição coletiva, assim como uma das formas mais eficazes e elementares de luta pelos trabalhadores, por melhores condições e até mesmo como aparelho de inibição de abusos. "A Revolução Industrial mudou radicalmente a maneira de produção das sociedades. O que antes era manufaturado de modo artesanal passou a ser produzido em série". Para o autor, tal acontecimento proporcionou o aumento da produção e a redução do período de duração do processo de produção e tal fenômeno mudou a relação do ser humano com o tempo, se inserindo uma nova ordem cronológica.[251]

---

(245) Ibid., p. 157.
(246) MELO, Fabio. **Quem me roubou de mim?** 2. ed. São Paulo: Planeta, 2013. p. 33.
(247) Ibid., p. 78.
(248) EBERT, Paulo Roberto Lemgruber. **Sindicato mais representativo e mutação constitucional**: uma proposta de releitura do art. 8º da Constituição Federal. São Paulo: LTr, 2007. p. 19.
(249) GAMONAL CONTRERAS, 2011, p. 55.
(250) "Os princípios fundantes do Direito Coletivo do Trabalho pode-se estudar agrupado em um megaprincípio ou fundamento essencial: A liberdade sindical". (tradução livre da autora).
(251) MELO, 2013, p. 17.

Essa mudança de ordem cronológica no trabalho demanda modelos de proteção mais amplos e mais eficientes de preservação do exercício do trabalho decente. Nesse aspecto a ideia de liberdade sindical e de formas de organização possui o condão de fortalecer ao empregado, assim como de proporcionar ao mesmo o exercício de liberdades mínimas e a possibilidade de recorrer a um interlocutor, que nesse caso é o sindicato.

Após a constatação de que tais modelos produziram efeitos, houve a propagação da associação para fins laborais. Com isso "a consolidação da liberdade sindical como direito à Constituição e administração de entidades com vistas à promoção do equilíbrio de forças nas relações trabalhistas teve como fato gerador a constante luta entre capital e trabalho".[252] Tal luta possui como escopo a percepção de que capital e trabalho não podem ser encarados como institutos antagônicos, mas sim um necessariamente ligado ao outro, assim como um depende do outro para desenvolver-se. Sem trabalho não se pode pensar em desenvolvimento econômico e sem economia desenvolvida e circulação de capitais não se tem a possibilidade de estabelecer condições dignas de trabalho.

Tal comprovação faz com que ambos os institutos cedam a ponto de um tolerar até certo limite a intervenção do outro. Nesse sentido, "a associação dos trabalhadores para fins de defesa de seus interesses comuns sofreu imediatas represálias legais nos países que protagonizaram a Revolução Industrial, em fins do Séc. XVIII".[253] Fato que após determinado tempo foi aceito pelo Estado e pelo gestor de capital, que passaram a consentir com tais associações.

Da mesma forma o direito à obtenção de lucros, de desenvolvimento econômico e alargamento das formas de intervenção na economia passam a ser vistas como necessárias, desde que haja o respeito a alguns limites impostos. Nesse sentido "o pluralismo no Direito do Trabalho deve ser de fins e meios, sem concepções preconcebidas, fechadas, mas de diálogo entre os interlocutores sociais".[254] O diálogo se faz necessário, vez que o modelo de estruturação do trabalho ao longo do tempo sofreu profundas mudanças, que influenciaram inclusive no modo de vida das pessoas. Logo, há a demanda de uma inter-relação entre os institutos, a fim de que haja uma harmonização entre as estruturas do capitalismo e os preceitos mínimos do trabalho.

A compreensão de que "a autonomia coletiva sobrepuja a liberdade individual quando se trata de determinação da vontade majoritária, indispensável para a concretização da democracia"[255], demonstra o quão é importante o respeito à liberdade sindical como um direito fundamental e humano. O exercício da liberdade sindical propicia um campo de exercício de liberdades tanto individuais quanto coletivas, que só reforçam a identidade do trabalhador individual e coletivamente, assim como a confiança na instituição sindical representativa, quando esta possui liberdade para atuar.

"A liberdade sindical garante a abertura de espaço ao enfrentamento entre trabalhadores e empresários"[256] e as consequências são, entre outras, o fortalecimento das instituições sindicais, o fortalecimento das relações entre empregados e empregadores e a criação de um campo, não só de enfrentamento, o que acontece num primeiro momento, mas também e consequentemente um ambiente negocial, em que as partes podem conversar e resolver os seus conflitos por si só, na maioria das vezes.

No campo da ampla liberdade sindical, é possível afirmar que o empregado como parte frágil da relação laboral possui a liberdade de escolher o sindicato que lhe representará, assim como as atividades que essa instituição realizará. Consequentemente, passa a participar mais da vida sindical e a se sentir protegido, tendo um ente intermediário, por ele escolhido, que lutará e defenderá os seus direitos.

A percepção de que a proteção aos Direitos Humanos tem muito a oferecer na evolução de uma nação é de primordial importância, ademais "a função da Organização Internacional do Trabalho, em matéria de liberdade sindical e de proteção a pessoa, consiste em contribuir para a efetiva aplicação dos princípios gerais da liberdade sindical, que constitui uma das garantias primordiais da paz e da justiça social".[257]

---

(252) EBERT, 2007, p. 19.
(253) *Ibid.*, p. 20.
(254) MARTINS, 2001, p. 167.
(255) AROUCA, José Carlos. **Curso básico de direito sindical**. 4. ed. São Paulo: LTr, 2014. p. 89.
(256) PEREIRA, Ricardo José Macedo de Britto. **Constituição e liberdade sindical**. São Paulo: LTr, 2007. p. 23.
(257) OIT. O direito coletivo, a liberdade sindical e as normas internacionais. In: OIT. **A liberdade sindical**: recopilação de decisões e princípios do Comitê de Liberdade Sindical e do Conselho de Administração da OIT. v. II. Tradução e revisão técnica de: Sandro Lunard Nicoladelli e Tatyana Scheila Friedrich. São Paulo: LTr, 2013. p. 23.

No que concerne à liberdade sindical, é fundamental compreender que "la libertad sindical es un principio universal que se encuentra contemplado internacionalmente por diversas declaraciones y Tratados internacionales".[258], [259] O reconhecimento de que tal preceito é universal e prescinde um cumprimento imediato pelos Estados-membros da OIT será abordado na sequência.

Nesse sentido os Organismos Internacionais, em especial a OIT, existem para buscar a promoção em nível internacional da proteção aos Direitos Humanos. Ainda, no que concerne a OIT, essa proteção aos Direitos Humanos acontece via proteção ao trabalhador, ademais a maioria das pessoas do planeta sobrevive às custas do seu trabalho. O trabalho, logo, passa a ser instrumento de dignificação do ser humano, desde que realmente seja um instrumento de desenvolvimento das habilidades e expectativas da pessoa.

Assim se impõe a existência de um organismo especializado na proteção do Trabalho e da realização do mesmo de forma decente, em nível internacional. A atuação desse organismo será na elaboração e promoção de instrumentos internacionais de promoção ao trabalho de forma decente, em todo o planeta. Nesse sentido necessário se faz a análise específica dos Tratados e convenções internacionais a respeito e a posição ocupada pela Liberdade Sindical.

2.1 DECLARAÇÃO UNIVERSAL DOS DIREITOS HUMANOS, PACTOS DA ONU E INSTRUMENTOS INTERNACIONAIS RELACIONADOS

Neste tópico a abordagem será a respeito da Declaração Universal dos Direitos Humanos de 1948, assim como os Pactos e Instrumentos Internacionais dela decorrentes e que formam uma cadeia de proteção à Liberdade sindical, que atualmente assume um caráter universal e fundamental a todos os trabalhadores. Para a análise de tais instrumentos, insta compreender o cenário político e social em que as Organizações foram criadas, assim como os instrumentos em estudo foram elaborados. Assim é possível tecer a pesquisa sob um viés temporal, técnico e crítico.

A necessidade de manutenção da paz "depois da Segunda Guerra Mundial, que devastou dezenas de países e tomou a vida de milhões de seres humanos, existia na comunidade internacional um sentimento generalizado de que era necessário encontrar uma forma de manter a paz entre os países".[260] As grandes guerras, além de ceifarem a vida de milhares de civis inocentes, devastaram a economia, a saúde, o exercício de liberdades mínimas entre outros direitos que até então careciam de uma forma de proteção internacional, que além de assegurar o exercício de tais direitos coibisse o exercício desses conflitos nacionais e internacionais.

As nações por sua vez perceberam que "a política de poder de outrora não constituía mais um instrumento útil; e as organizações internacionais surgiram como abstrações jurídicas eficazes em determinada medida."[261] A criação das Nações Unidas demarca o surgimento de uma nova ordem internacional, com preocupações como a manutenção da paz e a cooperação internacional, em segmentos econômicos, sociais, culturais e especialmente a proteção internacional dos Direitos Humanos.[262]

Não obstante, "porém, a ideia de criar a ONU não surgiu de uma hora para outra. Foram necessários anos de planejamento e dezenas de horas de discussões antes do surgimento da Organização",[263] até porque a criação de uma organização internacional universal como é a ONU deveria possuir diretrizes e matrizes universais a serem defendidas. A Carta das Nações Unidas de 1945 consolida o movimento de internacionalização dos Direitos Humanos, partindo do consenso entre Estados, configurando uma nova roupagem à agenda da comunidade internacional.[264]

---

(258) GAMONAL CONTRERAS, 2011, p. 68.
(259) "A liberdade sindical é um princípio universal que se encontra contemplado internacionalmente pelas diversas declarações e Tratados Internacionais". (tradução livre da autora).
(260) ONU. A história da Organização. Disponível em: <http://www.onu.org.br/conheca-a-onu/a-historia-da-organizacao/>. Acesso em: 12 jul. 2014.
(261) NASCIMENTO, Blenda Lara Fonseca do. **Solução de controvérsias internacionais**: revisão do papel da ONU como pilar da segurança internacional. Curitiba: Juruá, 2007. p. 77.
(262) PIOVESAN, 2012a, p. 192.
(263) ONU. A história da Organização. op. cit.
(264) PIOVESAN, *op. cit.*, p. 197.

Percepção interessante é que logo no artigo 1º da Carta das Nações Unidas consta a liberdade como um preceito maior na preservação e promoção da vida humana com dignidade, se comprometendo a ONU "a promover o progresso social e melhores condições de vida dentro de uma liberdade ampla".[265] A promoção da liberdade decorre da percepção de que existe um preceito maior do qual decorrem os demais direitos ou ainda, sem a qual não se pode falar em proteção aos Direitos Humanos e a vida digna, qual seja, a liberdade.

Os trabalhos da Comissão de Direitos Humanos das Nações Unidas e o grupo de Trabalho (1947-1948) seguido dos debates da III Comissão da Assembleia Geral das Nações Unidas (1948), não deixaram dúvidas quanto aos Direitos Humanos serem concebidos como inerentes à pessoa humana, a todos os seres humanos, de forma universal, estando aí limitada a atuação estatal.[266]

Insta citar, no contexto dos debates que de um lado o bloco capitalista ocidental defendia a reafirmação das liberdades clássicas do indivíduo, centrando a atenção nos direitos civis e políticos, enquanto de outra ordem o bloco socialista oriental tentava o estabelecimento de privilégios coletivos em prol da harmonia social, mediante a defesa dos direitos sociais, econômicos e culturais.[267]

A centralidade a que fora lançada sobre o ser humano e a proteção aos direitos denominados mínimos para que todo e qualquer ser humano viva com dignidade foram exaltados ao longo do texto da Declaração, como forma de instruir as nações a respeito das liberdades e garantias a partir de então assegurados a todos. Assim a partir de 1948 se inicia uma construção no plano internacional dos Direitos Humanos, com a criação de mecanismos de proteção e a formatação de instituições globais, como a ONU e regionais como o sistema europeu e interamericano.[268]

Segundo Comparato, a cristalização dos ideais da Declaração Universal em direitos efetivos deveria ser construída progressivamente, no plano nacional e internacional, num conjunto de "esforço sistemático de educação em Direitos Humanos".[269] Nesse sentido o artigo 13º, "b" da Carta da ONU afirma que a Assembleia Geral atuará para "favorecer o pleno gozo dos Direitos Humanos e das liberdades fundamentais, por parte de todos os povos, sem distinção de raça, sexo, língua ou religião".[270] Já na Carta da ONU há o reconhecimento da liberdade como um viés fundamental ao existir digno, cujo exercício não pode sofrer limitações.

Ato contínuo e nesse mesmo viés está o artigo 55, na alínea "a" da Carta da ONU que versa a respeito do princípio da igualdade de direitos, da autodeterminação dos povos e o favorecimento a "níveis mais altos de vida, trabalho efetivo e condições de progresso e desenvolvimento econômico e social".[271] A promoção de uma existência digna a todos os seres humanos passa pelo trabalho e este de forma decente, da mesma forma que o desenvolvimento do trabalho digno, pressupõe desenvolvimento econômico sustentável.

Ainda o artigo 76, alínea "a" da Carta da ONU versa que aos países membros cumpre "estimular o respeito aos Direitos Humanos e às liberdades fundamentais para todos, sem distinção de raça, sexo língua ou religião e favorecer o reconhecimento da interdependência de todos os povos".[272] O estímulo do exercício aos direitos e liberdades fundamentais a todos é um dever dos países membros da ONU, o que por si só demonstra que as legislações internas devem ser instituídas nesse sentido, sob pena de descumprimento de norma internacional.

---

(265) ONU. Carta das Nações Unidas e Estatuto da Corte Internacional de Justiça. UNIC / Rio / 006, jul. 2001. p. 5. Disponível em: <http://unicrio.org.br/img/CartadaONU_VersoInternet.pdf>. Acesso em: 13 jul. 2014.
(266) CANÇADO TRINDADE, Antônio A. **El derecho internacional de los derechos humanos en siglo XXI**. 2. ed. Santiago: Editorial Jurídica de Chile, 2006. p. 63-64.
(267) SIMON, Pedro. Declaração universal dos Direitos Humanos: ideal de justiça, caminho para a paz. Brasília, 2008. p. 12-13. Disponível em: <http://www.senado.leg.br/senadores/senador/psimon/separatas/declaracao.pdf>. Acesso em: 14 jan. 2015.
(268) PALADINO, Carolina de Freitas. A responsabilização internacional dos estados frente aos Direitos Humanos. **Revista Direitos Fundamentais & Democracia**, Unibrasil. p. 1. Disponível em: <http://revistaeletronicardfd.unibrasil.com.br/index.php/rdfd/article/view/236/230>. Acesso em: 14 jan. 2015.
(269) COMPARATO, 2011, p. 238.
(270) ONU. Carta das Nações Unidas e Estatuto da Corte Internacional de Justiça. UNIC / Rio / 006, jul. 2001. p. 13. Disponível em: <http://unicrio.org.br/img/CartadaONU_VersoInternet.pdf>. Acesso em: 13 jul. 2014. p. 13.
(271) ONU. Carta das Nações Unidas e Estatuto da Corte Internacional de Justiça. UNIC / Rio / 006, jul. 2001. p. 13. Disponível em: <http://unicrio.org.br/img/CartadaONU_VersoInternet.pdf>. Acesso em: 13 jul. 2014. p. 18.
(272) *Ibid.*, p. 44.

Importante frisar que "a Declaração Universal dos Direitos Humanos (DUDH) é um documento marco na história dos Direitos Humanos".[273] Ademais, "elaborada por representantes de diferentes origens jurídicas e culturais de todas as regiões do mundo, a Declaração foi proclamada pela Assembleia Geral das Nações Unidas em Paris, em 10 de Dezembro de 1948, por meio da Resolução 217 A (III) da Assembleia Geral" com objetivos de alcance universal na proteção aos Direitos Humanos, o que aconteceu historicamente pela primeira vez.[274]

A DUDH naquele momento histórico constituía a síntese de avanços éticos da humanidade por abarcar ao mesmo tempo o reconhecimento dos direitos civis e políticos e dos direitos econômicos, sociais e culturais, no contexto individual e coletivo, ao afirmar a indivisibilidade e a universalidade desse conjunto de direitos.[275] Logo "é necessária a adequada revisão da noção tradicional de soberania absoluta dos Estados, que deve passar por um processo de relativização, com consequentes possibilidades de intervenção no plano internacional".[276] Cabe ressaltar que a percepção de que a soberania não poderia se sobressair aos Direitos Humanos e a proteção de direitos e garantias inerentes à dignidade humana, fora uma constatação que mudou os rumos da proteção internacional. A relativização da soberania é inerente à perspectiva de proteção internacional aos Direitos Humanos.

Assim, com o posicionamento do ser humano no centro das relações internacionais e a dignidade humana como fio condutor das ações do Estado, "a Declaração Universal humanizou o direito internacional e tornou-se referência para a elaboração de diversos ordenamentos jurídicos nacionais, a exemplo da Constituição brasileira de 1988". Ainda a Declaração deu origem a uma rede de proteção que atualmente contempla em torno de 80 pactos, protocolos e convenções internacionais, respeitadas em todo o mundo, "sinalizando o aumento da busca pela concretização do ideal de justiça, caminho certo da paz".[277]

O preâmbulo da Declaração Universal dos Direitos Humanos de 1948 versa que o "reconhecimento da dignidade inerente a todos os membros da família humana e de seus direitos iguais e inalienáveis é o fundamento da liberdade, da justiça e da paz no mundo".[278] A liberdade assim constitui o fundamento de realização da dignidade, sem a qual não se pode estabelecer preceitos de justiça e paz social.

Ainda o preâmbulo da DUDH versa que

> os povos das Nações Unidas reafirmaram, na Carta da ONU, sua fé nos Direitos Humanos fundamentais, na dignidade e no valor do ser humano e na igualdade de direitos entre homens e mulheres, e que decidiram promover o progresso social e melhores condições de vida em uma liberdade mais ampla.[279]

Assente a necessidade de promoção da liberdade de forma ampla e irrestrita a todos, independentemente de distinções, o que inclusive impõe a liberdade para associação ou não associação, assim como a liberdade sindical.

Também no Preâmbulo a DUDH versa a respeito dos países reafirmarem "o respeito universal aos direitos e liberdades humanas fundamentais e a observância desses direitos e liberdades"[280]. O destaque da mesma forma, logo na base da declaração Universal, é para a importância da observância desses preceitos e ideários de liberdade pelos países, ou seja, a necessidade de efetividade do conteúdo da Declaração.

Nessa vertente, o artigo 103 da Carta das Nações Unidas de 1945 versa que "no caso de conflito entre as obrigações dos Membros das Nações Unidas, em virtude da presente Carta e as obrigações resultantes de qualquer outro acordo internacional, prevalecerão as obrigações assumidas em virtude da presente Carta". Cuja promulgação pelo Brasil aconteceu pelo Decreto n. 19.841, de 22 de outubro

---

(273) ONU. Declaração Universal dos Direitos Humanos. Disponível em: <http://www.dudh.org.br/ definicao/documentos/>. Acesso em: 13 jul. 2014.
(274) ONU. Declaração Universal dos Direitos Humanos. loc. cit.
(275) SIMON, 2008, p. 13.
(276) PALADINO, s. d., p. 4.
(277) SIMON, 2008, p. 14.
(278) ONU. Declaração Universal dos Direitos Humanos. p. 1. Disponível em: <http://www.dudh.org.br/ definicao/documentos/>. Acesso em: 13 jul. 2014.
(279) *Ibid.*, p. 2.
(280) ONU. Declaração Universal dos Direitos Humanos. loc. cit.

de 1945.[281] O Brasil, ao aderir à Carta da ONU e à Corte Internacional de Justiça, compromete-se ao cumprimento dos instrumentos, como é o caso da Declaração de 1948, vez que se tornou membro das Nações Unidas.

Oportuno compreender, segundo Piovesan, que "a Declaração Universal não é um Tratado. Foi adotada pela Assembleia Geral das Nações Unidas sob a forma de Resolução, que por sua vez, não apresenta força de lei". Nesse viés em interpretação a Declaração Universal tem sido concebida força jurídica obrigatória e vinculante, em função do conteúdo de Direitos Humanos, constante dos artigos (1º e 55)[282] da Carta das Nações Unidas, logo de observância universal, essencialmente.[283]

A respeito da DUDH, imperioso mencionar que "no responde a la definición de Tratado, pero que inspira todas las fuentes de Derecho Internacional de los Derechos Humanos".[284], [285] Tecnicamente, a Declaração Universal de 1948 é uma recomendação que a Assembleia Geral das Nações Unidas fez a seus membros, conforme consta do artigo 10 desse instrumento, porém o costume e os princípios jurídicos internacionais a reconhecem atualmente como norma imperativa de direito internacional.[286]

Ressalte-se que o Brasil internalizou a Carta das Nações Unidas, via Decreto n. 19.841/1945, já mencionado, nos termos do conteúdo do artigo 110 da mesma, logo possui o dever de se curvar ao Conteúdo da Declaração Universal de Direitos Humanos, nos termos do acima exposto, sob pena de ser submetido a Corte Internacional de Justiça. Ao longo dos anos a Declaração adquiriu caráter vinculante porque os Estados lhe atribuíram essa qualidade em virtude da recepção do direito consuetudinário em matéria de Direitos Humanos, o que foi reconhecido pela Ata Final da Conferência Internacional sobre Direitos Humanos celebrada em Teerã em 1968, que anunciou uma concepção comum e obrigatória a todos, direitos iguais e inalienáveis.[287]

Para Herrera Flores, a respeito da Declaração de Direitos Humanos de 1948, os redatores objetivavam a descolonização dos países imperialistas e a consolidação de um regime internacional à nova configuração de poder no pós-guerra. Ao final do século XX, o desafio consiste na defesa da avalanche ideológica provocada pelo neoliberalismo que agride e destrói as conquistas sociais, fruto das lutas de movimentos sociais, partidos políticos de esquerda e sindicatos, ao longo de mais de um século.[288]

A respeito da Declaração Universal, importante mencionar

> que esse documento tem inspirado as lutas reivindicatórias de todos os oprimidos, cujas conquistas se expressam no significativo conjunto de Tratados e mecanismos internacionais

---

(281) ONU. Carta das Nações Unidas e Estatuto da Corte Internacional de Justiça. Disponível em: <http://www.planalto.gov.br/ccivil_03/decreto/1930-1949/d19841.htm>. Acesso em: 18 jan. 2015.
(282) Decreto n. 19.841, DE 22 DE OUTUBRO DE 1945. Artigo 1º da Carta das Nações Unidas: Artigo 1. Os propósitos das Nações unidas são: 1. Manter a paz e a segurança internacionais e, para esse fim: tomar, coletivamente, medidas efetivas para evitar ameaças à paz e reprimir os atos de agressão ou outra qualquer ruptura da paz e chegar, por meios pacíficos e de conformidade com os princípios da justiça e do direito internacional, a um ajuste ou solução das controvérsias ou situações que possam levar a uma perturbação da paz; 2. Desenvolver relações amistosas entre as nações, baseadas no respeito ao princípio de igualdade de direitos e de autodeterminação dos povos, e tomar outras medidas apropriadas ao fortalecimento da paz universal; 3. Conseguir uma cooperação internacional para resolver os problemas internacionais de caráter econômico, social, cultural ou humanitário, e para promover e estimular o respeito aos Direitos Humanos e às liberdades fundamentais para todos, sem distinção de raça, sexo, língua ou religião; e 4. Ser um centro destinado a harmonizar a ação das nações para a consecução desses objetivos comuns. Artigo 55: Artigo 55 da Carta das Nações Unidas. Com o fim de criar condições de estabilidade e bem-estar, necessárias às relações pacíficas e amistosas entre as Nações, baseadas no respeito ao princípio da igualdade de direitos e da autodeterminação dos povos, as Nações Unidas favorecerão: a) níveis mais altos de vida, trabalho efetivo e condições de progresso e desenvolvimento econômico e social; b) a solução dos problemas internacionais econômicos, sociais, sanitários e conexos; a cooperação internacional, de caráter cultural e educacional; e c) o respeito universal e efetivo dos Direitos Humanos e das liberdades fundamentais para todos, sem distinção de raça, sexo, língua ou religião. Disponível em: <http://www.planalto.gov.br/ccivil_03/decreto/1930-1949/d19841.htm>. Acesso em: 30 dez. 2014.
(283) PIOVESAN, 2012a, p. 210-213.
(284) ZELADA, Liliana Galdamez. **Impunidad y tutela judicial de graves violaciones a los derechos humanos**: marchas y contra marchas em el marco de la constitución chilena de 1980. Santiago: Librotecnia, 2011. p. 107.
(285) "Não responde a definição de Tratado, porém inspira todas as fontes de Direito Internacional dos Direitos Humanos". (tradução livre da autora).
(286) COMPARATO, 2011, p. 238-239.
(287) BOGGIANO, Antonio. **Derecho internacional**: derecho de las relaciones entre los ordenamientos juridicos y derechos humanos. Buenos Aires: La Rey, 2001. p. 83.
(288) HERRERA FLORES, 2009, p. 71.

a que os Estados aderem voluntariamente, cientes de que sua postura denuncia o avanço civilizatório de seus povos.[289]

A valoração do ser humano e o reconhecimento de portador de um valor próprio, único e insubstituível, ou seja, portador de dignidade, está consagrado no artigo 6º da Declaração Universal de 1948, que condensou toda a riqueza dessa elaboração teórica ao afirmar que todo homem tem direito ao reconhecimento como pessoa, sempre.[290]

A efetivação de direitos e garantias assente no instrumento universal só pode ser efetivada a partir de "uma compreensão comum desses direitos e liberdades, o que é da mais alta importância para o pleno cumprimento desse compromisso", da mesma forma objeto do preâmbulo já citado.[291] Ainda consta do preâmbulo que as nações não medirão esforços para "promover o respeito a esses direitos e liberdades, e, pela adoção de medidas progressivas de caráter nacional e internacional, por assegurar o seu reconhecimento e a sua observância universal e efetiva".[292]

Nesse sentido há a percepção de que o ordenamento jurídico interno da nação deve ser elaborado em consonância com a legislação internacional, sob pena de haver legislações antagônicas, o que pode ser resolvido via controle de convencionalidade. Adentrando ao conteúdo efetivo da DUDH, o artigo primeiro versa que "Todos os seres humanos nascem livres e iguais em dignidade e direitos"[293]. Mais uma vez percebe-se quão valorosa é a liberdade para a ONU, ou seja, constitui a liberdade um preceito maior aos demais preceitos de dignidade.

A Declaração de 1948 reconhece tanto a liberdade política, quanto a individual, sendo ambas complementares. A liberdade política sem as liberdades individuais não passa de demagogia de estados autoritários, assim como as liberdades individuais, sem a participação política do povo no governo é dominação oligárquica da riqueza.[294]

Interessante a percepção de que

> a Declaração Universal deu ensejo à inclusão do ser humano no palco das relações internacionais, antes monopólio absoluto dos Estados, que tinham o poder não contestado de vida e morte sobre seus nacionais. Deflagrou-se, assim, um processo irreversível e contagioso de democratização, dentro e fora dos Estados.[295]

A Declaração firmou princípios de solidariedade na base dos direitos econômicos e sociais nos artigos XXII a XXVI, com exigências de direitos elementares de proteção a classes ou grupos sociais mais fracos ou necessitados, entre eles destacam-se o direito ao trabalho, proteção ao desemprego e a liberdade sindical.[296]

Nesse aspecto a liberdade de associação está vinculada ao exercício do direito à liberdade nos seus mais variados segmentos, sendo apenas um dos vieses desse preceito maior. Nesse sentido o artigo 2º afirma que todo ser humano tem capacidade para gozar dos direitos e liberdades estabelecidos pela Declaração, sem qualquer distinção de qualquer espécie (raça, cor, nacionalidade...).[297]

Importante destacar que não pode sofrer restrição o gozo das liberdades previstas na DUDH, inclusive que possuam origem nacional ou social. Nesse sentido insta citar que inclusive a legislação nacional não pode restringir o exercício das liberdades fundamentais.

Da mesma forma, o artigo 3º versa que "todo ser humano tem direito à vida, à liberdade"[298], ou seja, é universal e fundamental a todos os seres humanos o exercício do direito à vida e à liberdade,

---

(289) SIMON, 2008, p. 22.
(290) COMPARATO, 2011, p. 44.
(291) ONU. Declaração Universal dos Direitos Humanos. p. 2. Disponível em: <http://www.dudh.org.br/definicao/documentos/>. Acesso em: 13 jul. 2014.
(292) Ibid., p. 3.
(293) ONU. Declaração Universal dos Direitos Humanos. loc. cit.
(294) COMPARATO, 2011, p. 242.
(295) SIMON, 2008, p. 22.
(296) COMPARATO, op. cit., p. 242.
(297) ONU. Declaração Universal dos Direitos Humanos. Disponível em: <http://unicrio.org.br/img/DeclU_D_HumanosVersoInternet.pdf>. Acesso em: 13 jul. 2014. p. 4.
(298) ONU. Declaração Universal dos Direitos Humanos. loc. cit.

não podendo sofrer restrições, seja por particulares, quanto pelo Estado. A liberdade é uma premissa universal e não pode sofrer nenhum tipo de restrição, salvo situações em que preceitos maiores, como a segurança nacional, por exemplo, estejam em discussão.

O artigo 19 da referida Declaração de Direitos reafirma a liberdade citando que "todo ser humano tem direito à liberdade de opinião e expressão"[299], o que remonta à ideia de que para o exercício da liberdade sindical há a necessidade de manifestação de opinião com respeito ao desejo de se associar ou não a determinada entidade.

A liberdade de associação e reunião vem esculpida no artigo 20 da DUDH, em que consta que "1. Todo ser humano tem direito à liberdade de reunião e associação pacífica. 2. Ninguém pode ser obrigado a fazer parte de uma associação"[300]. Aqui há a expressão do direito à liberdade que se denomina o exercício positivo e negativo a liberdade de associação, qual seja, o direito a se associar, a não se associar ou a se manter ou não associado a determinada entidade, pública ou privada.

Nesse sentido importa citar que "o ano de 1948 conheceu a consagração internacional da liberdade sindical como direito fundamental do homem, conforme disposição do artigo XXIII, item 4, da Declaração Universal dos Direitos Humanos, de 1948".[301]

A hierarquização da liberdade sindical a um direito fundamental e humano a todos demanda uma nova estruturação de preceitos protetores da liberdade. Se é um instrumento de proteção aos Direitos Humanos demanda uma aplicabilidade imediata, assim como uma interpretação da forma mais favorável ao indivíduo.

Importante compreender que a previsão internacional dos Direitos Humanos desloca a exclusividade do Estado nacional para o exterior com o comprometimento com a dignidade humana, deixando de ser uma questão interna, a violação de Direitos Humanos.[302]

A liberdade sindical consta do artigo 23, inciso "4" que versa que "todo ser humano tem direito a organizar sindicatos e a neles ingressar para proteção de seus interesses"[303]. A previsão na DUDH a respeito da liberdade sindical abrange todos os seres humanos, sem distinção, sem restrições e sem nenhum impasse nacional ou internacional. Logo um direito humano e fundamento a todos os seres humanos. Ainda o artigo 28 da DUDH assegura que "todo ser humano tem direito a uma ordem social e internacional em que os direitos e liberdades estabelecidos nessa Declaração possam ser plenamente realizados".[304]

Não existem dúvidas de que os direitos de liberdade como geradores de expectativas negativas de comportamento assumem maior possibilidade de consenso em torno da necessidade de observância, enquanto os direitos econômicos, sociais e culturais se consideram prestações positivas como medida de tutela.[305]

A constatação de que a liberdade para a ONU é o preceito maior para a proteção à dignidade, além da percepção de que tal organismo internacional se preocupa não só com a preocupação, mas também com a efetivação dos direitos, ainda que do ponto de vista formal por diversos artigos se ressalta a importância do respeito às liberdades fundamentais.

Nesse aspecto a Declaração Universal de 1948 inclui em seu texto os direitos sociais, econômicos e culturais e consagra a primazia do ordenamento internacional sobre o nacional para fazer efetivos os direitos e liberdades ali contidos.[306] Nesse aspecto o artigo 29, itens 2 e 3, reitera que restrições no exercício de direitos e liberdades só poderão acontecer "apenas às limitações determinadas pela lei, exclusivamente com o fim de assegurar o devido reconhecimento e respeito dos direitos e liberdades de outrem e de satisfazer às justas exigências da moral, da ordem pública e do bem-estar de uma sociedade democrática"[307].

---

(299) *Ibid.*, p. 9.
(300) ONU. Declaração Universal dos Direitos Humanos. loc. cit.
(301) PAMPLONA FILHO, 2013, p. 76.
(302) PEREIRA, 2007, p. 63.
(303) ONU. Declaração Universal dos Direitos Humanos. Disponível em: <http://unicrio.org.br/img/DeclU_D_HumanosVersoInternet.pdf>. Acesso em: 13 jul. 2014. p. 11.
(304) *Ibid.*, p. 13.
(305) PEREIRA, Ricardo José Macedo de Britto. Constituição e liberdade sindical. São Paulo: LTr, 2007, p. 65.
(306) *Ibid.*, p. 68.
(307) ONU. Declaração Universal dos Direitos Humanos. op. cit. p. 13-14.

Ainda importante constatação é o conteúdo do artigo XXI e XXIX, inciso 2, com a afirmação "da democracia como único regime político compatível com o pleno respeito aos Direitos Humanos", passando o regime democrático a ser a única solução legítima para a organização estatal.[308] Importante ponderação vem no mesmo artigo, no item 3, quando expõe que "esses direitos e liberdades não podem, em hipótese alguma, ser exercidos contrariamente aos objetivos e princípios das Nações Unidas[309]. A questão que aqui se põe em discussão é efetivamente a interpretação dada pelo Brasil ao artigo 8º, II da Constituição de 1988.

Clara é a restrição à liberdade sindical na interpretação dada ao citado artigo. Os trabalhadores e empregadores não podem escolher a entidade que os representará, estando adstrita, ainda que contra a sua vontade, a representação pela entidade sindical que primeiro realizou o registro em órgão administrativo do poder executivo, qual seja, o Ministério do Trabalho e Emprego.

É importante compreender que "a liberdade sindical, como corolário da livre reunião e associação pacíficas, acabou por se incluir dentre os institutos tutelados pela Declaração Universal dos Direitos dos Humanos".[310] Nesse sentido não pode sofrer restrições, e interessante ressaltar que o Brasil é signatário das Nações Unidas, desde 24 de outubro de 1945[311], assim como tem o dever de respeitar as disposições da Declaração Universal dos Direitos Humanos e tutelar o exercício amplo e irrestrito da liberdade, inclusive da liberdade sindical.

No que concerne à liberdade sindical, "em 1948, a Declaração Universal dos Direitos Humanos, entabulada no âmbito da recém-criada Organização das Nações Unidas – ONU reafirmou as conquistas históricas dos trabalhadores e as inseriu no conteúdo essencial da dignidade da pessoa humana".[312] Assim sendo, necessária se faz a participação no processo educativo para os Direitos Humanos e para a construção da cultura da paz. Só assim se selará um compromisso com um mundo melhor para a humanidade, demonstrando ser a Declaração um texto vivo e escrito diariamente por todos.[313]

A visualização de quão importante é a liberdade ampla e irrestrita, inclusive a liberdade sindical para a DUDH, remonta a percepção de que não se pode ser signatário da ONU, e consequentemente da Declaração Universal dos Direitos Humanos e não respeitar o exercício do pilar maior desse instrumento internacional. A liberdade é sim um dos pilares formadores da proteção aos Direitos Humanos, fato que fica nítido ao decorrer da Declaração, quando ao longo de todo o instrumento internacional, a liberdade é reafirmada como preceito fundamental a todo ser humano.

Nesse corolário, a Declaração Universal de 1948 constitui um dos mais importantes instrumentos de proteção à liberdade sindical, instrumento esse que o Brasil se curvou ao aderir à Carta da ONU, em 1945. A percepção que se tem está relacionada a um conteúdo ético e cultural das lideranças políticas do país e de uma cultura que não visualiza a hierarquia dos Tratados vigentes no âmbito interno.

2.1.1 Hierarquia dos Tratados de Direitos Humanos ante ao conteúdo da Constituição de 1988

Neste tópico apresentar-se-á a hierarquia dos Tratados, em especial os que versam a respeito da proteção aos Direitos Humanos, em conformidade com o conteúdo do artigo 5º parágrafos 2º e 3º da CRFB.

Nesse aspecto, interessante ressaltar que com o passar dos séculos e as alterações sofridas no contexto laboral e econômico, importante a compreensão da necessidade de internacionalização dessas garantias, a evolução das nações, dos mercados produtivos e tecnologias, o que demandou tal expansão.

---

(308) COMPARATO, 2011, p. 246.
(309) ONU. Declaração Universal dos Direitos Humanos. Disponível em: <http://unicrio.org.br/img/ DeclU_D_HumanosVersoInternet.pdf>. Acesso em: 13 jul. 2014. p. 13-14.
(310) EBERT, 2007, p. 27.
(311) ONU. ABC das Nações Unidas. UNIC Rio – junho de 2011. Disponível em: <http://unicrio.org.br/img /2011/09/ABC_maio_2011.pdf>. Acesso em: 13 jul. 2014. p. 19.
(312) EBERT, *op. cit.*, p. 112.
(313) SIMON, 2008, p. 26.

A internacionalização da economia e a abertura de mercados fazem com que o Estado e as instituições internacionais passem a intervir na proteção da parte hipossuficiente da relação entre capital e trabalho, qual seja, o trabalhador.

Esse movimento de expansão econômica e social importa no fato de que "a previsão internacional dos Direitos Humanos desloca do âmbito exclusivo do Estado Nacional para o exterior compromisso com a defesa da dignidade humana. A violação dos Direitos Humanos deixa de ser uma questão interna".[314] Assim, organizações internacionais e sujeitos de Direito Público Internacional elaboram Tratados Internacionais que produzem efeitos aos países membros da instituição e ratificam ou não tal instrumento. Nesse sentido "o Tratado Internacional é um acordo celebrado por escrito, entre sujeitos de direito internacional, independentemente de sua denominação (que pode ser Tratado, Convenção, Pacto, Protocolo etc.)".[315]

Ainda convém esclarecer que a diferença entre um Estado e uma Organização Internacional está no fato de o Estado possuir capacidade para celebrar Tratados em qualquer matéria, enquanto as Organizações Internacionais dispõem de poder para celebração de Tratados restritos às finalidades precípuas à área de atuação das mesmas[316]. Assim, "se o Tratado é um acordo entre *sujeitos* do Direito Internacional Público somente tais sujeitos é que podem celebrar Tratados".[317] [destaque do autor]

Importante referir-se que "o desenvolvimento da ideia e normas internacionais para a proteção dos trabalhadores seguiu-se na segunda metade do século XIX"[318], assim como "os Tratados representam o Direito Internacional positivado, isto é, ditos atos internacionais têm por finalidade regulamentar as relações jurídicas entre os sujeitos de Direito Internacional Público".[319]

Referindo-se ao Tratado Internacional "ele é negociado, assinado, ratificado, publicado internamente e depositado internacionalmente. Pode ser bilateral ou multilateral".[320] Cabe frisar que cada país possui uma forma de internalização desses Tratados no ordenamento interno, porém tal não fará parte da pesquisa – apenas cita-se como forma de delimitação deste, Brasil.

No plano interno,

> a Constituição brasileira prevê sistema de celebração e de aprovação dos Tratados, nos artigos 84, inciso VIII (competência exclusiva do Presidente da República para celebrar Tratados), e 49, inciso I (competência exclusiva do Congresso Nacional para resolver definitivamente sobre Tratados Internacionais que acarretem obrigações ao Estado).[321]

Tal normativa apresenta os procedimentos em geral para a internalização de Tratados Internacionais no ordenamento jurídico brasileiro.

Ainda a respeito da hierarquia dos Tratados e com relação ao processo interno de incorporação dos Tratados Internacionais, ao interpretar o artigo 5º, § 2º, da Constituição de 1988 Mazzuoli afirma que o Brasil "segue a tendência do constitucionalismo contemporâneo. Entende-se que os Tratados internacionais de Direitos Humanos ratificados pelo Brasil têm índole e nível constitucionais, além da aplicação imediata, não podendo ser revogados por lei ordinária posterior".[322]

---

(314) PEREIRA, 2007, p. 63.
(315) FRIEDRICH, Tatyana Scheila; PASSOS, André Franco de Oliveira. Direito internacional e liberdade sindical: da teoria geral à necessidade de aplicação prática. In: NICOLADELLI, Sandro Lunard; PASSOS, André Franco de Oliveira; FRIEDRICH, Tatyana Scheila. (Org.). **O direito coletivo na OIT**: normas, jurisprudência e reflexões sobre a normatividade protetiva da liberdade sindical. v. I. São Paulo: LTr, 2013. p. 23.
(316) MAZZUOLI, Valério de Oliveira. **Direito dos tratados**. 2. ed. ver. atual. e ampl. Rio de Janeiro: Forense, 2014b. p. 49.
(317) *Ibid.*, p. 96.
(318) SILVA, Claudio Santos da. **Liberdade sindical no direito internacional do trabalho**: reflexões orientadas pela Convenção n. 87 da OIT. São Paulo: LTr, 2011. p. 43.
(319) GOMES, Eduardo Biacchi; VILLATORE, Marco Antônio. Hierarquia das convenções fundamentais da organização internacional do trabalho, na conformidade da EC 45/2004. In: RAMOS FILHO, Wilson. (Org.). **Constituição e competência material da justiça do trabalho depois da EC 45/2004**. Curitiba: Genesis, 2005. p. 79.
(320) FRIEDRICH; PASSOS, 2013, p. 23.
(321) GOMES, 2005, p. 86.
(322) MAZZUOLI, Valério de Oliveira. **Curso de Direitos Humanos**. Rio de Janeiro: Forense; São Paulo: Método, 2014. p. 172.

Ainda, Mazzuoli prossegue esclarecendo que

> Tratados de Direitos Humanos ratificados pelo Brasil, que já têm *status* de norma constitucional, nos termos do § 3º do art. 5º, poderão ainda ser formalmente constitucionais (ou seja, ser equivalentes às emendas constitucionais) desde que, a qualquer momento, depois de sua entrada em vigor, sejam aprovados pelo quórum do § 3º do art. 5º da Constituição".[323] [grifo do autor]

Nesse aspecto "os Tratados de Direitos Humanos aprovados com base no rito do artigo 5º, § 3º, passam a ter o *status* de emenda constitucional, seguindo portanto todas as particularidades do artigo 60".[324] Recentemente o STF, no julgamento do HC 96.772/SP, manifestou o entendimento exposto no voto do Ministro Celso de Mello, publicado em 06.09.2009, que

> os magistrados e Tribunais, no exercício de sua atividade interpretativa, especialmente no âmbito dos Tratados internacionais de Direitos Humanos, devem observar um princípio hermenêutico básico (tal como aquele proclamado no Artigo 29 da Convenção Americana de Direitos Humanos), consistente em atribuir primazia à norma que se revele mais favorável à pessoa humana, em ordem a dispensar-lhe a mais ampla proteção jurídica.[325]

Aspecto esse relacionado ao princípio geral do direito que compreende que as decisões em questões quando versem a respeito de Direitos Humanos sejam regidas pelo Princípio do *Pro Homine*, ou seja, as decisões devem sempre ser em função da forma mais protetiva ao ser humano.

Ainda no mesmo HC se entendeu que ao Poder Judiciário compete extrair a máxima efetividade dos instrumentos internacionais,

> como forma de viabilizar o acesso dos indivíduos e dos grupos sociais, notadamente os mais vulneráveis, a sistemas institucionalizados de proteção aos Direitos Fundamentais da pessoa humana, sob pena de a liberdade, a tolerância e o respeito à alteridade humana tornarem-se palavras vãs.[326]

Tal entendimento está em total convergência à discussão trazida nesta dissertação, a respeito do alcance da norma internacional e sua confrontação com a Constituição brasileira de 1988, sendo assim reconhecida a primazia dos Tratados de Direitos Humanos sobre a Lei.

Ainda, sob esse viés, na mesma decisão, que *a priori* discutia a possibilidade de prisão civil do devedor infiel, o entendimento apresentado pelo Ministro Celso Mello no julgamento do HC 96.772:

> que atribui hierarquia constitucional às convenções internacionais em matéria de Direitos Humanos. A INTERPRETAÇÃO JUDICIAL COMO INSTRUMENTO DE MUTAÇÃO INFORMAL DA CONSTITUIÇÃO. A questão dos processos informais de mutação constitucional e o papel do Poder Judiciário: a interpretação judicial como instrumento juridicamente idôneo de mudança informal da Constituição. A legitimidade da adequação, mediante interpretação do Poder Judiciário, da própria Constituição da República, se e quando imperioso compatibilizá-la, mediante exegese atualizadora, com as novas exigências, necessidades e transformações resultantes dos processos sociais, econômicos e políticos que caracterizam, em seus múltiplos e complexos aspectos, a sociedade contemporânea. HERMENÊUTICA E DIREITOS HUMANOS: A NORMA MAIS FAVORÁVEL COMO CRITÉRIO QUE DEVE REGER A INTERPRETAÇÃO DO PODER JUDICIÁRIO. – Os magistrados e Tribunais, no exercício de sua atividade interpretativa, especialmente no âmbito dos Tratados internacionais de Direitos Humanos, devem observar um princípio hermenêutico básico (tal como aquele

---

(323) *Ibid.*, p. 184.
(324) GOMES, Eduardo Biacchi; VAZ, Andréa Arruda; FONSECA, Silmara Vaz Gabriel Osório da. A interpretação sistemática do artigo 5º, parágrafos 1º, 2º e 3º da Constituição Federal. In: GOMES, Eduardo Biacchi; DOTTA, Alexandre Godoy. (Org.). **Direito e ciência na contemporaneidade.** v. II. Anais do evento de iniciação científica da UniBrasil (EVINCI, 9). Coletânea de artigos científicos. Curitiba: Instituto da Memória, 2014. p. 143.
(325) STF. HC 96772 / SP. Voto do Ministro Celso de Mello, publicado em 06/09/2009. Disponível em: <http://www.stf.jus.br/portal/jurisprudencia/listarJurisprudencia.asp?s1=%28HIERARQUIA+DOS+TRATADOS+INTERNACIONAIS%29&base=baseAcordaos&url=http://tinyurl.com/lpfnvk3>. Acesso em: 27 jul. 2014.
(326) STF. HC 96772 / SP. Voto do Ministro Celso de Mello, publicado em 06/09/2009. Disponível em: <http://www.stf.jus.br/portal/jurisprudencia/listarJurisprudencia.asp?s1=%28HIERARQUIA+DOS+TRATADOS+INTERNACIONAIS%29&base=baseAcordaos&url=http://tinyurl.com/lpfnvk3>. Acesso em: 27 jul. 2014.

proclamado no Artigo 29 da Convenção Americana de Direitos Humanos), consistente em atribuir primazia à norma que se revele mais favorável à pessoa humana, em ordem a dispensar-lhe a mais ampla proteção jurídica. O Poder Judiciário, nesse processo hermenêutico que prestigia o critério da norma mais favorável (que tanto pode ser aquela prevista no Tratado internacional como a que se acha positivada no próprio direito interno do Estado), deverá extrair a máxima eficácia das declarações internacionais e das proclamações constitucionais de direitos, como forma de viabilizar o acesso dos indivíduos e dos grupos sociais, notadamente os mais vulneráveis, a sistemas institucionalizados de proteção aos direitos fundamentais da pessoa humana, sob pena de a liberdade, a tolerância e o respeito à alteridade humana tornarem-se palavras vãs. – Aplicação, ao caso, do Artigo 7º, n. 7, c/c o Artigo 29, ambos da Convenção Americana de Direitos Humanos (Pacto de São José da Costa Rica): um caso típico de primazia da regra mais favorável à proteção efetiva do ser humano. (HC 96772, Relator(a): Min. CELSO DE MELLO, Segunda Turma, julgado em 09/06/2009, DJe-157 DIVULG 20-08-2009 PUBLIC 21-08-2009 EMENT VOL-02370-04 PP-00811 RTJ VOL-00218- PP-00327 RT v. 98, n. 889, 2009, p. 173-183).[327]

O entendimento da Corte Constitucional brasileira, nesse sentido, preza pela harmonia entre as normas internacionais e normas internas, sempre prezando pelo entendimento que mais proteja o ser humano e grupos sociais, sob pena de os preceitos internacionais de proteção aos Direitos Humanos tornarem-se meras letras em vão. O julgado acima demonstrou um fator importante para a pesquisa, que foi a prevalência do Pacto de San José da Costa Rica em detrimento do conteúdo constitucional, ademais, o instrumento internacional era mais benéfico ao ser humano como ponto central dos Direitos Humanos.

Ainda, no que concerne ao entendimento jurisprudencial do STF, a respeito dos dispositivos constitucionais,

os Tratados de Direitos Humanos ratificados antes de 2004, com o julgamento de 3 de dezembro de 2008 (RE 466.343/SP), passaram a ter *status* supralegal. Já os ratificados sob o regime da EC n. 45/2004 têm o *status* constitucional, conforme redação do § 3º incluído no art. 5ºda CF.[328]

Uma vez ratificados os Tratados internacionais que tratam da proteção a Direitos Humanos, nos termos do artigo 5º, parágrafo 3º, da Constituição de 1988, se aprovadas com quórum especial, qual seja, de emenda Constitucional, de três quintos dos votos, nas duas casas, equivalem-se a emendas constitucionais.

Entendimento esse de que Mazzuoli diverge ao compreender que os Tratados de Direitos Humanos "ostentam o *status* de norma constitucional" independente do quórum de aprovação.[329] Nesse aspecto insta o entendimento de que "os Tratados internacionais *comuns*" ratificados pelo Brasil estão situados num nível hierárquico "*intermediário*", ficando abaixo da Constituição e acima da legislação infraconstitucional, logo não podem ser revogados por lei posterior.[330]

Ainda, neste mesmo viés, importante a menção a estrutura da OIT enquanto pessoa jurídica de Direito público, que no âmbito internacional se destaca na promoção de medidas que assegurem aos trabalhadores o exercício de direitos e garantias mínimos assegurados a efetivação do trabalho digno. Neste aspecto, há que se mencionar que

a OIT caracteriza-se por ser um organismo internacional de características peculiares, possuidor de elemento constitutivo diferenciado dos demais organismos internacionais. Sua composição é plasmada pela intervenção de trabalhadores e empregadores, interagindo de forma deliberativa no concerto internacional.[331]

---

(327) STF. HC 96.772 / SP, Voto do Ministro Celso de Mello, publicado em 06/09/2009. Disponível em: <http://www.stf.jus.br/portal/jurisprudencia/listarJurisprudencia.asp?s1=%28HIERARQUIA+DOS+TRATADOS+INTERNACIONAIS%29&base=baseAcordaos&url=http://tinyurl.com/lpfnvk3>. Acesso em: 27 jul. 2014.
(328) FRIEDRICH; PASSOS, 2013, p. 24.
(329) MAZZUOLI, 2014b, p. 475.
(330) MAZZUOLI, 2014b, p. 475..
(331) NICOLADELLI, Sandro Lunard. A natureza jurídica da liberdade sindical e sua normatividade internacional. In: NICOLADELLI, Sandro Lunard; PASSOS, André Franco de Oliveira; FRIEDRICH, Tatyana Scheila. **O direito coletivo na OIT**: normas, jurisprudência e reflexões sobre a normatividade protetiva da liberdade sindical. v. I. São Paulo: LTr, 2013. p. 33.

Nesse sentido, importante compreender que as Convenções da OIT possuem caráter de Tratados Internacionais multilaterais e "a próxima tendência a ser experimentada pelo sindicalismo seria a implementação definitiva da proteção internacional à liberdade sindical, com o advento do Tratado de Versailles em 1919, que criou em sua parte XIII a Organização Internacional do Trabalho".[332] A percepção de que havia a necessidade de uma proteção que ultrapassasse as fronteiras dos países, assim como a percepção de que o pós-guerra apresentou um cenário de degradação no campo do trabalho e este como elemento fundamental de dignidade humana, culminou na criação da OIT.

A propósito "criou-se a Organização Internacional do Trabalho com a missão de buscar padrões internacionais para as condições de trabalho"[333], uma vez que naquele contexto de pós-guerra e total degradação tanto da economia quanto do trabalho buscava-se uma forma de proteger o trabalhador dos abusos de forma para além das fronteiras de cada país. Assim,

> ainda em 1919, o novel organismo internacional realizou a Primeira Conferência Internacional do Trabalho, ocasião em que foi promulgada a Constituição da OIT. O preâmbulo do referido documento reafirma a liberdade sindical como princípio imprescindível para a obtenção da justiça social.[334]

A OIT possui como primordial finalidade a proteção e promoção do trabalho decente, trabalho que produza efeitos positivos e dignificantes para o ser humano, livre de explorações e excessos. Nesse viés,

> o pioneirismo da OIT colocou-a entre os precedentes históricos do processo de internacionalização e universalização dos Direitos Humanos, tendo em vista que, ao proteger no plano internacional os trabalhadores, estava em verdade, resgatando a dignidade da pessoa humana.[335]

As Convenções da OIT possuem algumas peculiaridades com relação aos demais Tratados internacionais, entre as quais está a entrada em vigor doze meses após o registro da ratificação, desde que em vigor no plano internacional; validade de dez anos para cada ratificação; possibilidade de denúncia após fluência de dez anos.[336]

Necessário nesse momento mencionar a divergência instaurada em torno da denúncia da Convenção n. 158 da OIT, ratificada pelo Brasil, tendo tal decisão sido promulgada em 10 de abril de 1996, por meio do Decreto n. 1.855 e denunciada na sequência conforme Decreto n. 2.100, promulgado em 20 de Dezembro do mesmo ano. Uma das discussões geradas é justamente a respeito do descumprimento do prazo mínimo de dez anos para denúncia, logo "seria nulo o ato de denúncia, podendo considerar vigente a Convenção".[337] Não obstante cita-se a referida convenção, sem o aprofundamento no tema, apenas a título ilustrativo.

Ainda, importante destacar que no Brasil "infelizmente, no processo de internalização dos Tratados, há uma demora injustificada durante sua apreciação pelo Congresso Nacional, no exercício de suas funções contidas no art. 49, I da Constituição Federal".[338] Tal morosidade é consequência da falta de compreensão pelo legislativo e executivo do país com relação à importância do tema. Por vezes há interesses particulares, que infelizmente se sobrepõem aos interesses sociais e coletivos, por isso a morosidade injustificada, por vezes.

É necessário compreender que

> as normas internacionais do Direito do Trabalho precisam ser aplicadas também no Brasil. Os trabalhadores brasileiros aguardam ansiosamente a mudança da consciência jurídica [...] para tanto, os aplicadores jurídicos dispõem do amplo arcabouço jurídico de normas não só nacionais, mas também internacionais.[339]

---

(332) EBERT, 2007, p. 24.
(333) GUNTHER, Luiz Eduardo. **A OIT e o direito do trabalho no Brasil**. Curitiba: Juruá, 2011. p. 33.
(334) EBERT, *op. cit.*, p. 111.
(335) FRIEDRICH; PASSOS, 2013, p. 25.
(336) *Ibid.*, p. 27.
(337) GUNTHER, Luiz Eduardo. A Convenção n. 158 da OIT no Brasil: uma polêmica ainda não resolvida. In: ALVARENGA, Rúbia Zanotelli de; COLNAGO, Lorena Rezende. (Coord.). **Direito internacional do trabalho e as convenções internacionais da OIT comentadas**. São Paulo: LTr, 2014. p. 113.
(338) FRIEDRICH; PASSOS, *op. cit.*, p. 31.
(339) FRIEDRICH; PASSOS, 2013, p. 32.

Isso faria com que o Brasil avançasse significativamente na proteção a Direitos Humanos. Sob essa perspectiva de uma modificação no modo de interpretar e aplicar a Constituição de 1988, em consonância com os princípios do Direito Internacional dos Direitos Humanos em 2011, a Associação Nacional dos Magistrados do Trabalho – ANAMATRA – firmou protocolo de intenção, com o Centro de Formação da OIT, cujo objetivo é estabelecer relação de cooperação em matéria de normas internacionais do Trabalho, aplicação dos Tratados Internacionais e o relacionamento entre as normas internas e externas ao país.[340] Esse instrumento possui como intenção a conscientização dos Magistrados na aplicação das Convenções da OIT e instrumentos internacionais internalizados pelo Brasil, como medida de efetivação de direitos e garantias basilares à promoção do trabalho decente no Brasil.

2.1.2 *Princípio universal* Pro Homine *no Direito Internacional dos Direitos Humanos*

O princípio *pro homine* implica na interpretação jurídica que melhor beneficie o ser humano, a dizer a norma mais ampla e a interpretação mais extensiva quando se trata de normas de proteção e, ao contrário, a interpretação de forma restritiva quando o conteúdo for o estabelecimento de limites a seu exercício[341].

Nesse aspecto importante a percepção de que tal princípio está contida no artigo 29 da Convenção Americana sobre Direitos Humanos ao afirmar que nenhuma disposição da presente Convenção pode ser interpretada no sentido de permitir aos Estados a supressão ou limitação ao gozo dos direitos e das liberdades reconhecidos na Convenção Americana de Direitos Humanos. Nesse mesmo viés o artigo 29 ainda proíbe a limitação e gozo de liberdades em função de previsão menos benéfica, ou seja, sempre há que se assegurar a interpretação mais benéfica ao ser humano como sujeito que ocupa a centralidade dos Direitos Humanos, especialmente[342].

Sob esse viés insta a percepção de que os Tratados de Direitos Humanos são celebrados para estabelecer um equilíbrio de interesses entre os Estados e mais, para garantir o pleno gozo de direitos e liberdades ao ser humano. Assim as previsões limitativas de direitos do ser humano devem ser interpretadas de maneira restritiva e ao contrário normas que ampliam direitos devem sofrer interpretação ampliativa, consistindo assim na intepretação *pro homine*.[343]

Ainda o mesmo autor prossegue esclarecendo que

> diante do concurso simultâneo de normas (concorrência de normas ou conflito aparente de normas), sejam elas internacionais, sejam elas internacionais e internas (domésticas), observando-se que estas últimas podem ser constitucionais ou não, deve (sempre) ser eleita e aplicada a norma (internacional ou doméstica) (a) que garante mais amplamente o gozo do direito ou (b) que admita menos restrições ao seu exercício ou (c) que sujeite as restrições a um maior número de condições. Muitas vezes é a norma doméstica que prepondera sobre a internacional. Outras, ao contrário[344].

Assim, percebe-se que independentemente da norma que efetivamente vá prevalecer, o que importa é a interpretação aplicada para chegar a essa prevalência, ou seja, uma interpretação de forma a melhor proteger ao ser humano. A partir dessa premissa interpretativa, independe da norma, seja nacional, internacional, constitucional ou não que venha a ser aplicada, mas sim se está em consonância ao princípio maior de proteção aos Direitos Humanos.

---

(340) ANAMATRA, OIT e ITC. Protocolo de intenção entre a Associação dos Magistrados da Justiça do Trabalho e o Centro Internacional de Formação da OIT. Disponível em: <http://www.anamatra.org.br/sites/1200/1223/00002332.pdf>. Acesso em: 31 jan. 2015.
(341) PRINCÍPIO PRO HOMINE. Disponível em: <http://es.wikipedia.org/wiki/Principio_pro_homine>. Acesso em: 7 mar. 2015.
(342) PRINCÍPIO PRO HOMINE. Disponível em: <http://es.wikipedia.org/wiki/Principio_pro_homine>. Acesso em: 7 mar. 2015.
(343) GOMES, Luiz Flávio. Direito dos direitos humanos e a regra interpretativa "pro homine". Disponível em: <http://jus.com.br/artigos/10200/direito-dos-direitos-humanos-e-a-regra-interpretativa-pro-homine#ixzz3TncjUuBa>. Acesso em: 8 mar. 2015.
(344) GOMES, Luiz Flávio. Direito dos direitos humanos e a regra interpretativa "pro homine". loc. cit.

Valério Mazzuoli entende que o citado princípio está inclusive previsto no artigo 4º, inciso II da CRFB, ao prever a prevalência dos Direitos Humanos como um princípio do direito internacional. Com base no preceito do diálogo das fontes, impõe-se compreender que a norma melhor aplicada é a conjunção do princípio *pro homine*, não importa a hierarquia, mas sim a norma que melhor proteja ao ser humano, sendo previsto tal princípio inclusive na Constituição de 1988[345].

Uma vez que há inclusive a previsão do princípio *pro homine* na Constituição de 1988, assim como o Brasil ratificou a Convenção Americana de Direitos Humanos, não há dúvidas de que o país tem o dever de interpretar os conflitos em conformidade e atenção ao referido princípio, independentemente da hierarquia da norma.

Sob esse aspecto há que se voltar ao princípio da Liberdade Sindical, objeto de estudo na presente, em que a interpretação constitucional não guarda razoabilidade e consonância com os preceitos do princípio *pro homine*, uma vez que no atual contexto há uma interpretação restritiva ao artigo 8º inciso II da CRFB, e inclusive em contrariedade aos Tratados de Direitos Humanos ratificados pelo Brasil, que versam a respeito do tema e asseguram ampla e irrestrita liberdade sindical.

Aqui se impõe pensar que a interpretação mais ampla seria a assunção em nome do princípio *pro homine*, do conteúdo da Convenção Americana de Direitos Humanos, em detrimento do texto constitucional, sob a interpretação ampliativa de recepção dos Tratados de Direitos Humanos com equivalência constitucional.

2.1.3 O Pacto Internacional de Direitos Econômicos, Sociais e Culturais – PIDESC e o Pacto Internacional de Direitos Civis e Políticos da ONU

Neste item a abordagem será a respeito do Pacto Internacional de Direitos Econômicos, Sociais e Culturais, assim como o Pacto Internacional de Direitos Civis e Políticos da ONU.

Ambos os instrumentos são reconhecidos como Tratados de Direitos Humanos e asseguram como tal a liberdade sindical, além, é claro, dos modos de internalização pelo Brasil.

O Pacto Internacional de Direitos Econômicos, Sociais e Culturais foi aprovado em Nova York, em 1966, na XXI Sessão da Assembleia Geral das Nações Unidas, incorporado pelo ordenamento jurídico do Brasil em abril de 1992 pelo Decreto n. 591. Esse Tratado considera, em linhas gerais, que os direitos sociais, culturais e econômicos são inerentes à dignidade da pessoa humana "e que o ideal do ser humano livre, liberto do temor e da miséria só pode ser concretizado à medida que se criem condições que permitam a cada um gozar de seus direitos econômicos, sociais e culturais, assim como de seus direitos civis e políticos".[346] Ressalva se faz necessária à previsão de liberdade sindical prevista nesse pacto, que se mostra incompatível com o Texto Constitucional, cuja previsão é a unicidade sindical.[347]

No que concerne aos direitos Econômicos, Sociais e Culturais, ao longo do tempo, percebe-se a necessidade de uma *unidad fundamental* da concepção dos Direitos Humanos. A proteção desses direitos está associada a ações positivas por parte do Estado, com relação aos Direitos Fundamentais, civis, políticos, econômicos, e culturais, como garantia efetiva das pessoas.[348]

Sob o viés de proteção aos Direitos Fundamentais a unidade e a indivisibilidade dos Direitos Humanos foram reafirmadas pela ONU, sob o argumento de que "sem direitos sociais, econômicos e culturais, os direitos civis e políticos só poderiam existir no plano nominal, e, por sua vez, sem direitos civis e políticos, os direitos sociais, econômicos e culturais também apenas existiriam no plano formal".[349]

---

(345) MAZZUOLI, Valério. O que se entende por princípio *pro homine*? Disponível em: <http://valeriomazzuoli.jusbrasil.com.br/artigos/121815162/o-que-se-entende-por-principio-pro-homine>. Acesso em: 8 mar. 2015.
(346) BEZERRA LEITE, 2013, p. 58.
(347) SILVA, Sayonara Grillo Coutinho Leonardo. **Relações coletivas de trabalho**: configurações institucionais no Brasil contemporâneo. São Paulo: LTr, 2008. p. 86.
(348) CANÇADO TRINDADE, 2006, p. 95-100.
(349) PIOVESAN, 2012a, p. 228.

Indubitavelmente, "determinados derechos, de carácter económico y social, como los derechos a no ser sometido a trabajo forzado y a discriminación em relación con el empleo y la ocupación, ademàs de la libertad de associassón para fines sindicales, están intimamente ligados a las llamadas liberdades civiles".[350], [351] A vida digna está relacionada a uma série de fatores e liberdades civis, econômicas e sociais que integram o dia a dia do ser humano. Um trabalhador só terá condições plenas de bem desenvolver suas atividades laborais se possuir acesso a saúde, educação, cultura, exercício de liberdades mínimas e estandartes mínimos de dignidade.

Insta compreender que os Direitos Econômicos, sociais e culturais

> son derechos humanos o fundamentales que implican no solo prestaciones positivas estatales, sino también la ausencia de interferencia arbitraria de terceros, siendo aseguradas y garantizadas por normas constitucionales o del derecho internacional de los derechos humanos, al igual que los derechos civiles y políticos, todos los cuales posibilitan una mejor concreción y realización de la dignidad humana".[352], [353]

A concretização dos direitos econômicos, sociais e culturais demandam prestações positivas e negativas pelo Estado, com vistas à real efetivação dos direitos e garantias. Ressalta-se a necessidade de permitir ao indivíduo ou à coletividade o pleno exercício de suas liberdades, sejam elas civis e políticas, econômicas ou culturais, vez que todas integrantes do sistema de proteção aos Direitos Humanos.

Uma discussão levantada pelos países do Ocidente a respeito da elaboração dos dois pactos distintos (PIDESC e Pacto Internacional de Direitos Civis e Políticos) centra-se na questão de que os direitos civis e políticos seriam autoaplicáveis e passíveis de cobranças imediatas, enquanto os direitos Econômicos, Sociais e Culturais possuem conteúdo programático e demanda realização progressiva, posição que prevaleceu, tanto que houve a elaboração dos dois pactos.[354] Ainda, esclarece Piovesan que o caráter autoaplicável ou programático aferido aos pactos depende do regime adotado pelo país, sendo que os direitos civis e políticos "poderiam" ser programáticos e os direitos econômicos, sociais e culturais autoaplicáveis.[355]

Quanto ao catálogo de direitos civis e políticos há a extensão do conteúdo da DUDH, com a enumeração de diversos direitos, entre eles destacam-se para a pesquisa em questão o direito à reunião pacífica; a liberdade de associação; o direito de aderir a sindicatos.[356] Tais previsões constam dos referidos pactos como medidas de reafirmação à Declaração Universal de 1948, tendo a elaboração desses instrumentos o condão de reforçar a necessidade dos Estados-Membros em cumprir e assegurar o exercício dessas liberdades em seus territórios.

Importante a menção ao preâmbulo do Pacto de Direitos Civis e Políticos, incorporado pelo Brasil via Decreto n. 592/1992, versando que

> reconhecendo que, em conformidade com a Declaração Universal dos Direitos do Homem, o ideal do ser humano livre, no gozo das liberdades civis e políticas e liberto do temor e da miséria, não pode ser realizado a menos que se criem às condições que permitam a cada um gozar de seus direitos civis e políticos, assim como de seus direitos econômicos, sociais e culturais.[357]

Tal disposição apresenta fator relevante no exercício das liberdades, que é o exercício de direitos e garantias civis e econômicas, em geral, sem as quais não se pode falar na garantia do exercício da liberdade plena.

---

(350) CANÇADO TRINDADE, *op. cit.*, p.167.
(351) "determinados direitos de caráter econômico e social, como o direito de não ser submetido a trabalho forçado e a discriminação com relação ao emprego e ocupação. A liberdade de associação para fins sindicais está intimamente ligada às chamadas liberdades civis". (tradução livre da autora).
(352) NOGUEIRA ALCALÁ, 2009, p. 10.
(353) "São Direitos Humanos ou fundamentais que implicam não só prestações positivas estatais, mas também a ausência de interferência arbitrária de terceiros, sendo asseguradas e garantidas por normas constitucionais ou do Direito Internacional dos Direitos Humanos ou igual aos direitos civis e políticos, todos os quais possibilitem uma melhor concretização e realização da dignidade humana". (tradução livre da autora).
(354) PIOVESAN, 2012a, p. 229.
(355) PIOVESAN, 2012a, p. 229.
(356) *Ibid.*, p. 229-230.
(357) BRASIL. Decreto n. 592, de 6 de julho de 1992. Pacto de direitos civis e políticos. Disponível em: <http://www.planalto.gov.br/ccivil_03/decreto/1990-1994/D0592.htm>. Acesso em: 31 dez. 2014.

Para Rojo e Cataldo a liberdade sindical é uma liberdade civil e política, aquela função consagrada no direito privado de reivindicar autonomia na regulação dos fenômenos sociais, assim como a liberdade de agrupamentos coletivos sem a intervenção estatal, com a instituição inclusive de ordenamento normativo autônomo ao estatal. A liberdade política, no entanto, compreende-se como o poder de resistência coletiva dos cidadãos na participação nas estruturas e funções estatais.[358]

O artigo 22 do Pacto de Direitos Civis e Políticos afirma que "toda pessoa terá o direito de associar-se livremente a outras, inclusive o direito de construir sindicatos e de a eles filiar-se, para a proteção de seus interesses". Direito esse que está sujeito a restrições necessárias de interesse nacional, segurança e ordem pública ou proteção à saúde e a moral públicas.[359]

Assim o direito de associação só pode sofrer intervenção com justificativa plausível e relevante para o interesse nacional, ordem pública ou proteção à saúde e moral públicas. No caso do Brasil não há e sequer foram aventadas quaisquer possibilidades das citadas para a inibição do exercício de tais liberdades. No caso brasileiro, o argumento para a omissão e o descumprimento dos referidos Pactos encontra guarida em questões políticas e de cunho corporativista. Sequer os sindicatos pretendem o direito ao exercício da pluralidade sindical. A resposta ao motivo que os leva a tal concepção está na contribuição obrigatória que sustenta financeiramente os sindicatos, elevando-os a uma condição de pleno conforto, assunto que será abordado na sequência.

O inciso terceiro do mesmo artigo 22 versa que

> nenhuma das disposições do presente artigo permitirá que Estados Partes da Convenção de 1948 da Organização Internacional do Trabalho, relativa à liberdade sindical e à proteção do direito sindical, venham a adotar medidas legislativas que restrinjam ou apliquem a lei de maneira a restringir as garantias previstas na referida Convenção.[360]

A partir dessa premissa, importante compreender que "en el ejercicio de la acción sindical se expressan derechos de ciudadanía, porque profiere en la esfera sindical em el ejercicio de derechos vinculados con las libertades civiles y políticas"[361]. Continua Duarte esclarecendo que são Direitos Fundamentais internacionais, declarados pela Conferência Internacional do Trabalho – que deu origem à OIT e incorporou a Declaração de Filadélfia –, em que houve essa relação entre as liberdades públicas e os direitos sindicais, conforme artigo 24.[362] Ainda nesse mesmo aspecto, o Brasil internalizou o Pacto Internacional de Direitos Econômicos, Sociais e Culturais – PIDESC, por meio do Decreto 591, também em 06 de abril de 1992, ou seja, na mesma data da internalização do Pacto de Direitos Civis e Políticos. Logo não poderá o Brasil deixar de aplicar o conteúdo dos referidos Pactos sob o argumento de legislação interna, ademais livremente aceitou tal premissa quando antes da internalização conferiu os dispositivos do referido instrumento.

2.1.4 Convenção Americana de Direitos Humanos

Neste item premente se faz a abordagem do instrumento de maior relevância no âmbito regional da proteção aos Direitos Humanos, na América Latina, a Convenção Americana de Direitos Humanos. Aqui se abordará a formação e o conteúdo desse instrumento de proteção aos Direitos Humanos e o comportamento do Brasil antes a seus dispositivos.

A proteção internacional dos Direitos Humanos é fruto de um amadurecimento gradual da sociedade internacional, que a partir do final da segunda grande guerra, com a necessidade de implementação

---

(358) ROJO, 2010, p. 15.
(359) BRASIL. Decreto n. 592, de 6 de julho de 1992. Pacto de direitos civis e políticos. Disponível em: <http://www.planalto.gov.br/ccivil_03/decreto/1990-1994/D0592.htm>. Acesso em: 31 dez. 2014.
(360) BRASIL. Decreto n. 592, de 6 de julho de 1992. Pacto de direitos civis e políticos. loc. cit.
(361) No exercício da ação sindical se expressam direitos de cidadania, porque profere na esfera sindical no exercício de direitos vinculados com as liberdades civis e políticas. (tradução livre da autora).
(362) DUARTE, David. Derecho a la organización sindical libre y democrática. In: RAMÍREZ, Luis Henrique. (Coord.). **Relaciones laborales**: una visión unificadora. Montevideo: Editorial de Montevideo, 2010. p. 41.

de mecanismos de proteção à pessoa humana, sendo no plano regional o sistema interamericano que gerencia a proteção desses direitos nos Estados-membros da Organização dos Estados Americanos – OEA.[363]

A Convenção Americana de Direitos Humanos foi "aprovada na Conferência de São José da Costa Rica, em 22 de novembro de 1969. Reproduz maior parte das declarações de direitos constantes do Pacto Internacional de Direitos Civis e Políticos de 1966".[364] O Brasil, via Decreto n. 678, em 6 de novembro de 1992, internalizou a Convenção Americana de Direitos Humanos de 1969, também denominada Pacto de São José da Costa Rica. Logo em seu preâmbulo consta a afirmação já citada integralmente no tópico anterior, qual seja, a reiteração da DUDH de que o ideal do ser humano livre e isento do medo e da miséria só se concretizará com condições ao exercício dos direitos econômicos, sociais, culturais, assim como direitos civis e políticos.[365]

O ideário humano da plenitude da liberdade e da felicidade como um ideal de realização dos Direitos Humanos está inserido num contexto de concretização dos direitos civis, políticos, econômicos, sociais e culturais como um feixe de instrumentos hábeis a proporcionar ao ser humano o desenvolvimento pleno de sua existência. O ideal dos Direitos Humanos é uma sociedade justa, desenvolvida moral e economicamente, com respeito às liberdades e garantias, tendo o ser humano a centralidade em todos os aspectos.

Na luta pela plenitude desses direitos

> essa convenção visa a que os Estados concretizem esses direitos com a adoção de leis convergentes com essas causas. Em relação à competência, abrange todos os Estados-membros da Organização dos Estados Americanos. A Corte Interamericana de Direitos Humanos apresenta competência consultiva e contenciosa. O Brasil reconheceu a competência dessa corte com o Decreto Legislativo n. 89/98.[366]

A convergência de ações para fins de Cumprimento da referida Convenção está justamente na adoção de medidas que proporcionem aos indivíduos do país o pleno exercício dos direitos ali contidos. Como medida sancionatória a Corte Interamericana possui competência consultiva e contenciosa para a análise de denúncias, queixas ou consultas que lhe sejam submetidas, assunto que não é instrumento de análise na pesquisa em tela.

No que concerne à Liberdade de associação e liberdade sindical, assunto da presente, o artigo 16 da Convenção Americana de Direitos Humanos versa que "todas as pessoas têm o direito de associar-se livremente com fins ideológicos, religiosos, políticos, econômicos, trabalhistas, sociais, culturais, desportivos ou de qualquer outra natureza".[367] Ainda com relação à possibilidade de restrições, há a repetição daquelas já mencionadas no tópico anterior, nos Pactos.

Em análise do caso Baena[368], Ricardo e outros, em face do Estado do Panamá, a Corte interamericana de Direitos Humanos concluiu que

---

(363) MAZZUOLI, Valério de Oliveira. Convenção americana sobre Direitos Humanos. In: GOMES, Luiz Flávio; CUNHA, Rogério Sanches. (Coord.). **Comentários à convenção americana sobre Direitos Humanos**: pacto de San José da Costa Rica. v. 4. 3. ed. São Paulo: Revista dos Tribunais, 2010. p. 17-18.
(364) COMPARATO, 2011, p. 379.
(365) BRASIL. Decreto n. 678, de 6 de novembro de 1992. Convenção americana de Direitos Humanos. (1969). Disponível em:<http://www.planalto.gov.br/ccivil_03/decreto/D0678.htm>. Acesso em: 31 dez. 2014.
(366) PALADINO, s. d., p. 6.
(367) BRASIL. Decreto n. 678, de 6 de novembro de 1992. Convenção americana de Direitos Humanos. (1969). Disponível em:<http://www.planalto.gov.br/ccivil03/decreto/D0678.htm>. Acesso em: 31 dez. 2014.
(368) CIDH. O caso Baena consiste em demanda submetida a Comissão de Direitos Humanos: 'El 16 de enero de 1998 la Comisión Interamericana de Derechos Humanos (em adelante "la Comisión" o "la Comisión Interamericana") sometió ante la Corte una demanda contra la República de Panamá (en adelante "el Estado" o "Panamá") que se originó en una denuncia (No. 11.325) recibida en la Secretaría de la Comisión el 22 de febrero de 1994. En su demanda, la Comisión invocó los artículos 50 y 51 de la Convención Americana sobre Derechos Humanos (en adelante "la Convención" o "la Convención Americana") y los artículos 26 y siguientes del Reglamento. La Comisión sometió este caso con el fin de que la Corte decidiera si hubo violación, por parte de Panamá, de los artículos 1.1 (Obligación de Respetar los Derechos); 2 (Deber de Adoptar Disposiciones de Derecho Interno); 8 (Garantías Judiciales); 9 (Principio de Legalidad y de Retroactividad); 10 (Derecho a Indemnización); 15 (Derecho de Reunión); 16 (Libertad de Asociación); 25 (Protección Judicial), y 33 y 50.2 de la Convención, como resultado de los hechos ocurridos a partir del 6 de diciembre de 1990 y especialmente a partir del 14 de diciembre de dicho año [, fecha] en que se aprobó la Ley No.25, [con base en la cual] fueron arbitrariamente destituidos de sus cargos 270 empleados públicos que habían participado en uma manifestación por 2 reclamos laborales, a quienes se acusó de complicidad con una assonada militar. Posteriormente a[l despido arbitrario de dichos trabajadores], en el procedimiento de sus quejas y demandas[,] se cometieron en su contra uma sucesión de actos violatorios de sus derechos al debido proceso y [a] la protección judicial." Disponível em: www.corteidh.or.cr/docs/casos/.../Seriec_72_esp.pdf, acesso em 19 de abril de 2016.

la libertad de asociación, en matéria sindical, consiste basicamente em la facultad de constituir organizaciones sindicales y poner en marcha su estructura interna, actividades, e programa de áción, sin intervención de las autoridades públicas que limite o entorpezca el ejercício del respectivo derecho.[369], [370]

O Estado entendeu a Corte Interamericana de Direitos Humanos não pode criar embaraços ao exercício da liberdade sindical, assim como não pode limitar a ação sindical. Ademais tal preceito é um direito de todos independentes de qualquer restrição.

Ainda a respeito da parte final do artigo 16 da Convenção Americana de Direitos Humanos, tal compreende um direito e uma liberdade, ou seja, o direito de formar associações sem as restrições prescritas nos incisos 2º e 3º e a liberdade de toda pessoa a não ser obrigada a associar-se, liberdade ratificada no Protocolo de São Salvador, no artigo 8º [371] Nesse aspecto a Convenção apresenta a liberdade positiva, ou seja, o direito livre para associação e a liberdade negativa, que consiste na liberdade de não associar-se.

Ainda Alcalá prossegue citando a análise do Caso Baena, quando a Corte interamericana de Direitos Humanos entendeu que a Convenção Americana é clara no artigo 16, quando assinala que a liberdade de associação só pode sofrer as restrições previstas em lei estritamente necessárias a uma sociedade democrática, segurança nacional, a ordem pública, saúde e moral pública ou ainda aos direitos ou liberdade dos demais, logo no caso em tela concluiu pela violação a Direitos Humanos.[372] Não havendo justificativa à violação desse direito, constitui violação aos Direitos Humanos e atentado em face da Convenção Americana de Direitos Humanos, o que como no caso Baena pode ser submetido à Corte Interamericana de Direitos Humanos para apreciação, respeitados os requisitos para tal.

Nesse sentido é possível observar que na maioria dos casos examinados pelos órgãos do SIDH que as violações a Direitos Humanos partem de ações ou omissões de agentes públicos e unidades estatais, em que o desconhecimento do direito internacional dos Direitos Humanos é evidente.[373] A falta de concretização pelos Estados, assim como a falta de interesse, na maioria das vezes políticos, não deixam a efetivação de um estandarte mínimo de proteção à liberdade sindical se desenvolver.

Ademais "En el Sistema Interamericano los Derechos Humanos sólo pueden existir realmente en la Democracia y sólo puede haber Democracia cuando se respetan plenamente los Derechos Humanos".[374] [375] Sem o respeito aos Direitos Humanos não se pode falar em exercício da democracia e mais sem o exercício de liberdades fundamentais a Democracia não passa de uma máscara que fantasia temporariamente o ideário dos Direitos Humanos. Máscara essa que por vezes se apresenta na forma de textos legais, ou justificativos, que como, por exemplo, a fundamentação para a manutenção da unicidade sindical na Constituição de 1988, nos debates da Constituinte, o que será abordado na sequência. Em nome da manutenção do corporativismo os próprios sindicatos, sustentaram, sob a faceta de proteção ao trabalhador, a manutenção da unicidade.

As condições culturais exigidas pela Democracia requerem a erradicação do analfabetismo e uma capacidade geral de aceitação dos valores da dignidade humana, liberdade e convivência democrática.[376] O Artigo 29 da Convenção Americana de Direitos Humanos está clara ao dispor que a

---

(369) NOGUEIRA ALCALÁ, 2009, p. 567.
(370) A liberdade de associação em matéria sindical, consiste basicamente na faculdade de constituir organizações sindicais e por em prática sua estrutura interna, atividades e programas de ação, sem intervenção das autoridades públicas que limite ou atrapalhe o exercício do respectivo direito. (tradução livre da autora).
(371) NOGUEIRA ALCALÁ, *op. cit.*, p. 568.
(372) NOGUEIRA ALCALÁ, 2009, p. 570-572.
(373) ABREGÚ, Martín; ESPINOZA, Olga. La eficácia de la Comisión Interamericana de Derechos Humanos y la aplicación de sus de decisiones por los Estados Parte. In: ABRAMOCICH, Víctor; BOVINO, Alberto; COURTIS, Christian. (Comp.). **La aplicación de los Tratados sobre derechos humanos en el ámbito local**. La Experiência de una década. Ciudad Autónoma de Buenos Aires: Del Puerto; Buenos Aires: Centro de Estudios Legales y sociales – CELS, 2006. p. 191-214, p. 198.
(374) ESPIEL, Héctor Gros. Una reflexión sobre el sistema regional americano de protección de los derechos humanos. In: CAMPOS, Germán Bidart; PIZZOLO (h), Calogero. (Coord.). **Derechos humanos**: corte interamericana – opiniones consultivas, textos completos e comentarios. tomo I. Mendonza-Argentina: Ediciones Jurídicas Cuyo, 2000. p. 24.
(375) O sistema Interamericano de Direitos Humanos só pode existir realmente na democracia e só pode haver democracia quando se respeitam os Direitos Humanos no que tange aos Direitos Humanos. (tradução livre da autora).
(376) ESPIEL, 2000, p. 26.

interpretação da mesma deverá lograr o máximo de proteção aos direitos ali consagrados, assim como o artigo 29b proíbe a interpretação que limite o exercício dos direitos ali reconhecidos, com fundamento em qualquer legislação dos Estados partes ou ainda outro Tratado.

Segundo Oliva, parte da doutrina brasileira sustenta que os Tratados sobre Direitos Humanos ratificados anteriormente à Emenda Constitucional n. 45/2004 passam a gozar *status* de norma constitucional "e, portanto, o Pacto de São José da Costa Rica derrogaria os dispositivos constitucionais anteriores que com esse Tratado conflitam".[377] Por outro lado, segundo o mesmo autor, a outra corrente sustenta que por se tratar de cláusula pétrea, qualquer alteração do artigo 5º da CRFB seria inconstitucional, o que se assim não fosse haveria retrocesso social, vez que os parágrafos 1º e 2º seriam mais favoráveis à afirmação dos Direitos Humanos, do que a exigência de quórum especial, nos termos do parágrafo 3º[378]

Não obstante, ao lado dessa discussão a respeito da posição dos Tratados no ordenamento brasileiro, diariamente ao longo de décadas acontece a violação de Direitos Humanos no que tange à liberdade sindical. O Estado é incapaz, propositalmente, de resolver esse impasse, em visível descumprimento aos Direitos Humanos, e da mesma forma internalizou a referida Convenção.

Nesse aspecto "los derechos humanos constituyen, pues, la razón de ser del Estado de Derecho, siendo, éste la institucionalización jurídica de la democracia".[379] [380] O Estado como institucionalização jurídica da Democracia é o Estado que busca de forma rápida, eficiente e consciente a efetivação de medidas para proporcionar aos seus o pleno exercício de liberdades, direitos e garantias universais, no mínimo. Esse sim é um Estado comprometido com a Democracia e não um Estado comprometido com interesses particulares daqueles que no poder estão.

Ainda para Cançado Trindade, a respeito da necessidade de uma interpretação dinâmica ou evolutiva dos Tratados, os Tratados de Direitos Humanos são instrumentos vivos, que acompanham a evolução dos tempos e da sociedade em que se exercem os direitos protegidos.[381] Assim deve o Estado estar de prontidão para a Democracia, sendo assim a Democracia um instrumento vivo, que deve se movimentar a partir dos anseios sociais. A movimentação desses anseios é a atividade estatal com medidas de efetivação e instrumentalização, seja legislativa, executiva ou judiciária, para proporcionar a proteção a Direitos Humanos. A simples internalização de um instrumento internacional não é suficiente para garantir o seu cumprimento, este depende do comportamento do Estado, especialmente.

No que diz respeito à liberdade sindical a Corte Interamericana de Direitos Humanos ressaltou dimensões inseparáveis do direito à associação: individual e social. A dimensão individual não se esgota com o reconhecimento teórico do direito de formar sindicatos, mas compreende o direito à utilização de qualquer meio apropriado para exercer tal liberdade. Já da dimensão social resulta a permissão aos integrantes de uma coletividade laboral, alcançar determinados fins, para benefício conjunto.[382]

A respeito da atuação da CIDH, importante mencionar que há uma série de medidas judiciais cabíveis, não obstante por vezes há a necessidade de adoção de medidas de urgência para evitar maiores danos. Nesse aspecto se discute a possibilidade da adoção inclusive de medidas provisionais de caráter cautelar quando se trata da análise de um caso de violação à liberdade pessoal.[383] Tal assunto não será analisado nesta pesquisa.

Assim, percebe-se que embora o Brasil seja signatário da Convenção Americana de Direitos Humanos e esta seja um instrumento de proteção aos Direitos Humanos no que tange à liberdade

---

(377) OLIVA, Cláudio César Grizi. **Pluralidade como corolário da liberdade sindical**. São Paulo: LTr, 2011, p. 78.
(378) Ibid. p. 78-79.
(379) DIAZ, Elías. Democracia y estado de derecho. In: ASSÍS, Rafael de; BONDÍA, David; MAZA, Elena. (Coord.). **Los desafios de los derechos humanos hoy**. Tradução al castellano de: Francisco Javier Vela Santamaría. Madrid: Dynkinson, 2006. p. 131.
(380) Os Direitos Humanos constituem, pois, a razão de ser do Estado de Direito, sendo este a institucionalização jurídica da democracia. (tradução livre da autora).
(381) CANÇADO TRINDADE, 2006, p. 46-47.
(382) GIANIBELLI, Guilhermo. La libertad sindical en clave democrática. Hacia un nuevo paradigma en las relaciones laborales del seglo XXI. In: RAMIREZ, Luis Henrique. (Coord.). **Hacia una carta sociolaboral latinoamericana**. Montevideo: Editorial BdeF, 2011. p. 150.
(383) ULLOA, Francisco Palma; MUÑOZ, Andrés Nogueira. **Medidas provisionales en la corte interamericana de derechos humanos**. Santiago: Librotecnia, 2013. p. 242.

sindical, continua à margem. A inércia em resolver esse impasse concretiza os preceitos corporativistas trazidos ao longo da história de sua formação. Ademais os poderes, em especial o legislativo, não possuem eficiência a ponto de compreender a necessidade de uma medida rápida e eficaz no plano da liberdade sindical. Uma medida que supere os velhos conceitos e abra as portas ao cumprimento do conteúdo dos Tratados de Direitos Humanos, que por alguma razão o Brasil ratificou, ainda que sem a real intenção de cumprimento, como é o caso da Convenção Americana. Falta aos poderes públicos do Brasil uma cultura de reconhecimento e aplicação desses instrumentos.

2.1.5 Protocolo Adicional de São Salvador

O protocolo adicional de São Salvador de 1988 representou um ponto culminante de um movimento similar ao acontecido nas Nações Unidas e no sistema europeu em prol da proteção internacional mais eficaz dos direitos econômicos, sociais, e culturais. O protocolo estipulou inicialmente no artigo primeiro a obrigação das partes em adotar medidas internas e de cooperação internacional para dar plena efetividade aos direitos ali consagrados, representando tal pacto uma tímida e minimamente aceitável salvaguarda daqueles direitos.[384]

Destaque merece o fato de que

> o protocolo de San Salvador reconhece que os direitos essenciais do homem não derivam do fato de ser ele nacional de determinado Estado, mas sim do fato de ter como fundamento os atributos da pessoa humana, razão pela qual justifica uma proteção internacional, de natureza convencional, coadjuvante ou complementar da que oferece o direito interno dos Estados americanos.[385]

Importante mencionar que o Brasil internalizou o Protocolo Adicional de São Salvador, por meio do Decreto n. 3.321, em 30 de dezembro de 1999, sendo assim obrigado internacionalmente ao cumprimento do referido protocolo e suas disposições, vez que "o Protocolo Adicional à Convenção Americana sobre Direitos Humanos em Matéria de Direitos Econômicos, Sociais e Culturais, "Protocolo de São Salvador", concluído em 17 de novembro de 1988, em São Salvador, El Salvador, apenso por cópia a este Decreto, deverá ser executado e cumprido tão inteiramente como nele se contém".[386]

O Protocolo de São Salvador, por sua vez, logo no preâmbulo apresenta o dever dos Estados na efetivação da liberdade ao afirmar que "considerando que a Carta das Nações Unidas impõe aos Estados a obrigação de promover o respeito universal e efetivo dos direitos e das liberdades do homem".[387] O dever do Estado em promover o respeito universal dos direitos e garantias do ser humano e sua efetivação consistem na implementação de medidas internas, sejam elas medidas executivas para a concretização dos preceitos ali contidos, medidas legislativas, a fim de harmonizar a legislação interna e viabilizar o cumprimento dos Pactos, ou, ainda, quando os poderes acima se omitirem, cabe ao poder judiciário a aplicação e determinação de medidas concretas ao fiel cumprimento do conteúdo.

Nesse aspecto, no artigo 2º do referido instrumento consta o comprometimento expresso dos Estados Partes para assegurar o cumprimento integral do Pacto, inclusive com a adoção de medidas legislativas para garantir os Direitos nele enunciados, considerando sempre a proteção aos Direitos Humanos.[388] Ainda no artigo 8º do Protocolo de São Salvador consta que os Estados Partes se comprometem a garantir "o direito de toda pessoa de fundar com outras, sindicatos e de filiar-se ao sindicato de escolha, sujeitando-se unicamente aos estatutos da organização interessada, com o objetivo de promover e de proteger seus interesses econômicos e sociais". Só pode o direito ao exercício

---

(384) *Ibid.*, p. 109-111.
(385) STÜRMER, Gilberto. O direito do trabalho e ao trabalho no Brasil e o protocolo de San Salvador. In: CAVALCANTE, Jouberto de Quadros Pessoa; VILLATORE, Marco Antônio César; WINTER, Luís Alexandre Carta; GUNTHER, Luiz Eduardo. (Org.). **Direito internacional do trabalho e a organização internacional do trabalho**: um debate atual. São Paulo: Atlas, 2015. p. 59.
(386) Decreto n. 3.321/1999. Disponível em: <http://www.planalto.gov.br/ccivil_03/decreto/D3321.htm>. Acesso em: 1ºmar. 2015.
(387) BRASIL. Decreto n. 591, de 6 de julho de 1992. Pacto internacional de direitos econômicos, sociais e culturais. Disponível em: <http://www.planalto.gov.br/ccivil_03/decreto/1990-1994/D0591.htm>. Acesso em: 31 dez. 2014.
(388) BRASIL. Decreto n. 591, de 6 de julho de 1992. Pacto internacional de direitos econômicos, sociais e culturais. loc. cit.

da liberdade sindical sofrer restrições necessárias à proteção da segurança nacional, ordem pública ou ainda direitos e liberdades de outrem.[389]

O mesmo artigo ainda garante o direito à formação de federações e confederações nacionais "e o direito destas de formar organizações sindicais internacionais ou de filiar-se às mesmas". O referido pacto ainda assegura o direito dos sindicatos em exercer livremente suas atividades, sem limitações, além das previstas em lei e necessárias no exercício da democracia, motivo de segurança nacional, ordem pública ou proteção a direitos e liberdades das pessoas, devendo cada país regular o exercício da greve.[390]

Ainda o artigo 2º no inciso III do Protocolo de São Salvador menciona que

> nenhuma das disposições do presente artigo permitirá que os Estados Partes da Convenção de 1948 da Organização Internacional do Trabalho, relativa à liberdade sindical e à proteção do direito sindical, venham a adotar medidas legislativas que restrinjam – ou a aplicar a lei de maneira a restringir as garantias previstas na referida Convenção.[391]

Ainda, considerando que o Protocolo Adicional de São Salvador é parte integrante da Convenção Americana de Direitos Humanos, ao complementá-la, cumpre ressaltar que a possibilidade de condenação no caso de descumprimento, constante da DADH, também se aplica quando houver descumprimento do Protocolo Adicional de São Salvador.

Tal conteúdo em muito se parece ao conteúdo do Pacto de Direitos Civis e Políticos, assim como ao conteúdo do PIDESC, logo há uma convergência entre ambos, sendo que um reafirma o outro instrumento e ambos se complementam. Esclarecendo sempre que o PIDESC e o Pacto de Direitos Civis e Políticos são instrumentos de proteção elaborados pela ONU, enquanto que o Protocolo Adicional de São Salvador pertence ao sistema regional de proteção no sistema Americano – OEA.

Sob esse viés, importante a percepção de que "os Direitos Humanos constantes de ambos os Pactos, todavia, formam um conjunto uno e indissociável". A liberdade individual sem igualdade social é uma ilusão, assim como a igualdade social imposta em sacrifício aos direitos civis e políticos movimenta privilégios econômicos e sociais. O princípio da solidariedade é o fecho seguro do sistema de Direitos Humanos.[392]

Os referidos Pactos devem ser aplicados e concretizados como um conjunto de medidas que se completam formando um arsenal de proteção tanto aos direitos civis e políticos, quanto aos direitos econômicos, sociais e culturais, num verdadeiro círculo de proteção em que o elo que une é a proteção aos Direitos Humanos a todos os seres humanos, pelo simples fato de pertencer à espécie humana. A essência da proteção não está na nacionalidade, cultura, cor, religião ou qualquer outro atributo, mas sim na essência existencial da espécie, qual seja ser humano.

Aspecto interessante é mencionar que o Brasil livremente ratificou os referidos pactos, assim como há para os mesmos o reconhecimento formal de que a liberdade sindical é um direito civil e político que merece ações pelos Estados-membros e que tenham aderido à presente Convenção, para garantir o exercício pleno, sem admissão de escusas ao cumprimento. Aspecto esse em que o Brasil no que concerne a liberdade sindical não cumpre, ademais sob a pecha da unicidade enquanto conteúdo do texto da Constituição silencia-se no cumprimento de referidos direitos.

Assim, com base no conteúdo do artigo 8º do Protocolo de São Salvador bem como no conteúdo da Convenção Americana de Direitos Humanos no que concerne aos sistemas de controle e cumprimento do conteúdo das normas regionais de proteção aos Direitos Humanos, é possível sim que haja uma futura condenação do Brasil, vez que, ao ser demandado perante a Comissão Interamericana, não implemente a proteção à liberdade sindical, podendo tal situação chegar até a Corte Interamericana de Direitos Humanos.

---

(389) BRASIL. Decreto n. 591, de 6 de julho de 1992. Pacto internacional de direitos econômicos, sociais e culturais. loc. cit.
(390) BRASIL. Decreto n. 591, de 6 de julho de 1992. Pacto internacional de direitos econômicos, sociais e culturais. Disponível em: <http://www.planalto.gov.br/ccivil_03/decreto/1990-1994/D0591.htm>. Acesso em: 31 dez. 2014.
(391) BRASIL. Decreto n. 591, de 6 de julho de 1992. Pacto internacional de direitos econômicos, sociais e culturais. loc. cit.
(392) COMPARATO, 2011, p. 350.

A violação de Direitos Humanos pelo Brasil no que se refere aos Pactos é visível, ademais a liberdade para fundar, associar-se ou não a entidades sindicais de sua escolha é um direito a todos os seres humanos, conforme consta dos textos já expostos, direitos esses que são simplesmente sucumbidos em nome da interpretação dada ao artigo 8º, inciso II, da CRFB.

2.2 CONVENÇÕES DA OIT A RESPEITO DO SINDICALISMO E LIBERDADE SINDICAL

Outra fonte de proteção aos Direitos Humanos e especialmente no que tange ao tema específico, a liberdade sindical é a OIT. Esta como instituição de luta na promoção do Trabalho decente constitui a Organização Internacional de maior relevância nesse aspecto. Nesse viés, a pesquisa abordará os principais instrumentos de proteção à liberdade sindical e o posicionamento do Brasil.

Conforme já citado, a OIT foi instituída pelo Tratado de Versalhes de 1919, complementado posteriormente pela Declaração de Filadélfia, em 1944.[393] Nesse aspecto "as convenções da Organização Internacional do Trabalho possuem natureza de Tratados Internacionais multilaterais, estabelecendo normas obrigatórias àqueles Estados que as ratificarem".[394] Constituindo o instrumento mais importante decorrente da atuação da OIT e destinado a criar obrigações internacionais, sendo o acordo internacional discutido e votado pela Conferência da mesma.[395]

A intrínseca conexão entre Direito do Trabalho e dignidade da pessoa humana se dá pela necessidade de tutela jurídica das relações de emprego, como garantia de subsistência, integração social e emancipação coletiva, nos moldes do direito fundamental ao trabalho digno.[396] A liberdade de associação e o direito dos trabalhadores em se organizar é um direito mundialmente reconhecido, tanto que existe toda uma legislação e jurisprudência internacional, especialmente pela OIT. As normas fundamentais a respeito de liberdade sindical estão contidas na Constituição da OIT, que surge do Título XIII do Tratado de Versalhes, complementado com a declaração de Filadélfia em 1944.[397]

Nesse segmento, a função da OIT em matéria de liberdade sindical é a proteção à aplicação efetiva dos princípios gerais da liberdade sindical, que constitui uma das garantias essenciais à paz e justiça social.[398] A OIT se preocupou desde o início com a necessidade de assegurar normas e princípios básicos sobre liberdade sindical, que tenham vigência e validade para todos os Países-Membros, materializando-os via Convenções e Recomendações Internacionais.[399]

Assim, "alicerçada em preceitos da Declaração de Filadélfia, que se converteram em normas da sua Constituição, a OIT iniciou um amplo programa de cooperação técnica, com a finalidade de melhorar as condições sociais e econômicas dos países em desenvolvimento e tornar fértil o terreno para a semeadura das normas internacionais do trabalho".[400] A OIT se constituiu como um organismo especializado da sociedade e das nações e seu trabalho tem sido essencial para a universalização do Direito do Trabalho, na luta pelo impulso das justiças sociais e melhoria nas condições de vida e de trabalho pelo mundo.[401]

A função da OIT é essencialmente normativa, porém também cumpre importantes trabalhos de investigação e difusão, assim como de cooperação técnica, em especial desde a década de cinquenta como fruto da descolonização e nascimento de novas nações desenvolvidas que se incorporam ao organismo.[402] A OIT ao longo do tempo construiu um arcabouço de lutas e frentes de combate as mais

---

(393) GARCIA, 2014, p. 391.
(394) Ibid., p. 392.
(395) MANUS, Pedro Paulo Teixeira. **Direito do trabalho**. 15. ed. São Paulo: Atlas, 2014. p. 18.
(396) DELGADO, 2014, p. 63.
(397) ERRÁZURIZ, 2014, p. 557.
(398) ERRÁZURIZ, loc. cit.
(399) ROJO, 2010, p. 17.
(400) SILVA, 2011, p. 57.
(401) GAMONAL CONTRERAS, Sergio. **Fundamentos de derecho laboral**. 4. ed. Santiago: Legal publishing, 2014. p. 84-85.
(402) Ibid., p. 85.

diversas formas de degradação e exploração do ser humano no trabalho, assim como instrumento de concretização de Direitos Humanos via trabalho decente.

No que concerne à Constituição da OIT, conforme versa Delgado e Ribeiro, que define estrutura, funções e competências, assim como estabelece sua missão e mecanismos de cooperação internacional, a motivação, conforme consta do preâmbulo, "sustenta-se na defesa da justiça social com vistas a promover a paz duradoura, evitar a exploração de trabalhadores e a restituir a harmonia social".[403] Essa percepção constitui a convicção de que o trabalho decente, com respeito ao trabalhador é um fator de concretização e pacificação social.

Ademais, sob o viés da pesquisa, insta compreender que a associação constitui uma necessidade inerente à natureza humana e um direito primordial ao homem, que necessita agrupar-se, vez que a unidade significa multiplicação de poder, vez que o progresso da humanidade se produz paralelamente ao da associação.[404] Nesse assunto os instrumentos mais relevantes são: Convenção n. 87/1948, que trata da liberdade sindical e proteção do direito à sindicalização; Convenção n. 98/1949, a respeito do direito à sindicalização e negociação coletiva; Convenções que complementam as anteriores, quais sejam: Convenção n. 135/1971, sobre representantes sindicais; Convenção n. 141/1975, sobre organizações rurais; Convenção n. 151/1978, a respeito do direito à sindicalização e condições de trabalho na administração pública; e Convenção n. 154/1981, a respeito da promoção da negociação coletiva.[405]

A respeito da negociação coletiva, uma forma indiscutível de exercício da liberdade sindical, em particular a Convenção n. 154/1941, existe o dever dos Estados-membros em fomentar e fazer realidade o exercício.[406] O fomento da capacidade negocial coletiva se dá com o fornecimento de condições ao exercício pleno, assim como com garantias ao seu exercício e um dos instrumentos é a garantia da liberdade sindical, senão o mais importante dos instrumentos de fomento a negociação coletiva. Ressalte-se que a negociação coletiva é inerente ao exercício da liberdade sindical.

Nesse segmento, "essa notável proteção à dignidade da pessoa humana no trabalho é patrocinada pela OIT por meio de sua Constituição (1919), pela Declaração de Filadélfia (1944), pela Declaração sobre Princípios e Direitos Fundamentais do Trabalho (1998), entre outros diplomas jurídicos".[407]

Aspecto de importância é a percepção de que "a OIT tem sido relevante espaço para o estabelecimento de direitos individuais e coletivos trabalhistas de viés universal, o que vai ao encontro de sua proposta de interpretação extensiva de Direitos Humanos".[408]

A perspectiva pluridimensional de proteção ao trabalhador assegura a concretização da identidade social, autonomia e reconhecimento, o que contribui, em última instância, para a inclusão social e coletiva do trabalhador.[409] As dimensões de proteção ao trabalhador proporcionam diversas alterações no contexto social, quando há o desempenho do trabalho em condições dignas. A pessoa do trabalhador terá melhores condições de vida e saúde, assim como poderá proporcionar à família as mesmas condições. Esse trabalhador terá o desenvolvimento de suas subjetividades e mais, conterá motivação para o desenvolvimento de seus direitos civis, políticos, sociais e culturais.

Tais direitos refletem em toda a sociedade, causando efeitos também positivos, como a pacificação social e melhores condições de convívio social, livre da violência e de atrocidades causadas pela desestruturação humana no trabalho. A coletividade receberá os reflexos do bem-estar do trabalhador no exercício do labor. A compreensão dos reflexos do trabalho nas mais diferentes dimensões sociais comporta a inclusão da OIT como instrumento de pacificação social e concretização da Democracia.

Nesse viés a respeito das Convenções n. 87 e n. 98 da OIT se percebe que "o núcleo dessas Convenções Internacionais é o ser coletivo, ou seja, o sindicato e sua importância para a democratização das relações de trabalho".[410] O sindicato como espaço deliberativo e até mesmo espaço de proteção supera as expectativas individuais, e o trabalhador poderá por intermédio desse ente se desenvolver, reivindicar e colaborar com melhorias no ambiente de trabalho.

---

(403) DELGADO, 2014, p. 70.
(404) ERRÁZURIZ, 2014, p. 561.
(405) ROJO, 2010, p. 17-18.
(406) *Ibid.*, p. 20.
(407) DELGADO, 2014, p. 70.
(408) *Ibid.*, p. 71.
(409) DELGADO, loc. cit.
(410) SANTOS, 2014a, p. 411.

A participação do trabalhador é a abertura para a democratização das relações de trabalho com a promoção da participação de todos na construção de medidas para promover diariamente o trabalho decente dentro das organizações. Nesse aspecto, passa-se à análise dos instrumentos de proteção e promoção da liberdade sindical como espaço deliberativo laboral e a posição do Brasil em cada instrumento.

2.2.1 Internacionalização dos Direitos Humanos e a Declaração de Filadélfia

Aqui, necessário se faz compreender a organização dos Tratados e a forma como ingressam no ordenamento jurídico brasileiro, assim como as normas que regem os Tratados, o que se denomina "Direito dos Tratados". Neste item far-se-á a abordagem da Declaração de Filadélfia e da Convenção de Viena como instrumentos que dispõem a respeito do Direito que rege os Tratados Internacionais, assim como os Tratados em matéria de Direitos Humanos. Ainda, uma vez que a OIT foi criada pelo Tratado de Versalhes, necessário se faz compreender esse contexto também.

Nesse aspecto, imprescindível mencionar que "o Direito Humanitário, a Liga das Nações e a Organização Internacional do Trabalho situam-se como os primeiros marcos do processo de internacionalização dos Direitos Humanos". Ainda nesse segmento, para tal foi necessário redefinir o âmbito e o alcance do tradicional conceito de soberania estatal, sob o viés do argumento de legítimo interesse internacional e ainda a redefinição do indivíduo, agora como sujeito de Direito Internacional.[411]

Aspecto relevante é a percepção pelos dirigentes da Liga das Nações, quanto aos perigos decorrentes das péssimas condições de vida a que era submetida a maior parte da população, ou seja, ficou claro ao mundo que o povo submetido a condições desumanas, ou subumanas, torna-se vulnerável e massa de manobra de políticos e governantes mal-intencionados.[412] Assim a Liga das Nações veio para reforçar a necessidade de relativização da soberania dos Estados, criada após a primeira Guerra Mundial, possuía a finalidade de promover cooperação, paz e segurança internacional, com previsões genéricas, inicialmente, a respeito de Direitos Humanos.[413] A OIT foi criada pelo Tratado de Versalhes em 1919, que no item XIII estabeleceu diretrizes para a criação da OIT, pautada na paz, na justiça social e na melhoria das condições de vida e de trabalho das pessoas, estabeleceu regras de funcionamento, organização, assim como instituição da Primeira Conferência Internacional.[414]

Importante ferramenta é a Declaração de Filadélfia, que é o instrumento aprovado quando da 26ª reunião da Conferência em Filadélfia, em 1944, para elaboração da Constituição da Organização Internacional do Trabalho, que atualmente possui como texto em vigor o conteúdo aprovado na 29ª reunião em Montreal-1946.[415]

Formidável compreender que "a Constituição e a Declaração de Filadélfia são os documentos considerados fundadores dos princípios da OIT". Em 1944, sob influência da depressão e da segunda grande guerra, a OIT adotou a declaração de Filadélfia como anexo de sua Constituição e ela serviu de modelo para a Carta das Nações Unidas e Declaração Universal dos Direitos Humanos.[416]

A declaração de Filadélfia, no preâmbulo, tece considerações de primordial relevância ao Trabalho, ademais considera a degradação do trabalho uma ameaça à paz e à harmonia universal,

---

(411) PIOVESAN, 2012a, p. 177.
(412) SCABIN, Roseli Fernandes. A importância dos organismos internacionais para a internacionalização e evolução do direito do trabalho e dos direitos sociais. In: CAVALCANTE, Jouberto de Quadros Pessoa; VILLATORE, Marco Antônio César; WINTER, Luís Alexandre Carta; GUNTHER, Luiz Eduardo. (Org.). **Direito internacional do trabalho e a organização internacional do trabalho**: um debate atual. São Paulo: Atlas, 2015. p. 3.
(413) PIOVESAN, 2012a, p. 178-179.
(414) TRATADO DE VERSALHES. (1919). Disponível em: <http://fama2.us.es/fde/ocr/2006/TratadoDeVersalles.pdf>. Acesso em: 30 dez. 2014.
(415) OIT BRASIL. Constituição da Organização Internacional do Trabalho (OIT) e seu Anexo. (Declaração de Filadélfia). p. 1. Disponível em: <http://www.oitbrasil.org.br/sites/default/ files/topic/decent_work/doc/constituicao_ oit_538.pdf>. Acesso em: 8 nov. 2014.
(416) OIT Brasil. Promovendo o trabalho decente. Constituição OIT e Declaração de Filadélfia. Disponível em: <http://www.oitbrasil.org.br/content/constitui%C3%A7%C3%A3o-oit-e-declara%C3%A7% C3%A3o-de-filad%C3%A9lfia>. Acesso em: 8 nov. 2014.

ressaltando a importância da promoção de melhorias nas condições de trabalho, assim como a promoção do trabalho decente e a afirmação do princípio de liberdade sindical.[417] A fundação da OIT já possui como preceito fundamental o princípio da liberdade sindical como um dos pilares da própria formação da OIT, o que acontece em função da relevância do desenvolvimento da liberdade sindical para a melhoria e implementação dos demais princípios de ordem mundial.

A declaração de Filadélfia denomina quanto aos fins e objetivos da OIT, fixando como sendo seus princípios fundamentais a ideia de que o trabalho não é mercadoria; a penúria como risco a prosperidade em geral; assim como as lutas contra a carência, preservação e exercício da Democracia participativa, em prol do bem comum. Ainda de grande importância na presente, o reconhecimento de que "a liberdade de expressão e de associação é uma condição indispensável a um progresso ininterrupto".[418]

O reconhecimento do direito ao exercício da Liberdade Sindical e associativa como instrumentos indispensáveis à progressividade e continuidade do crescimento sustentável e pautado em interesses sociais e solidários, como princípios estruturadores da OIT, elevam a liberdade sindical a Direitos Humanos, o que acontece com a Declaração Universal dos Direitos Humanos em 1948.

A percepção de um Estado Social e adequado ao desenvolvimento humano, pautado em solidariedade, só é possível quando as pessoas podem livremente exercer a liberdade, em especial a liberdade sindical, que consiste no exercício da promoção e união de forças em prol de interesses coletivos, demonstra a importância do investimento nas liberdades coletivas como instrumentos de pacificação social.

Numa concepção política todos os trabalhadores partilham da mesma luta por melhores condições e igualdade real e não apenas formal. O que para obter êxito "os trabalhadores têm que se organizar em sindicatos e partidos políticos que pugnem por esses objetivos".[419] Ainda, na Declaração de Filadélfia, consta que é obrigação da OIT auxiliar as Nações Unidas na execução de programas no mundo que visem a melhorar as condições de vida a todos e o desenvolvimento de habilidades profissionais.

Consagra a Conferência ainda a obrigação da OIT na promoção de programas de investimento em capacitação profissional e remuneração digna e adequada ao desenvolvimento humano, e mais uma vez apresenta como obrigação "assegurar o direito de ajustes coletivos, incentivar a cooperação entre empregadores e trabalhadores para melhoria contínua da organização da produção e a colaboração de uns e outros na elaboração e na aplicação da política social e econômica".[420] Ademais a Declaração de Filadélfia, anexada à Constituição da OIT, versa a respeito dos objetivos e fins dessa instituição e os princípios que a norteiam e inspiram as políticas de seus membros enfatiza que o trabalho não é uma mercadoria e reforça a confiança no tripartismo, aludindo a Direitos Fundamentais a liberdade de expressão, liberdade de associação e igualdade de oportunidades.[421]

A cooperação entre trabalhadores e empregadores em busca de objetivos comuns, além de promover o fortalecimento da classe operária, propõe a instrumentalização de institutos como o direito a greve, o direito a demandas coletivas para fins comuns, a segurança de um intermediador nas relações laborais, entre outros instrumentos de relevância.

Para Ebert, com a Declaração de Filadélfia houve a internacionalização da proteção à liberdade sindical, que ganhou impulso "pelo qual o referido organismo supranacional definiu uma nova linha de atuação pautada pelo humanismo, com vistas à obtenção do bem-estar material dos indivíduos por meio do labor".[422] A Declaração de Filadélfia ainda apresenta como obrigação da OIT e de seus países membros a efetivação dos direitos ali contidos, em especial os princípios fundamentais. Sob pena de

---

(417) OIT BRASIL. Constituição da Organização Internacional do Trabalho (OIT) e seu Anexo. (Declaração de Filadélfia). p. 2-3. Disponível em: <http://www.oitbrasil.org.br/sites/default/ files/topic/decent_work/doc/constituicao_ oit_538.pdf>. Acesso em: 8 nov. 2014.
(418) OIT BRASIL. Constituição da Organização Internacional do Trabalho (OIT) e seu Anexo. (Declaração de Filadélfia). p. 19-20. Disponível em: <http://www.oitbrasil.org.br/sites/default/ files/topic/decent_work/doc/constituicao_ oit_538.pdf>. Acesso em: 8 nov. 2014.
(419) EDWARD, Webster; LAMBERT, Rob. Emancipação social e novo internacionalismo operário: uma perspectiva do sul. Tradução de: António Calheiros. In: SOUSA SANTOS, Boaventura. (Org.). **Trabalhar o mundo**: os caminhos do novo internacionalismo operário. Rio de Janeiro: Civilização Brasileira, 2005. p. 87.
(420) OIT BRASIL. Constituição da Organização Internacional do Trabalho (OIT) e seu Anexo. (Declaração de Filadélfia). op. cit, p. 20-21.
(421) GAMONAL CONTRERAS, 2014, p. 87-90.
(422) EBERT, 2007, p. 26.

medidas para promover a concretização dos direitos e Garantias Fundamentais a todos os seres humanos[423], o que no caso em tela atinge efetivamente o Brasil, que é signatário da OIT. Logo, não pode se escusar do cumprimento dos preceitos ali contidos.

A Declaração de Filadélfia impõe à OIT uma série de atos concretos como buscar o pleno emprego, elevar o nível de vida, promover formação profissional, estabelecer justa distribuição de renda, salário mínimo eficiente, fomentar a negociação coletiva, extensão de seguridade, tutela da saúde dos trabalhadores, da infância e das mulheres.[424] Nesse aspecto, importante compreender que a OIT é a responsável pela elaboração e aplicação das normas internacionais do trabalho, sendo a de maior relevância as Convenções, que uma vez ratificadas por decisão soberana de um país, integram o ordenamento jurídico. "O Brasil está entre os membros fundadores da OIT e participa da Conferência Internacional do Trabalho desde sua primeira reunião".[425]

Não há dúvidas de que o Brasil, uma vez membro, desde a fundação da OIT, possui o dever de não só se empenhar no cumprimento dos preceitos contidos na Declaração de Filadélfia, assim como das Convenções que ratificar. A Declaração de Filadélfia é parte integrante do Tratado de Versalhes que instituiu a OIT e uma vez que o Brasil aderiu ao Tratado de Versalhes se submete à citada Declaração.

No que concerne à hierarquia e aplicabilidade dos Tratados, importante a análise da Convenção de Viena sobre Direitos dos Tratados de 1969, promulgada pelo Brasil via Decreto n. 7.030 em 14 de dezembro de 2009, com reserva quanto aos artigos 25 e 66. *A priori*, a Convenção de Viena se apresenta "constatando que os princípios do livre consentimento e da boa fé e a regra *pacta sunt servanda* são universalmente reconhecidos"[426], ou seja, vigem entre os países de um modo geral tais preceitos. (grifo no original). Nesse ínterim o preâmbulo da Convenção de Viena de 1969 "reflete o processo histórico de criação daquele dispositivo e representa um alinhamento axiológico aos valores fundantes do sistema das Nações Unidas".[427]

Importante mencionar que o princípio *Pacta sunt servanda* é uma regra independente de Tratado internacional, sendo a consequência moral internacional, uma vez que se trata de uma regra preexistente e reconhecida no preâmbulo da Convenção de Viena 1969, conforme afirma Cabra. Ainda, para o mesmo autor, o princípio da boa fé "és un princípio "ético y derecho, que se impone a los Estados, independentemente de toda convención".[428], [429] Na presente importância possui a afirmação de vigência dos referidos princípios, ademais se o pactuado faz lei entre as partes, não há dúvidas quanto à necessidade e boa fé no cumprimento dos Tratados que cada nação vier a internalizar, uma vez que livremente optou ou não pela internalização do instrumento.

Nessa senda a boa fé é o princípio mais fundamental do direito dos Tratados, este sem sentido sem a prévia obrigação de respeito aos acordos, sendo a Convenção de Viena uma "metanorma", constituindo um imperativo aos destinatários, de expressão inclusive no preâmbulo da Carta das Nações Unidas.[430] Assim a boa fé, no que diz respeito ao conteúdo da Convenção de Viena, trata-se de um princípio fundamental, logo ultrapassa o conteúdo do *Pacta sunt Servanda*, vez que estabelece o dever de fidelidade aos compromissos assumidos, e a ninguém é dado o direito de se valer da própria torpeza em direito. Logo, a boa fé trata-se de uma regra imperativa que impõe um comportamento adequado, não se tratando de mero valor moral e desprovido de eficácia normativa.[431]

---

(423) OIT BRASIL, *op. cit.*, p. 1-21.
(424) GAMONAL CONTRERAS, *op. cit.*, p. 90-91.
(425) OIT BRASIL. História. Disponível em: <http://www.oitbrasil.org.br/content/hist%C3%B3ria>. Acesso em: 8 nov. 2014.
(426) Decreto n. 7.030/2009; Convenção de Viena. Disponível em: <http://www.planalto.gov.br/ccivil_03/_Ato2007-2010/2009/Decreto/D7030.htm>. Acesso em: 9 nov. 2014.
(427) MUZZI, Carolina Laboissiere; AMARAL, Júlia Soares; CARDOSO, Loni Melillo. **A Convenção de Viena sobre direito dos Tratados.** (1969). Curitiba: Juruá, 2013. p. 24.
(428) MONROY CABRA, Marco Gerardo. **Derecho de los Tratados.** 2. ed. rev. e ampl. Santa Fé de Bogotá: Editorial Leyer, 1995. p. 91-92.
(429) "És um princípio ético e direito, que impõe aos Estados, independentemente de toda Convenção". (Tradução livre da autora)
(430) MACEDO, Paulo Emílio Vauthier Borges de. Pacta sunt servanda – Todo Tratado em vigor obriga as partes e deve ser cumprido por elas de boa fé. In: SALIBA, Aziz Tuffi. (Aut. e Org.). **Direito dos Tratados:** comentários à convenção de Viena sobre o direito dos Tratados (1969). Belo Horizonte: Arraes Editores, 2011. p. 181.
(431) MACEDO, 2011, p. 182-189.

A primazia do ordenamento internacional repousa num fundamento moral. Além disso, nenhum Estado pode pretender se desvincular unilateralmente das obrigações contraídas com os demais Estados.⁽⁴³²⁾ Para não restar dúvidas, a Convenção de Viena, no artigo 2º, alínea "b", define que ""ratificação", "aceitação", "aprovação" e "adesão" significam, conforme o caso, o ato internacional assim denominado pelo qual um Estado estabelece no plano internacional o seu consentimento em obrigar-se por um Tratado"⁽⁴³³⁾.

Tal aspecto esclarece quanto à obrigação de um país após o livre consentimento em cumprir determinado Tratado, assim proceder no contexto interno, sob pena de violação ao princípio da boa fé, *pacto sunt servanda,* além de caracterização à violação a normas internacionais. O artigo 11 da Convenção de Viena esclarece que o consentimento de um Estado em obrigar-se ao cumprimento de um Tratado pode acontecer "pela assinatura, troca dos instrumentos constitutivos do Tratado, ratificação, aceitação, aprovação ou adesão, ou por quaisquer outros meios, se assim acordado".⁽⁴³⁴⁾

Ainda nesse mesmo sentido e de forma esclarecedora o artigo n. 27 da Convenção de Viena, referente ao Direito dos Tratados, afirma que um Estado não pode invocar disposições de direito interno para justificar o inadimplemento de um Tratado.⁽⁴³⁵⁾ A adesão ao Tratado é um ato voluntário eivado de consciência, respeito e principalmente boa fé, logo, após a internalização, não pode a nação em função de outros interesses, não existente quando da adesão, invocar o direito interno como subterfúgio para o descumprimento do Tratado.

Cançado Trindade expõe a respeito dessa liberdade para incorporação dos Tratados e o dever de cumprimento, o que está mais explícito ainda quando se trata de Tratados de Direitos Humanos, e afirma que uma vez incorporados os Tratados de Direitos Humanos os Estados já não podem invocar a soberania em sua acepção absoluta no plano internacional, como elemento interpretativo dos Tratados. Assim como da mesma forma não podem os Estados invocar "dificuldades de orden constitucional o internas para intentar justificar el no cumprimento de sus obrigaciones convencionales"⁽⁴³⁶⁾, sendo este segundo o mesmo autor, um princípio fundamental do direito de responsabilidade internacional dos Estados. Sendo os Tratados de Direitos Humanos obrigações de caráter essencialmente objetivo, logo devem ser garantidas e implementadas coletivamente, vez que com conteúdo de ordem pública, logo transcendem os interesses individuais, sempre com o objetivo de assegurar a proteção a Direitos Fundamentais do ser humano.⁽⁴³⁷⁾

Ainda, nesse aspecto Cançado Trindade afirma que não se pode passar despercebido que "los propios preâmbulos de las convenciones de Viena sobre Derecho de los Tratados de 1969 y de 1986 contienen una afirmación del principio del respecto y observancia universales de los derechos humanos".⁽⁴³⁸⁾, ⁽⁴³⁹⁾ Os Tratados são por excelência a expressão de consenso, conforme versa o artigo 52 da Convenção de Viena, sendo nulo o Tratado se a aprovação for obtida mediante ameaça ou uso da força, em violação a princípios de Direito Internacional consagrados na carta da ONU.⁽⁴⁴⁰⁾

Oportuno o esclarecimento de que, diversamente dos Tratados internacionais tradicionais, os Tratados de Direitos Humanos não visam a estabelecer equilíbrio entre Estados, mas garantir o exercício de Direitos e liberdades fundamentais mínimas aos indivíduos.

Os parâmetros, portanto, são mínimos, cabendo aos Estados situar-se para além desses parâmetros, jamais aquém deles.⁽⁴⁴¹⁾ Nesse ínterim se pode "concluir que os Tratados de Direitos Humanos passam a ser aplicáveis na Ordem jurídica brasileira no mesmo instante em que entram em vigor na

---

(432) BOGGIANO, 2001, p. 67.
(433) Decreto n. 7.030/2009; Convenção de Viena. Disponível em: <http://www.planalto.gov.br/ccivil_03/_Ato2007-2010/2009/Decreto/D7030.htm>. Acesso em: 9 nov. 2014.
(434) Decreto n. 7.030/2009; Convenção de Viena. loc. cit.
(435) Decreto n. 7.030/2009; Convenção de Viena. loc. cit.
(436) "Dificuldades de ordem constitucional ou internas para intentar justificar o não cumprimento de suas obrigações convencionais". (tradução livre da autora).
(437) CANÇADO TRINDADE, 2006, p. 22-25.
(438) *Ibid.*, p. 27-28.
(439) Os próprios preâmbulos da Convenções de Viena sobre direitos dos Tratados de 1969 e 1986 contém uma afirmação de princípio de respeito e observância universais dos Direitos Humanos". (tradução livre da autora).
(440) PIOVESAN, 2012a, p. 102.
(441) *Ibid.*, p. 227.

esfera internacional, ou seja, no momento da ratificação ou no momento em que forem cumpridas as exigências das cláusulas finais, dispensando até mesmo o decreto presidencial de promulgação, exigido para os Tratados em geral".[442]

Assim, após a análise do artigo 30 da Convenção de Viena e do artigo 103 da Carta da ONU, é possível compreender que "ao lado da Carta da ONU, a Convenção de Viena de 1969 também erigiu as normas de *jus cogens* a um patamar superior ao dos demais Tratados." (destaque do autor).[443] Nesse aspecto, importante perceber a construção da institucionalização dos Direitos Humanos, no contexto internacional e a participação da OIT como uma das precursoras nesse processo histórico.

Ainda sob o enfoque da liberdade sindical percebe-se um preceito presente desde o surgimento da instituição na forma de um princípio maior e fundamental, com dever de promoção pelos Estados em geral. Assim, uma vez situados os instrumentos internacionais no contexto do Direito dos Tratados, passa-se à análise de alguns instrumentos de primordial importância para a pesquisa.

2.2.2 Convenção n. 87/1948 da OIT

A análise da Convenção n. 87 da OIT é de todo imprescindível, ainda que o Brasil não a tenha ratificado. O *status* ocupado por esse instrumento no ordenamento jurídico internacional produz reflexos no Brasil, independentemente da sua adoção.

Dada a importância da liberdade sindical e a ausência de norma específica a respeito do tema pela OIT, após inúmeras discussões o conselho econômico e Social das Nações Unidas, em 1947, requereu a Conferência Internacional para inclusão na ordem do dia o tema liberdade sindical. Nesse aspecto foi aprovada a Resolução, naquele mesmo ano, prefácio do conteúdo das Convenções n. 87 e n. 98.[444] Assim, "em 1948 foi editada a Convenção n. 87 da Organização Internacional do Trabalho, denominada "Convenção sobre a liberdade sindical e a proteção ao direito de sindicalização"".[445]

Apesar de não conter na Convenção n. 87/1948 os pressupostos de incidência, o Comitê de Liberdade Sindical entendeu como premissa para a aplicação das normas da OIT a plena vigência dos direitos civis e políticos, nos termos do verbete 34, com garantia de um sistema democrático e que respeite os Direitos Humanos fundamentais.[446] Assim "o artigo 2º da Convenção n. 87 assegura o direito de trabalhadores e entidades patronais", sem distinções e sem autorização prévia, a constituírem organizações livremente, assegurando o direito à liberdade de associação. Tal dispositivo é a consagração do direito fundamental à liberdade sindical, em que todos os trabalhadores têm o direito a organizar-se em sindicatos, na forma que melhor lhes convier.[447] Direito esse que a Convenção n. 87 também assegura aos empregadores.[448]

Ainda no que diz respeito às formas de organização e atuação do sindicato, a convenção veda qualquer intervenção pelo Estado que impeça ou limite o exercício dessa liberdade.[449] A atuação dos sindicatos deve ser livre e pautada em preceitos de solidariedade e promoção de melhorias nas condições de trabalho e vida dos trabalhadores. A intervenção configura violação ao direito de exercício à liberdade sindical e até mesmo pode ser compreendida como ato antissindical, assunto que não será aprofundado nesta pesquisa.

A respeito da Convenção n. 87/1948 da OIT, extraordinário destacar que "nunca foi adotada pelo Brasil, sendo o país um dos poucos membros da OIT e o único da América do Sul que ainda

---

(442) RAMINA, Larissa. **Direito internacional convencional**: Tratados em geral, Tratados em matéria tributária e Tratados de Direitos Humanos. Ijuí: Unijuí, 2006. p. 83-84.
(443) MAZZUOLI, 2014b, p. 284-285.
(444) SILVA, 2011, p. 142-143.
(445) PAMPLONA FILHO, 2013, p. 76.
(446) SILVA, 2011, p. 143.
(447) *Ibid.*, p. 144-145.
(448) *Ibid.*, p. 145.
(449) GIUGNI, Gino. **Direito sindical**. Colaboração de: Pietro Curzio e Mario Giovanni Girofalo. Tradução de: Eiko Lúcia Itioka. São Paulo: LTr, 1991. p. 48.

não adotou essa providência".⁽⁴⁵⁰⁾ Embora a mensagem do poder Executivo destinada ratificação da Convenção n. 87 da OIT foi enviada pelo Brasil em 1949, desde então tramitando no Senado Federal⁽⁴⁵¹⁾.

Ressalte-se que, com base no artigo 5º, XVII da Constituição de 1988, é assegurada a plena liberdade de associação para fins lícitos. Nesse aspecto se inclui a liberdade para criar e instituir sindicatos, que decorre desse direito fundamental à liberdade. Logo, não há qualquer incompatibilidade com o ordenamento interno, a criação de sindicatos, inclusive a prevista na Convenção n. 87 da OIT. A limitação imposta pelo artigo 8º da CRFB se refere ao registro perante o Ministério do Trabalho e Emprego.⁽⁴⁵²⁾

Ainda com relação à Convenção em questão, importante esclarecer que ela assegura o exercício da liberdade positiva, que se refere ao direito de fundar, associar-se e participar da vida e atividades sindicais, assim como a liberdade negativa, que se constitui na liberdade de não aderir a um ou vários sindicatos.⁽⁴⁵³⁾ Ainda o artigo 3º da Convenção n. 87 apresenta a denominada autonomia sindical, que assegura às organizações de trabalhadores e entidades sindicais o direito à elaboração de estatutos e regulamentos administrativos, assim como a liberdade para eleição de representantes, organização e gestão sindical.⁽⁴⁵⁴⁾

A liberdade sindical não se restringe ao direito de associar-se ou não, mas também à liberdade para gestão e organização da entidade sindical, na forma e da maneira que melhor lhes convier, assim como a liberdade para a organização de lutas e reuniões para demandar melhorias. Neste aspecto, a Convenção n. 87 é autoexecutável, o que a difere da Convenção n. 98, em que se discute sua eficácia imediata, sendo que aquela estabelece a liberdade sindical positiva e liberdades coletivas, de representação, gestão e organização sindical.⁽⁴⁵⁵⁾

A respeito da Convenção n. 87/1948 da OIT, considerando que se trata de uma das Convenções fundamentais "pelo menos seus princípios devem ser obrigatoriamente observados" pelo Brasil, já que este é país membro da OIT, permitindo a releitura de diversos artigos da CLT.⁽⁴⁵⁶⁾ A respeito do tema, Stürmer afirma que a Emenda Constitucional n. 45/2004 apresentou oportunidade jurídica ímpar à implementação da liberdade sindical no Brasil, com o reconhecimento dos Tratados de Direitos Humanos com equivalência a emendas constitucionais, desde que respeitado o procedimento especial para aprovação de emendas. Para o autor, "havendo vontade política para sustentar a questão formal, o *status* de emenda constitucional abriria portas para o pluralismo sindical, o fim do enquadramento, da contribuição compulsória e do poder normativo".⁽⁴⁵⁷⁾

Nesse aspecto, uma vez que a Convenção n. 87/1948 da OIT seja elevada a preceito fundamental, conforme se verá na sequência, caberá ao Brasil respeitar os preceitos nela contidos independentemente de ratificação. Tal quadro, havendo vontade política, como bem colocou o autor acima, superaria esse dilema que impacta negativamente na vida e desenvolvimento do trabalho decente no Brasil.

2.2.3 Convenção n. 98/1949 da OIT

Este tópico abordará a Convenção n. 98 da OIT e o posicionamento do Brasil perante esse instrumento. A Convenção n. 98 da OIT, conforme demonstra Garcia, foi aprovada na 32ª Conferência

---

(450) PAMPLONA FILHO, 2013, p. 76.
(451) RÍOS, Alfredo Villavicencio. **A liberdade sindical nas normas e pronunciamentos da OIT**: sindicalização, negociação coletiva e greve. Tradução de: Jorge Alberto Araújo. São Paulo: LTr, 2011. p. 8.
(452) SANTOS, 2014, p. 412-413.
(453) SILVA, 2011, p. 147.
(454) *Ibid.*, p. 150.
(455) GAMONAL CONTRERAS, 2011, p. 69.
(456) VIANA, Márcio Túlio. Sindicato e trabalhador: a flexibilidade por meio do sujeito. In: DELGADO, Gabriela Neves; PEREIRA, Ricardo José Macêdo de Britto. (Coord.). **Trabalho, Constituição e cidadania**: a dimensão coletiva dos direitos sociais trabalhistas. São Paulo: LTr, 2014. p. 295.
(457) STÜRMER, Gilberto. Liberdade sindical como direito fundamental na Constituição da República de 1988. In: GUNTHER, Luiz Eduardo; MANDALOZZO, Silvana Souza Netto. (Coord.). BUSNARDO, Juliana Cristina; VILLATORE, Marco Antônio César. (Org.). **25 anos da Constituição e o direito do trabalho**. Curitiba: Juruá, 2013. p. 260.

Internacional do Trabalho, em Genebra, em 1949, entrando em vigor no plano internacional em 18 de julho de 1951. Tal aprovação aconteceu após a adoção de diversas proposições relativas à aplicação dos "princípios do direito de organização e de negociação coletiva".[458]

O artigo 1º da Convenção n. 98/1949, ratificada pelo Brasil e promulgada pelo Decreto 33.196/1953, versa que "os trabalhadores deverão gozar de proteção adequada contra quaisquer atos atentatórios à liberdade sindical em matéria de emprego".[459] O artigo em questão trata dos atos antissindicais, ou seja, a condutas que afrontam o exercício regular da atividade sindical e a liberdade de associação em geral.[460] Insta pensar que o Brasil, ao lutar pela manutenção do sistema atual, está em total contrariedade a tais dispositivos, assim como atua contraditoriamente aos preceitos democráticos e de promoção ao trabalho decente.

O artigo 2º da Convenção n. 98/1949 versa que

> as organizações de trabalhadores e de empregadores deverão gozar de proteção adequada contra quaisquer atos de ingerência de umas e outras, quer diretamente quer por meio de seus agentes ou membros, em sua formação, funcionamento e administração.

O direito a proteção em face de intervenções ou ingerências é conteúdo da referida Convenção. Neste aspecto é claro o direito ao livre exercício das atividades e procedimentos inerentes as organizações de trabalhadores, tanto no funcionamento, quanto na liberdade para administração. Ainda o inciso II do artigo 2º assegura a identificação dos atos de ingerência e

> medidas destinadas a provocar a criação de organizações de trabalhadores dominadas por um empregador ou uma organização de empregadores, ou a manter organizações de trabalhadores por outros meios financeiros, com o fim de colocar essas organizações sob o controle de um empregador ou de uma organização de empregadores.[461]

Interessante reiterar que, no Brasil, a liberdade de filiação sindical, especificamente, é assegurada no artigo 8º, inciso V, da Constituição de 1988, remontando à liberdade de associação, conforme previsão do artigo 5º, inciso XVII.[462] Ainda o artigo 4º da Convenção n. 98 versa que

> deverão ser tomadas, se necessário for, medidas apropriadas às condições nacionais, para fomentar e promover o pleno desenvolvimento e utilização dos meios de negociação voluntária entre empregadores ou organizações de empregadores e organizações de trabalhadores com o objetivo de regular, por meio de convenções, os termos e condições de emprego.[463]

Nesse aspecto, segundo Garcia, a respeito do artigo 4º da Convenção n. 98/1949 da OIT, o objetivo é fomentar a negociação coletiva, considerada a forma mais adequada de solução de conflitos coletivos de trabalho, podendo originar convenções e acordos coletivos.[464] Insta pensar na atuação do Brasil para o fomento da negociação coletiva, em quais seriam os atos que incentivam essas negociações? Na realidade, com a negação da pluralidade sindical, não se pode visualizar medidas concretas de promoção à negociação coletiva. A sensação que se tem é que esse tema constrange os poderes, ante a injustificada e corporativista defesa promovida à unicidade sindical, o que limita os mesmos poderes a uma interpretação restritiva dos instrumentos internacionais, inclusive a Convenção n. 98 da OIT.

Nesse sentido, a respeito da Convenção n. 98 da OIT estabelece uma ampla tutela a liberdade sindical, devendo os trabalhadores gozar de adequada proteção contra atos de discriminação tendente a reduzir a liberdade sindical em relação ao emprego.[465] Conteúdo ofuscado, no caso do Brasil, pela falta de atitude dos poderes em implantar uma nova visão a respeito do tema. A dificuldade de superação dos velhos moldes conduz o Brasil à posição de violador de Direitos Humanos num plano plural, ou seja, descumpre várias convenções e instrumentos de Direitos Humanos relativos ao tema. Porém, tenta justificar de todas as formas o descumprimento do Direito Humano à Liberdade sindical, contido nesses instrumentos.

---

(458) GARCIA, 2014, p. 392.
(459) OIT. Convenção n. 98/1949, OIT. Disponível em: <http://www.oitbrasil.org.br/node/465>. Acesso em: 3 jan. 2015.
(460) GARCIA, op. cit., p. 394.
(461) OIT. Convenção n. 98/1949. loc. cit.
(462) GARCIA, 2014, p. 394.
(463) OIT. Convenção n. 98/1949. Disponível em: <http://www.oitbrasil.org.br/node/465>. Acesso em: 3 jan. 2015.
(464) GARCIA, op. cit., p. 396.
(465) ROJO, 2010, p. 19.

2.2.4 Declaração dos Princípios e Direitos Fundamentais no Trabalho da OIT de 1998 e a Liberdade Sindical

A elevação da liberdade sindical ao *status* de princípio fundamental e universal é de primordial importância para a pesquisa, ademais impõe uma nova interpretação da posição do Brasil ante aos instrumentos de Direitos Humanos da OIT. Este item trabalhará a configuração hierárquica desse princípio e as consequências da elaboração da Declaração dos Direitos e Garantias Fundamentais da OIT em 1998.

A liberdade sindical é um direito de conteúdo variado e possui como elemento central à garantia de espaços de atuação, de acordo com critérios dos próprios interessados, o que é benéfico para os próprios trabalhadores, garantindo-lhes a liberdade para constituir ou integrar sindicatos e este cumprir as finalidades de sua competência, sendo os titulares desse direito os trabalhadores e os sindicatos, de um modo geral.[466]

Aspecto esse que inclui no conceito de liberdade sindical o direito a exercer funções sindicais e não somente o clássico direito de associar e constituir ou afiliar-se a um sindicato. Na liberdade sindical se inclui a atividade sindical desenvolvida pela organização sindical coletivamente, assim como medidas de proteção e estímulo que permitam o pleno desenvolvimento das atividades sindicais.[467] Essa multiplicidade de faces da liberdade sindical levou a OIT a elevá-la a um princípio fundamental e universal do trabalho.

A liberdade sindical foi consagrada na Declaração da OIT sobre os Princípios e Direitos Fundamentais no Trabalho, de 1998, cujo objetivo foi justificado com a necessidade de reafirmação dos mais importantes direitos dos trabalhadores, em contrapartida à globalização e ao papel da OIT na regulação das condições laborais.[468] Salienta-se que "a OIT ratificou que a liberdade sindical, em todas as suas dimensões, representa condição essencial para o diálogo entre empregadores e trabalhadores, bem como para a obtenção de melhores condições por parte destes últimos". [469]

Ressalte-se que com a Declaração dos Princípios e Direitos Fundamentais no Trabalho de 1998 surgiu uma nova modalidade de instrumento jurídico internacional de direito social e fundamental, uma vez que algumas Convenções foram elevadas em nível de princípio e norma fundamentais, implicando no dever de seguimento, independentemente de ratificação.[470] Uma vez que se trata de um princípio estrutural da OIT, conforme consta do documento, tais preceitos devem ser cumpridos, independentemente de ratificação das referidas convenções, mas pelo fato de o país ser membro da Organização Internacional do Trabalho, obriga-se aos princípios ali contidos.

Quanto aos propósitos da Declaração dos Direitos e Garantias sobreveio ao cenário jurídico internacional com objetivo de proporcionar um caminhar paralelo entre progresso social e progresso econômico e o desenvolvimento.[471] O conteúdo dos pactos e declarações internacionais de Direitos Humanos quanto à liberdade sindical "infere-se que o escopo teleológico dos respectivos artigos aponta para a melhoria das condições sociais dos trabalhadores através do fortalecimento das entidades sindicais".[472]

A respeito da Declaração de Direitos Fundamentais da OIT de 1998 "donde se reitera a libertad sindical e el derecho de negociación colectiva constituyen un estándar mínimo aceptable de civilización, que vincula a todos los Estados aun cuando no hayan ratificados los Convenios fundamentales".[473] [474]A vinculação dos Estados-membros ao cumprimento dos princípios fundamentais está relacionada

---

(466) PEREIRA, Ricardo José Macêdo de Britto; MENDONÇA, Laís Maranhão Santos. O reconhecimento de direitos aos trabalhadores imigrantes nas sociedades multiculturais e o papel dos sindicatos. In: DELGADO, Gabriela Neves; PEREIRA, Ricardo José Macêdo de Britto. (Coord.). **Trabalho, Constituição e cidadania**: a dimensão coletiva dos direitos sociais trabalhistas. São Paulo: LTr, 2014. p. 122.
(467) URIARTE, Oscar Ermida. **La protección contra los actos antisindicales**. Montevideo: FCE, 1987. p. 22-23.
(468) EBERT, 2007, p. 114.
(469) EBERT, loc. cit.
(470) SILVA, 2011, p. 72.
(471) *Ibid.*, p. 103.
(472) EBERT, 2007, p. 115.
(473) GAMONAL CONTRERAS, 2011, p. 68-69.
(474) Onde se reitera a liberdade sindical e a negociação coletiva constituem um estandarte mínimo aceitável de civilização, que vincula todos os Estados, ainda que não tenham ratificado as convenções fundamentais. (tradução livre da autora)

ao cumprimento dos princípios contidos na Constituição da OIT, logo vêm para integrar a base estrutural da Organização.

Insta compreender que

> la Declaración de la OIT relativa a los princípios y derechos fundamentales em el trabajo y su seguimento, de 1998, exige a todos los Estados membros de la OIT que promuevan y hagan efectivos los principios relativos a los derechos fundamentales consagrados en su convênios.[475], [476]

A declaração é um direito vivo e exige a movimentação estatal no sentido de não medir esforços para o cumprimento desses preceitos. O impasse está no sono profundo enfrentado pelo Brasil por meio dos legisladores, assim como a falta de percepção de preceitos fundamentais como instrumentos vivos e demandantes de medidas de efetivação.

Importante a compreensão de que "en la constante búsqueda de la OIT por reforzar el valor de libertad sindical como um derecho fundamental, debe tenerse en especial consideración la declaración relativa a los Principios y Derechos Fundamentales en el trabajo, de 1998".[477] [478]Resta claro o lugar central que ocupa para a OIT o reconhecimento da liberdade sindical como um direito fundamental de validade universal, sendo sua materialização um pressuposto à promoção do trabalho decente.[479]

A liberdade sindical, prevista em instrumentos de caráter universal e adotados pelas Nações Unidas sobre Direitos Humanos, está contida na Declaração dos Princípios Fundamentais de 1998, integrando assim o conjunto de princípios fundamentais no trabalho.[480] O caráter fundamental desses princípios constituem exigências indispensáveis e mínimas para o desenvolvimento das relações de trabalho dentro de um mínimo de respeito à dignidade humana.[481]

A liberdade sindical constitui um elemento básico da civilização cultural dos direitos sociais e forma parte das normas fundamentais de validade universal, conforme enunciadas pela Declaração de Direitos Fundamentais da OIT em 1998.[482] Assim, é necessária a promoção de tais princípios no âmbito interno dos países, como medida de promoção desses princípios e concretização da democracia e dos Direitos Humanos.

Para Ríos a Declaração de Direitos Fundamentais de 1998 "atualiza e reforça o valor da liberdade sindical, convertendo-se no último passo pela consagração em todos os Tratados e convenções sobre Direitos Humanos, que a eleva a patrimônio jurídico da humanidade".[483] A liberdade sindical tem validade instrumental, desde o momento que se ocupa de todos os direitos, assim como validez universal, conforme consta da Declaração de Princípios Fundamentais de 1998 da OIT.[484] A liberdade sindical, a autonomia coletiva e a greve que em parte estruturalmente coincidem com as liberdades clássicas, ademais permitem aos trabalhadores a compensação das fraquezas com relação à empresa, condição necessária à afirmação e ao funcionamento das outras liberdades.[485]

Amparada a essa validez universal e condição para o funcionamento de outras liberdades, importa entender que

---

(475) INDH. Instituto Nacional de Derechos Humanos. **Instrumentos internacionales, observaciones y recomendaciones generales de derechos humanos sobre igualdad, no discriminación y grupos de especial proteción**. Santiago de Chile: INDH, 2014. p. 522.
(476) A declaração da OIT relativa aos princípios e direitos fundamentais do Trabalho, de 1998, exige a todos os Estados-Membros da OIT a promoção e efetivação dos princípios relativos aos direitos fundamentais consagrados em suas convenções. (tradução livre da autora).
(477) ROJO, 2010, p. 18.
(478) Em constante busca da OIT em reforçar o valor da liberdade sindical como um direito fundamental, deve ter especial consideração a Declaração relativa aos Princípios e Direitos Fundamentais no Trabalho, de 1998. (tradução livre da autora).
(479) ROJO, *op. cit.*, p. 18.
(480) PEREIRA, 2007, p. 70-71.
(481) *Ibid.*, p. 75.
(482) BAYLOS, Antônio. Libertad sindical y representación de los trabajadores. Hacia un nuevo paradigma en las relaciones laborales del siglo XXI. In: RAMIREZ, Luis Henrique. (Coord.). **Hacia una carta sociolaboral latinoamericana**. Montevideo: Editorial BdeF, 2011. p. 145.
(483) RÍOS, 2011, p. 23.
(484) CORSI, César Toledo. **Tutela de la Libertad sindical**. Santiago: AbeledoPerrot Legal Publishing, 2013. p. 8-9.
(485) ABRANTES, José João. Algumas considerações sobre o direito à greve – a propósito das Convenções ns. 87 e 98 da OIT. In: ALVARENGA, Rúbia Zanotelli de; COLNAGO, Lorena de Mello Rezende. (Coord.). **Direito internacional do trabalho e as convenções internacionais da OIT comentadas**. São Paulo: LTr, 2014. p. 400.

a Declaração da OIT sobre os Princípios e Direitos Fundamentais do Trabalho eleva os Direitos Humanos dos Trabalhadores à posição de centralidade no cenário normativo internacional. Para tanto, reafirma a obrigatoriedade de suas convenções realizarem os valores éticos do trabalho e da dignidade da pessoa humana.[486]

Importante e oportuno mencionar que a proteção à liberdade sindical, no ordenamento jurídico chileno, apresentado de forma comparada neste estudo, é um princípio do Direito do Trabalho e compreende três direitos básicos: organização sindical, negociação coletiva e greve, que constituem a denominada visão triangular do Direito coletivo. Para o autor, a liberdade sindical é um direito humano essencial e um estandarte de democracia no mundo.[487]

Insta a menção de que a Declaração dos Princípios e Garantias Fundamentais de 1998 é aplicável aos países-membros, independentemente de ratificação. Tal instrumento promove e torna reais os princípios relativos aos Direitos Fundamentais referentes à liberdade de associação e sindical e o reconhecimento das negociações coletivas, independentemente de ratificação das Convenções específicas. Portanto, no que concerne ao Brasil, da mesma forma, após a aprovação da mencionada Declaração, uma vez país-membro, está vinculado aos princípios e às garantias no plano internacional.[488]

A resistência e a inércia do Brasil o expõem como uma contradição no que concerne à promoção da democracia e dos Direitos Humanos. O preâmbulo e artigos fundamentais da Constituição asseguraram a promoção à liberdade, democracia e Direitos Humanos como premissas e prioridades da nação. Assim a percepção de que faltam consciência e atitudes concretas pelo parlamento e até mesmo pelo Poder Judiciário na perspectiva de mudar essa contraditória e questionável posição do Brasil frente aos Tratados de Direitos Humanos e sua hierarquia no contexto interno. Já não se justifica mais o argumento falho em sustentação ao corporativismo impregnado na ideologia política do país, como fundamentação à suposta proteção aos trabalhadores, assunto que será abordado na sequência.

---

(486) DELGADO, 2014, p. 71.
(487) GAMONAL CONTRERAS, 2014, p. 184.
(488) SILVA, Sayonara Grillo Coutinho Leonardo da. **Relações coletivas de trabalho**: configurações institucionais no Brasil contemporâneo. São Paulo: LTr, 2008. p. 93.

A VIOLAÇÃO DO DIREITO FUNDAMENTAL À LIBERDADE SINDICAL PELO BRASIL FRENTE AOS INSTRUMENTOS INTERNACIONAIS RATIFICADOS

Capítulo III

Este capítulo se propõe a apresentar os principais modelos de liberdade sindical existentes, quais sejam a unicidade e a pluralidade sindical, atendo-se ao modelo adotado pelo Brasil. Em função da não ratificação da Convenção n. 87/1948 da OIT, este país é alvo de críticas em função da ratificação de outros instrumentos internacionais, conforme já analisado no tópico anterior, que se refere à garantia de ampla e ilimitada liberdade sindical a todos os seres humanos, como medida de direito humano e fundamental a todos.

Nesse segmento,

> a estrutura da organização sindical brasileira parece ter-se tornado inadequada diante das mudanças sociais e políticas provocadas pela internacionalização dos mercados com o deslocamento do poder de fora das fronteiras dos Estados nacionais, surge um obstáculo claro para a ação sindical".[489]

O modelo até então sustentado se demonstra em descompasso com os anseios sociais e fundamentais de proteção ao ser humano.

Assim, "a unicidade sindical brasileira resulta de uma experiência histórica complexa que transformou uma estrutura criada para reprimir o conflito social num instrumento de defesa dos interesses dos trabalhadores".[490] Concepção essa que se torna clara nos discursos e debates da assembleia constituinte para elaboração da Constituição de 1988, assunto objeto de análise em tópicos subsequentes. O corporativismo foi emoldurado sob o discurso da proteção ao trabalhador e à necessidade de manter um patamar de fortalecimento às instituições sindicais.

Ressalte-se que em outros países o sindicato nasceu das bases como Inglaterra, França e Alemanha, diversamente do que aconteceu no Brasil, quando a formação sindical decorreu de imposição estatal, que apesar do discurso pluralista em alguns momentos, este jamais existiu, vez que o sindicato estava atrelado ao Estado, sem independência, portanto.[491]

Assim é possível compactuar com o conceito acima sob a égide dos instrumentos internacionais relacionados anteriormente, os quais o Brasil possui o dever formal de cumprimento, vez que ratificou a grande maioria, assim como uma vez membro da OIT, desde a sua fundação, deve curvar-se aos princípios que a regem, inclusive a liberdade sindical, adotado como princípio fundamental da OIT em 1998.

Relativamente à liberdade sindical como direito fundamental que envolve a participação dos trabalhadores no ente coletivo, não "há como afastar o conteúdo axiológico dos princípios democráticos e pluralistas da interpretação em torno do artigo 8º, da Constituição Federal".[492] Assim compreendidos como

> Direitos Fundamentais, por serem mandamentos de otimização, tendem a irradiar efeitos por toda a ordem jurídica – esse é o aspecto principal da constitucionalização do direito –, mesmo que se entenda – como aqui pressupõe – que a constitucionalização *não* é lei fundamental de toda a atividade social. (destaque do autor)[493]

---

(489) RODRIGUEZ, 2003, p. 45.
(490) *Ibid.*, p. 479.
(491) MARTINS, 2001, p. 155.
(492) EBERT, 2007, p. 47.
(493) SILVA, Virgílio Afonso da. **A constitucionalização do direito**: os direitos fundamentais nas relações entre particulares. 1. ed. 3. tir. São Paulo: Malheiros, 2011. p. 175.

Assim, como mandamentos de otimização, os preceitos de promoção da liberdade sindical demandam atitudes e atos positivos para fomentar e assegurar o pleno exercício da liberdade, na forma de um princípio maior a reger as relações de laborais. Importante compreender que "o trabalhador não somente é titular daqueles Direitos Fundamentais típica ou especificamente laborais, reconhecidos ao ser humanos enquanto trabalhador (liberdade sindical, negociação coletiva, direito a greve, direito ao trabalho e a formação profissional,...)", mas também é titular dos demais Direitos Fundamentais não específicos, mas essenciais à pessoa, pela simples condição humana.[494]

Aspecto para compreensão de que a dignidade da pessoa é o marco distintivo entre os seres humanos e os demais seres vivos, constituindo um fim em si mesmo, o que a impede de ser instrumento ou meio para outro fim, vez que dotado de capacidade de autodeterminação e realização do livre desenvolvimento da personalidade.[495] Logo, ao ser titular de direitos e garantias fundamentais e inerentes à condição humana, o ser humano tem o direito às garantias mínimas e o Estado tem o dever de prestação, seja jurisdicional, legislativo ou medida positiva para a concretização do preceito.

Assim o modelo de monopólio sindical contido no artigo 8º, II, da Constituição de 1988, "a contrário *sensu*, por não permitir a substituição da entidade representativa da categoria, se aproxima dos regimes autoritários".[496] A interpretação fornecida ao citado artigo não guarda consonância com os preceitos de democracia, respeito aos Direitos Humanos e Direitos Fundamentais e sociais pregados ao longo do texto constitucional, como premissas maiores da nação. Letras escritas sem produzir efeitos, logo um texto constitucional não é suficiente para assegurar a proteção aos Direitos Humanos e ao exercício da democracia. O problema do Brasil é o comprometimento dos poderes na solução desse impasse.

Ademais, "a interpretação das garantias individuais e sociais esculpidas nas Constituições locais deverá ocorrer à luz das normas humanitárias de índole universal".[497] Uma interpretação harmônica e conjunta com os Tratados e Instrumentos internalizados pelo país são medidas vivas de concretude dos princípios maiores que lançam o ser humano na centralidade do direito.

Nesse aspecto, importante compreender que toda Constituição "contiene valores y principios que la definen y orientan al intéprete cuando sebe desentrañar al contenido y alcance de sus disposiciones".[498] [499] Aspecto esse que está contido em alguns dispositivos da Constituição brasileira, em especial no que tange à hierarquia dos Tratados de Direitos Humanos, assim como com relação aos Tratados ratificados e vigentes no país. Basta uma interpretação constitucional em racionalidade e razoabilidade aos preceitos universais e o curso da interpretação constitucional do Brasil proporá uma nova etapa na construção dos Direitos Humanos, via proteção da Liberdade sindical. Este como preceito universal e fundamental inerente a todos os Estados-membros da OIT, assim como elemento fundamental nas democracias.

3.1 O SISTEMA DE UNICIDADE SINDICAL VIGENTE NO BRASIL VERSUS A PROTEÇÃO AOS DIREITOS HUMANOS

Neste tópico se faz necessária a apreciação do contexto da sedimentação da unicidade sindical no Brasil. A compreensão da formação estrutural desse princípio, mantido até os dias de hoje é de

---

(494) PARRA, Waldo L. El concepto de derechos fundamentales inespecíficos em el ámbito laboral Chileno y la tutela jurídica de su eficácia horizontal. Monografías. Santiago: Thomson Reuters, Legalpublishing, 2013. p. 39.
(495) NOGUEIRA ALCALÁ, Humberto. La dignidad humana, los derechos fundamentales, el bloque constitucional de derechos fundamentales y sus garantías jurisdiccionales. **Gaceta Jurídica**, 322, 2 jan. 2007, 32, CL/DOC/1762/2011. Disponível em: <http://www.legalpublishing3.cl/maf/app/delivery/documentVM?srguid=i0ad600790000014a53e88cf7f33c201d&docRange=&showFullTextOption=false&td=10&deliveryTarget=email&docguid=i05C0332BBDD143DCF9B4D491E33394B3&deliveryOptions=&hasRelatedInfo=true>. Acesso em: 14 dez. 2014. p. 1.
(496) EBERT, 2007, p. 57.
(497) *Ibid.*, p. 117.
(498) ZELADA, 2011, p. 31.
(499) Contém valores e princípios que a definem e orientam ao intérprete quando sabe desenvolver o conteúdo e alcance de suas disposições. (tradução livre da autora)

fundamental importância à compreensão da necessidade de mudança na visão interpretativa, assim como os fatores que demandam extinção, especialmente dos poderes legislativo, executivo e judiciário, como instrumentos de otimização de medidas que compactuem com uma democracia.

Importante frisar que no Brasil "o regime militar foi marcado pela repressão das liberdades políticas, destacando-se cassações de mandatos parlamentares e intervenções em sindicatos e prisões de dirigentes sindicais".[500] O regime militar foi um instrumento de opressão aos direitos sociais, inclusive de opressão à prática da liberdade sindical e movimentos grevistas.

Historicamente, o ABC Paulista, entre as décadas de 1970 e 1980, foi palco de grandes lutas do movimento operário contra o arrocho salarial imposto pela ditadura e contra a lógica perversa do capital, com o surgimento de um novo sindicalismo, combativo, classista, que construiu a CUT e o PT, como partido político de esquerda, não se limitando a reivindicações econômicas. Tal movimento influenciou outras categorias que se uniram para lutar da mesma forma, abalando os alicerces ditatoriais do sindicalismo corporativo e estatal.[501]

A CUT "nasce como uma central sindical classista, de massa, pela base e democrática. Era um sindicalismo de novo tipo – combativo – e que tinha na sua essência a capacidade de mobilização social, a força e o papel fundamental na luta pela distribuição da renda na sociedade".[502] Em maio de 1978 o movimento grevista do ABC Paulista levou historicamente mais de meio milhão de trabalhadores às ruas, com greves nascidas dentro das empresas e a criação de dezenas de comissões de empresa, com a primeira greve geral de uma categoria. Em 1979 mais de três milhões de trabalhadores entraram em greve experimentando a necessidade de unificação em um grande combate operário.[503]

Importante compreender, no que Oliva denomina de o novo sindicalismo, é inaugurado com os metalúrgicos e concomitantemente aconteceram mais de 20 greves de professores e um visível alastramento dos movimentos, o que demonstrava que "o ABC Paulista não constituía um mundo à parte como propalava o discurso conservador, mas refletia os anseios dos trabalhadores de todo o país".[504]

As greves e movimentos sociais do Grande ABC Paulista foram marcadas por conflitos tanto que em parte do discurso com Teotônio Vilela, Franco Montoro (ambos senadores, na época), nas discussões a respeito dos conflitos no ABC Paulista afirmou que o que chamou a atenção da comunidade internacional (mencionando o retorno do México em função dos conflitos, quando participava, juntamente com representantes da ONU, do Fórum Sulamericano, em missão oficial), não foram as greves, mas a intervenção federal nos sindicatos. Assim como chamou a atenção a prisão de trabalhadores, advogados, e, sobretudo o enquadramento de líderes sindicais na Lei de Segurança Nacional, vez que para a comunidade internacional greves são normais em democracias.[505]

Ainda na sequência do discurso o citado Senador afirma que "a greve é um instrumento normal de luta, e a posição do governo não pode ser a de defensor de uma das partes, a de colocar a polícia contra os trabalhadores".[506] Tal diálogo é seguido por Teotônio Vilela que afirma que tamanha é a desumanidade cometida contra os metalúrgicos de São Paulo, que ludibriados não tinham suas pautas atendidas e ainda sofriam com a intervenção, prisão, marcando um momento histórico altamente doloroso e humilhante aos trabalhadores.[507]

Historicamente no Brasil, importante reconhecer a partir dos anos setenta que significativa parte do partido dos trabalhadores, ou seja, o movimento sindicalista, contando com líderes como Lula, junto com intelectuais e políticos de oposição, intentaram uma ampla coalisão, fundindo-se em movimentos sociais por todo o país, cujo resultado fora o fomento da participação cívica causando uma revolução

---

(500) PAMPLONA FILHO, 2013, p. 36.
(501) SOARES, José de Lima. **Sindicalismo no ABC Paulista**: reestruturação produtiva e parceria. Brasília, DF: Centro de Educação e Documentação Popular, out. 1998. p. 217.
(502) MERCADANTE, Aloísio. A economia solidária como um modelo de resistência popular. In: VALENTE, Mônica. (Coord.). **Sindicalismo e economia solidária**: debate internacional. São Paulo: Kingraf, 2000. p. 116.
(503) GIANNOTTI, Vito. **A liberdade sindical no Brasil**. 2. ed. São Paulo: Brasiliense, 1987. p. 14-15.
(504) OLIVA, 2011, p. 60-61.
(505) VILELA, Teotônio. **Confronto em São Bernardo**: a greve do ABC. Brasília: Senado Federal Centro Gráfico, 1981. p. 12.
(506) *Ibid.*, p. 13.
(507) VILELA, 1981, p. 15.

na governança do país e na transição do domínio da ditadura para a Democracia.[508] Ressaltando que Luiz Inácio Lula da Silva fora um dos presos, conforme consta da discussão parlamentar no Senado, em documento oficial aqui examinado.[509]

Após os anos de ditadura "com as greves no ABC no final dos anos 70, é inaugurada uma nova fase do sindicalismo brasileiro. Estudiosos apontam esse momento como um momento de superação do sindicalismo populista, modelo construído pelo Estado Novo".[510] Nesse viés "a recessão de 1974 e 1975 reduziu a oferta de emprego enfraquecendo a luta dos trabalhadores",[511] ademais o desemprego é sempre um instrumento de enfraquecimento das lutas sociais. O desemprego sujeita o trabalhador a condições aquém do mínimo, fragiliza-o emocionalmente e faz com que perca o poder de reinvindicação. Ante a necessidade, a prioridade de um pouco em prol do nada, o empregado se sujeita a condições drásticas, por vezes.

A respeito dos efeitos das grandes mobilizações na década de 70 e 80 é definida, pela CUT, como "uma fase de ouro", de construção da concepção democrática e um salto de qualidade, que implicou em inúmeras melhorias nas estruturas sindicais com a criação do PT, instituições de CIPAS, fundação de central de trabalhadores, formação de trabalhadores, vez que já não bastava a mobilização e organização. Necessário também compreender o papel do movimento como agente transformador.[512]

Assim, não obstante os problemas sociais, "a conjuntura do final dos anos 70 era caracterizada pelo "afrouxamento" do regime, resultante de uma acentuada crise política, o que permitiu à classe trabalhadora desenvolver uma prática sindical diferenciada".[513] Após esse período ditatorial, importância e relevância no tema possui a Carta Constitucional de 1988, que será apreciada adiante.

Nesse aspecto de resgate histórico de como o Brasil consolidou o modelo de vigente, de unicidade sindical, insta mencionar que a Assembleia Nacional Constituinte de 1987/1988 insere uma ruptura com a ordem autoritária formada pela ditadura militar, marcada pelo movimento das "Diretas Já", cuja expressão era pela mudança e adoção da Democracia.[514] Tal mobilização pela democracia incluía o clamor por eleições diretas, inclusive.

A unicidade sindical se caracteriza pela predominância do intervencionismo estatal, sendo os sindicatos constituídos conforme regras estabelecidas pelo poder público, o que importa na negação do princípio da liberdade sindical.[515] Tal, conforme já visto, demonstra-se incompatível com constituições democráticas e com a proteção aos Direitos Humanos. Ademais "as modernas constituições democráticas – dentre elas a brasileira – resultam do consenso ideológico obtido pelas forças sociais representadas na Assembleia Constituinte".[516]

Nesse viés de mudança o movimento sindical buscou uma reorganização e inserção no cenário político, constituindo um marco o surgimento do denominado "sindicalismo autêntico", enraizado especialmente nas grandes indústrias do ABC paulista, com as grandes greves ao final da década de 1970 e sua iniciativa na luta contra a política salarial do governo.

A inclusão do movimento sindical no espaço político integrou o processo de formação da nova ordem, marcada por estratégias de confrontação, ou seja, oposição política, com ênfase em greves com grandes concentrações de trabalhadores, sendo 1987 considerado o ano de mais intenso conflito social, no que se inclui também as lutas inclusive dos servidores públicos.[517]

Ressalte-se que esse movimento sindical forte, ao final dos anos 80 entrou em recessão com uma crise descendente das mobilizações dos trabalhadores, com a ausência quase integral de organizações

---

(508) ACEMOGLU, Daron; ROBINSON, James A. **Por qué fracasan los países**: los orígenes del poder, la prosperidad y la pobreza. Santiago: Ediciones Deusto, 2014. p. 535.
(509) VILELA, *op. cit.*, p. 3.
(510) RODRIGUEZ, 2003, p. 35.
(511) *Ibid.*, p. 34.
(512) SILVA, Vicente de Paulo. Fortalecer a economia solidária: o desafio atual da CUT. In: VALENTE, Mônica. (Coord.). **Sindicalismo e economia solidária**: debate internacional. São Paulo: Kingraf, 2000. p. 110-111.
(513) RODRIGUEZ, *op. cit.*, p. 35.
(514) LOURENÇO FILHO, 2011, p. 55.
(515) SANTOS, Luiz Alberto Matos dos. **A liberdade sindical como direito fundamental**. São Paulo: LTr, 2009. p. 76.
(516) EBERT, 2007, p. 105.
(517) LOURENÇO FILHO, *op. cit.*, p. 56-58.

nos locais de trabalho, sofrendo com o processo de descontinuidade.⁽⁵¹⁸⁾ As intensas movimentações no contexto do sindicalismo brasileiro resultaram na formação de importantes centrais sindicais como CUT, CGT, ainda que sob a estrutura corporativista, porém com um discurso de mudança, quando em 1985 a reforma sindical foi assumida pelo governo por meio do então ministro do Trabalho, que não conseguiu levar adiante, porém integrou a pauta da Assembleia Nacional Constituinte.⁽⁵¹⁹⁾

A participação popular nesse período se mostrou intensa e efetiva, fator que conferiu legitimidade à Carta de 1988, seja mediante a apresentação de emendas, ou audiências públicas, com forte participação nas questões trabalhistas, pelas associações e entidades sindicais.⁽⁵²⁰⁾ Para Oliva, a Constituinte se instalou, porém não nos moldes necessários, vez que para o autor a constituinte deveria ter compromisso somente com a sociedade e não com os chefes de Estados, o que o autor define como "um congresso com poderes constituintes", comprometido com os interesses eleitoreiros e corporativistas.⁽⁵²¹⁾

Ainda Oliva continua afirmando que foi criada uma constituinte tutelada e dominada pela combinação entre PMDB e PFL, vez que o PT engatinhava, resultando na combinação de Estado Novo e Política dos Governadores, o que foi fatal aos trabalhadores, tendo a liberdade sindical que aguardar outra oportunidade.⁽⁵²²⁾ Essa crítica tecida pelo autor consolida a já citada necessidade de fundamentar a manutenção da unicidade sindical na proteção ao trabalhador, o que aconteceu no seio da Constituinte, conforme adiante explorado.

A organização sindical na Constituinte chamou a atenção nas subcomissões dos Direitos Políticos, dos Direitos Coletivos e Garantias e na subcomissão dos Direitos dos Trabalhadores e Servidores Públicos, sendo esta o palco dos maiores e mais acirrados debates.⁽⁵²³⁾ Nesse momento foram ouvidas três centrais sindicais, qual seja a USI, de posição considerada moderada, destacou a necessidade de desvinculação dos sindicatos com relação ao Estado e defendeu a unicidade sindical repudiando a Convenção n. 87 da OIT, por entender que tal simbolizava a ameaça de fragmentação do sindicalismo brasileiro;⁽⁵²⁴⁾ a CUT e a CGT levantaram a bandeira da autonomia sindical, porém com perspectivas diferentes.⁽⁵²⁵⁾

Enquanto a CGT se posicionou voltada à proteção do trabalhador a CUT assumiu uma postura mais combativa pautada na capacidade de mobilização e organização dos trabalhadores, porém ambas rejeitavam a intervenção estatal nos sindicatos. A CGT pugnava pela liberdade e autonomia sindical, porém com a preservação da unicidade sindical, como medida de proteção aos trabalhadores em face da fragmentação sindical, também se demonstrando contrária aos preceitos da Convenção n. 87 da OIT.⁽⁵²⁶⁾

A CUT marcou sua participação na Constituinte pela luta em defesa da integral liberdade de organização dos trabalhadores, afirmando a crença na autodeterminação e auto-organização, rechaçando a ideia de regulamentação sindical com a interferência do legislador. A CUT se manifestou em oposição à pluralidade sindical, porém defendeu que a unicidade sindical imposta implica em cerceamento da liberdade de organização dos trabalhadores demonstrando que a unicidade não se contrapõe apenas a pluralidade sindical, mas sobre a própria liberdade organizativa, sendo esta de exclusiva deliberação pelos trabalhadores.⁽⁵²⁷⁾

Em outras palavras a discussão no seio da Constituinte não aconteceu em defesa do direito à livre Constituição de sindicatos, mas sim da defesa da autonomia legislativa e organizacional sindical, sendo a unicidade sindical defendida como um mecanismo de proteção ao trabalhador. Temia-se a possibilidade de o trabalhador constituir sindicatos e mais haver uma fragmentação nos movimentos sindicais e consequente enfraquecimento das classes.⁽⁵²⁸⁾

---

(518) SOARES, 1998, p. 217.
(519) LOURENÇO FILHO, 2011, p. 59-61.
(520) *Ibid.*, p. 62-64.
(521) OLIVA, 2011, p. 71.
(522) *Ibid.*, p. 74.
(523) LOURENÇO FILHO, *op. cit.*, p. 64.
(524) *Ibid.*, p. 65-66.
(525) *Ibid.*, p. 66-68.
(526) LOURENÇO FILHO, 2011, p. 68-70.
(527) *Ibid.*, p. 70-74.
(528) *Ibid.*, p. 74-77.

O desafio da Constituinte de 1987/1988 era romper com o passado autocrático, de negação a liberdades, não obstante as discussões pairaram na defesa da liberdade e autonomia sindical, sob o manto da unicidade sindical, ou seja, uma superação da liberdade em nome da proteção ao trabalhador. Ainda fora abordada ao longo dos debates da Constituinte a possível contradição entre os discursos com debates contrários à unicidade.[529]

Nesse segmento houve um grupo de constituintes (exemplos Carlos Chiarelli (PFL), Luiz Gushiken e Olívio Dutra) que se posicionou contra a unicidade sindical, em minoria e quase que na totalidade os constituintes vinculados ao partido dos trabalhadores, ressaltaram que o respeito à pluralidade sindical estava diretamente relacionada à liberdade de organização, constituindo a unicidade sindical a manutenção da intervenção estatal no sindicalismo brasileiro. Esse grupo percebia a Constituinte como a oportunidade para conceder a efetiva autonomia e liberdade sindical aos trabalhadores do Brasil. Corrente esta que restou vencida.[530]

A terminologia da proteção aos trabalhadores naquele momento da Constituinte prevaleceu nos discursos, como se o direito à liberdade sindical fosse exclusivamente do trabalhador, sem alusão aos empregadores, que eram vistos como "inimigos" e responsáveis pelo enfraquecimento do movimento.[531] (aspas no original). Logo o direito à sindicalização pelo empregador não foi o foco dos debates.

No momento de elaboração do anteprojeto, votação das emendas, discussões e *lobby* de entidades, convergências e divergências entre temas relacionados à liberdade sindical, greve, forma de organização sindical, associações e demais temas relacionados à organização sindical, o tema central foi efetivamente a unicidade ou pluralidade sindical. Em 5 de outubro de 1988 a Constituição foi promulgada com inúmeros avanços na matéria de direitos laborais e uma contradição no que concerne ao campo sindical, vez que informava liberdade e autonomia, vedação a intervenção estatal nas entidades, mas preservou a unicidade sindical e a contribuição sindical. Em última análise fora a constitucionalização de elementos estruturais cuja consolidação ocorrera na década de 1930.[532]

A Constituição de 1988 por um lado representou avanço considerável ao desatrelar o sindicato em relação ao Estado, elevação da greve a um direito, mas por outro viés, manteve a unicidade sindical, a contribuição compulsória, o critério de categoria e o poder normativo da justiça do trabalho, em total afronta a democracia.[533] Para Sayonara Grillo a unicidade sindical e a fixação de uma base territorial mínima correspondente a um município são limitadores da autonomia sindical.[534]

A fixação desses preceitos mantém os ranços do sistema corporativista e até mesmo ditatorial, ainda que numa Constituição elaborada sob o manto da democracia. Constituição que inegavelmente é uma das constituições brasileiras mais avançadas no que tange a direitos e Garantias Fundamentais de um modo geral, porém não foi possível, face à presença forte dos elementos corporativistas na mente e nos objetivos dos componentes da Constituinte, desvencilhar-se de vez dos ditames autoritários.

Nesse viés é a conclusão de que "a atual estrutura sindical brasileira nasceu durante o primeiro governo de Getúlio Vargas – cuja legislação de direito coletivo do trabalho tinha como traço marcante o caráter oficial das entidades representativas – e se desenvolveu não só nesse período, mas também nos anos subsequentes, enquanto a vinculação entre sindicatos e Estado perdurou como regra".[535] Assim é clara a percepção de que "a tentativa de conciliação da liberdade sindical com a unicidade sindical revelou-se contraditória e abriu brechas para a pulverização de entidades sindicais e para o surgimento de "sindicatos de carimbo"".[536] Fato que na realidade acabou por proporcionar o enfraquecimento das estruturas sindicais e das lutas sociais por melhores condições aos trabalhadores.

---

(529) *Ibid.*, p. 81-87.
(530) *Ibid.*, p. 87-89.
(531) LOURENÇO FILHO, 2011, p. 89.
(532) *Ibid.*, p. 89-100.
(533) OLIVA, 2011, p. 74.
(534) SILVA, Sayonara Grillo Coutinho Leonardo da. O reconhecimento das centrais sindicais e a criação de sindicatos no Brasil: antes e depois da Constituição de 1988. In: HORN, Carlos Henrique; SILVA, Sayonara Grillo Coutinho Leonardo da. (Org.). **Ensaios sobre sindicatos e reforma sindical no Brasil**. São Paulo: LTr, 2009. p. 22.
(535) EBERT, 2007, p. 35.
(536) *Ibid.*, p. 31.

Um dos problemas enfrentados está justamente na mudança de perspectiva do próprio partido dos trabalhadores, criado em 1980 que se encontra em processo de institucionalização, abandonando a perspectiva da luta transformadora para converter-se em partido que se distancia do movimento e busca a ocupação de espaço eleitoral e institucional, deixando de lado a plataforma de luta e as bandeiras da classe trabalhadora[537].

A vitória de Fernando Collor de Mello em 1989 implantou a denominada década neoliberal no Brasil, marcada pela recessão econômica, proposições de reformas estruturais no Estado e na forma de relacionamento entre Estado, sociedade e mercado. Entre as mudanças se menciona as privatizações, a reforma administrativa e a abertura comercial. No campo do trabalho, o governo Collor impactou na renda ao revogar a lei salarial e proibir a reposição de perdas salariais, criando um quadro inibidor de negociações salariais e com diversas leis alterando a política de renda, o que além de tencionar as negociações coletivas resultou em milhares de demandas na justiça do trabalho com pedido de diferenças decorrentes da não acumulação dos reajustes.[538]

Após o *impeachment* de Collor assumiu a presidência da República Itamar Franco, em outubro de 1992, com perspectivas de um governo de coalisão, realizou revisão da política salarial e busca de adoção de novo plano econômico, na tentativa de conter a recessão. Em 1994 o Brasil adotou o Real como moeda, que para alcançar sucesso dependia de diversas medidas econômicas e profundas reformas e ajustes.[539] Em 1995 assumiu a presidência Fernando Henrique Cardoso – FHC, quando foram aprovadas cinco emendas constitucionais que reduziram a intervenção estatal na economia, abriram as portas às privatizações e ingresso do capital externo.[540] As privatizações e flexibilizações impactaram diretamente na vida dos sindicatos e nas relações coletivas de trabalho no Brasil, atingidos com reestruturação das empresas e redução dos quadros de pessoal, em especial em função da contrariedade da CUT as privatizações.[541]

Destaque merece para a greve geral dos petroleiros em 1995, em que FHC enfrentou o movimento encontrando no neoliberalismo, iniciado por Collor uma nova racionalidade que exigia a derrota do movimento sindical.[542] Essa greve fundou-se em três elementos: a dilapidação salarial da categoria, manobras políticas e a necessidade de embate contra a privatização da Petrobras, tendo sido chamado de corporativista o movimento que denunciava o verdadeiro corporativismo de empresas como Shell, Esso e Texaco, por exemplo, para se apoderar do petróleo brasileiro. Assim o projeto neoliberal elegeu o sindicalismo combativo e reivindicativo, como o inimigo e enquanto a CUT tentava negociar FHC respondeu de forma dura e militarizada, sob a inspiração na *dama de ferro*.[543]

Tal movimento grevista se iniciou em 1994 com várias paralisações em função de desacordos salariais e os petroleiros deflagraram paralisação, quando a Petrobras não abriu negociações e levou o conflito ao judiciário, com o reconhecimento da ilegalidade pelo TST. Em 1995 a categoria paralisou novamente em função do sistema remuneratório naquele momento, quando houve negociação entre a Federação Única dos Petroleiros – FUP e o Ministro de Estado das Minas e Energia, acordo que o governo na sequência anunciou que não cumpriria para não pôr em risco o plano econômico e a fim de evitar a proliferação das negociações envolvendo a conversão do 13º em URV, sendo esse o instrumento do já citado acordo.[544]

O descumprimento do citado acordo recebeu a chancela do Colendo TST sob o fundamento da falta de autenticação e sem os requisitos mínimos exigidos pela CLT para celebração de acordo coletivo de trabalho e também sob o argumento de que a assinatura do ministro não produzia efeito vez que não poderia representar a empresa Petrobras. Assim sendo e sob o reconhecimento de ilegalidade do movimento grevista, apresentada como um momento de sublevação do país houve a descaracterização do movimento e da legitimação como direito fundamental. Na sequência, com a convocação para

---

(537) SOARES, 1998, p. 343.
(538) SILVA, 2008, p. 246-250.
(539) *Ibid.*, p. 250-254.
(540) *Ibid.*, p. 254-255.
(541) SILVA, 2008, p. 255-256.
(542) ANTUNES, Ricardo. **A desertificação neoliberal no Brasil (Collor, FHC e Lula)**. 2. ed. Campinas, SP: Autores Associados, 2005. p. 1.
(543) *Ibid.*, p. 31-35.
(544) SILVA, *op. cit.*, p. 279-280.

retorno ao trabalho sob a ameaça de desligamento por justo motivo, após 31 dias de greve a categoria votou pelo retorno ao trabalho, saindo derrotada.[545]

Os acontecimentos referentes à greve dos petroleiros foram motivos de reclamação perante o Comitê de Liberdade Sindical da OIT, que recomendou ao governo brasileiro a tomada de medidas para garantir o efetivo cumprimento dos acordos coletivos firmados entre empresas e sindicatos, assim como facilitar a reintegração dos 59 dirigentes sindicais e sindicalistas desligados da Petrobrás, além de incentivar a solução de conflitos coletivos via negociação coletiva, solicitando a adequação legislativa para reduzir a submissão desses conflitos ao judiciário.[546]

Esse conflito coletivo acontecido durante o governo FHC demonstrou um processo de desmaterialização da autonomia coletiva pela redução da força do movimento grevista como mecanismo de resistência e autotutela, vez o Estado não atuou na promoção do fortalecimento da ação coletiva, mas ao contrário atuou para impedir, gerando perda da autonomia coletiva como poder social.[547] Assim, na década de 90 uma crise atingiu os sindicatos, desafiando-os a buscar novas formas de estruturação e organização para incorporar e ampliar a representação, compreendendo efetivamente as classes sociais laborais, nos mais diversos segmentos.[548]

O século XX iniciou com a intensificação, no Brasil da flexibilização, desregulamentação como traços essenciais ao neoliberalismo, na forma mais perversa.[549] Fator esse que em 2002, com a eleição do líder operário Luiz Inácio Lula da Silva, significou uma derrota política do neoliberalismo e pela primeira vez na história brasileira a efetiva representação dos anseios populares, "enfim, a totalidade dos que almejam mudanças substantivas e reais, como MST e outros movimentos sociais, o sindicalismo combativo presente na CUT e nos partidos e movimentos de esquerda".[550]

Para além das expectativas de um governo pautado nos anseios sociais e laborais, promessas das campanhas eleitorais do então Presidente Lula e do PT, se mantém uma política econômica que no primeiro mandato reduz o desemprego e a informalidade do trabalho, como uma continuidade ao período FHC, sem maiores alterações no que concerne ao exercício da liberdade sindical, nos dois mandatos.[551]

Na análise concreta, Vasconcelos Filho observa que o Brasil ainda visualiza de forma conservadora os movimentos sociais, inclusive pelo STF, o que a título exemplificativo cita-se o Movimento dos Sem-Terra, que segundo a mais alta corte trabalhista não pode ser reconhecido como sindicato, pois sindicatos *são* constituídos por obreiros. Na realidade, os aderentes "dos movimentos sociais contemporâneos querem é viver com dignidade, a partir do trabalho, mas não, do emprego".[552]

Importante à compreensão de que

> no tocante ao *modo* de definição do sindicato único, o art. 8º da Lei Maior, apresenta uma lacuna constitucional. Há aqui, um espaço que o legislador constituinte deixou em aberto, cujo conteúdo somente poderá ser definido por meio da utilização dos métodos hermenêuticos relativos aos princípios, em especial daqueles tendentes a assegurar a unidade e a coerência lógica da Constituição.[553]

Nesse aspecto, importante compreender que a liberdade sindical implica no reconhecimento do pluralismo sindical em nível normativo, como o reconhecimento da liberdade para Constituição de organizações que julguem convenientes, com plena liberdade. A unicidade sindical imposta por lei violenta à liberdade sindical, ao contrário, se os trabalhadores optam pela unidade, não há violação a liberdade sindical.[554]

---

(545) *Ibid.*, p. 281-283.
(546) SILVA, 2008, p. 284.
(547) *Ibid.*, p. 285.
(548) ANTUNES, 2005, p. 82-83.
(549) *Ibid.*, p. 101-103.
(550) *Ibid.*, p. 131-134.
(551) *Ibid.*, p. 164-170.
(552) VASCONCELOS FILHO, Oton de Albuquerque. **Liberdades sindicais e atos anti-sindicais**: a dogmática jurídica e a doutrina da OIT no contexto das lutas emancipatórias contemporâneas. São Paulo: LTr, 2008. p. 50-51.
(553) EBERT, 2007, p. 100.
(554) GAMONAL CONTRERAS, 2011, p. 59.

Ademais, conforme afirma Herrera Flores, "nada é mais universal que garantir a todos a possibilidade de lutar, plural e diferenciadamente, pela dignidade humana". Maior violação a Direitos Humanos não há que impedir um indivíduo, grupo ou cultura de lutar pelos seus objetivos éticos e políticos em geral.[555] Nesse aspecto, conforme se denotará no desenvolvimento da pesquisa, a interpretação fornecida ao artigo 8º, incisos I e II da Constituição de 1988, constitui uma vedação a implementação das lutas sociais por meio do exercício da liberdade sindical.

Nesse mesmo aspecto esclarece o mesmo autor que a unidade sindical pode assumir duas formas, uma estrutural e outra de atuação, sendo a primeira, quando existe um único sindicato e a segunda quando vários sindicatos se unem pela luta frente aos empregadores (tradução livre da autora)[556]. Aqui abre-se uma alternativa de interpretação ao conteúdo do artigo 8º, I e II da CRFB, no que concerne à adequação desse dispositivo aos demais preceitos da mesma carta, assim como aos instrumentos internacionais internalizados pelo Brasil.

Hermeneuticamente falando, o artigo 8º da CRFB/1988 não esgota seu sentido e alcance, sendo necessária uma análise a partir do contexto constitucional, pautados na democracia e no pluralismo ideológico, para a partir daí compreendê-lo.[557] A respeito do princípio e da aplicação da máxima efetividade dos Direitos Fundamentais, Ebert afirma que "o critério do registro no órgão competente não logra a máxima concretização possível dos postulados da liberdade sindical, do pluralismo ideológico e da democracia".[558] Registro esse que será abordado na sequência.

Para Cançado Trindade o processo de generalização da proteção aos Direitos Humanos decorre de instrumentos como a Declaração Universal e Americana de Direitos Humanos, a partir da constatação de que não bastava proteger minorias, mas sim proteger o ser humano como tal. Consequentemente, numa visão contemporânea do direito, há uma fragmentação histórica havendo uma hierarquização da proteção aos Direitos Humanos.[559]

Ainda importante considerar que "a interpretação dos dispositivos dos ordenamentos internos ao preverem a liberdade sindical deverá levar em conta – em maior ou menor medida – o conteúdo traçado pelos pactos internacionais de Direitos Humanos".[560] E da mesma forma a interpretação do artigo 8º da CRFB quanto à liberdade sindical deverá ser pautada em instrumentos internacionais de Direitos Humanos internalizados pelo país.[561]

Atualmente a Constituição de 1988 manteve o sistema confederativo e a organização sindical por categorias, logo não é possível constituir sindicatos para além da identidade, similaridade ou conectividade das categorias, conforme consta do artigo 511 da CLT, ou seja, o modelo adotado pelo Brasil é o sindicato único por categoria, sem a possibilidade de reunião de sindicatos sem tal convergência.[562]

Ainda sendo o sindicato uma pessoa jurídica de direito privado, após as deliberações para fundação pelos interessados, a ata de criação e o estatuto devem ser registrados no cartório de Títulos e Documentos. Reconhecida a personalidade jurídica de direito civil à nova associação procede-se o registro perante o Ministério do Trabalho e emprego, para atribuição de personalidade jurídica trabalhista e aquisição da prerrogativa da representatividade da classe.[563] Importante mencionar a atuação administrativa do Estado no que concerne ao registro sindical com a existência de várias portarias ministeriais, as quais merece destaque a Portaria n. 376/2000 que ampliou a atribuição do Ministério do Trabalho e Emprego em vários aspectos da vida sindical.[564]

---

(555) HERRERA FLORES, 2009, p. 120.
(556) GAMONAL CONTRERAS, *op. cit.*, p. 59-60.
(557) EBERT, 2007, p. 106.
(558) *Ibid.*, p. 107.
(559) CANÇADO TRINDADE, 2000, p. 23-26.
(560) EBERT, *op. cit.*, p. 109.
(561) *Ibid.*, p. 119.
(562) STÜRMER, 2007, p. 83.
(563) *Ibid.*, p. 85.
(564) SILVA, Sayonara Grillo Coutinho Leonardo da. Arranjos institucionais e estrutura sindical: o que há de novo no sistema jurídico sindical brasileiro? In: DELGADO, Gabriela Neves; PEREIRA, Ricardo José Macêdo de Britto. (Coord.). **Trabalho, Constituição e cidadania**: a dimensão coletiva dos direitos sociais trabalhistas. São Paulo: LTr, 2014. p. 264-265.

Em 10 de abril de 2008 a Portaria n. 186 substituiu as regras precedentes e em particular "acaba por reconhecer, de forma mitigada, a existência de múltiplas entidades de grau superior no sistema confederativo, em interpretação coerente com maior autonomia sindical". Tal regulamentação inovadora, embora contestada perante o STF, "contribuiu para diminuir a distância entre o arranjo institucional vigente e a realidade da conformação sindical brasileira, ao reconhecer a realidade de convivência de inúmeras confederações e federações sindicais".[565]

Em 1º de março de 2013 foi editada a Portaria n. 326 do MTE, que regulamenta o registro das entidades sindicais de primeiro grau[566], excluindo assim o procedimento na referida Portaria n. 186, lá permanecendo, portanto, as regras para registro das entidades federativas e confederativas. Assim "o registro da pessoa jurídica no órgão competente, de que trata o artigo 8º, inciso I, da CRFB, é neste sentido, mera possibilidade, jamais uma imposição. A Constituição permitiu que o legislador exigisse que as entidades sindicais se registrassem em um órgão competente, mas não impôs o registro".[567]

Esse é o entendimento da doutrinadora em questão, não obstante em total contrariedade ao entendimento do STF, a exemplo do julgamento da ADPF 288 MC / DF, no voto proferido pelo Ministro Celso Mello que "apenas o registro dos atos constitutivos no Ofício do Registro Civil das Pessoas Jurídicas não basta, só por si, para conferir personalidade de direito sindical à entidade para tal fim constituída, pois prevalece, nessa matéria, a exigência do duplo registro, consoante tem sido acentuado pela jurisprudência do Supremo Tribunal Federal".[568]

No Brasil é flagrante a contradição nas regras constitucionais que tratam do sistema sindical, vez que no artigo 8º, *caput* e inciso I apresentam à liberdade de associação e vedação a interferência do Estado nas atividades sindicais, o inciso II impõe o sistema de unicidade sindical, em qualquer grau, na mesma base territorial não inferior a um município, sendo a federação limitada a uma para cada Estado e a confederação limitada à União, uma para cada categoria.[569] A unicidade sindical é arcaica e retira dos trabalhadores a liberdade de organização essencial para o enfrentamento do transnacionalismo econômico e enfraquece a solidariedade em todos os níveis.[570]

Aparentemente, um dos problemas da Constituição de 1988 diz respeito às competências decisórias aos cidadãos como coletivo, no caso em tela aos trabalhadores, o que está diretamente relacionado ao *déficit* de cidadania, consequência da crise do Estado de Bem-Estar Social. O resultado dessa lacuna é a perpetuação do paternalismo e da negação da autodeterminação, individual e coletiva no contexto da organização sindical, passando o sindicato a mero prestador de serviços de cunho assistencial, mantendo os interessados à margem das deliberações, sem o efetivo exercício da autonomia e democracia sindical.[571]

Nesse aspecto, importante compreender a força da organização como local de tomada de decisões, suficientemente organizados, e "as organizações estimulam reciprocamente o crescimento de outras organizações". Os sindicatos democráticos são organizações que operam mediante decisões, com a participação dos representados. A democracia é a chave da construção da identidade coletiva, o que se faz necessário para haver alteração na relação entre capital e trabalho.[572] O sindicato como ente de intermediação e deliberação entre trabalhadores e empregadores não pode ter limitada a sua atuação pelo Estado.

Interessante à compreensão da forma como o discurso corporativo impregnou a Constituinte, porém ainda assim há que se pensar em novos caminhos interpretativos aos citados dispositivos constitucionais. A interpretação dada está em total descompasso aos demais preceitos internos e internacionais de proteção à liberdade sindical. O Brasil é uma contradição injustificada no que concerne ao exercício da liberdade sindical, o que até o momento o corpo legislativo não logrou êxito em superar essa celeuma.

---

(565) *Ibid.*, p. 266-267.
(566) BRASIL. Portaria n. 326/2013. Ministério do Trabalho e Emprego. Disponível em: <http://portal.mte.gov.br/data/files/8A7C812D3DCADFC3013F5281ACF8347B/Port.SRT.326-2013.pdf>. Acesso em: 4 jan. 2015.
(567) SILVA, *op. cit.*, p. 264.
(568) BRASIL. Supremo Tribunal Federal. Ação de descumprimento de preceito fundamental 288 MC/DF. Decisão de: 21 out. 2013. Disponível em: <http://www.stf.jus.br/portal/processo/verProcessoAndamento.asp?numero=288&classe=ADPF&codigoClasse=0&ORIGEM=JUR&recurso=0&tipoJulgamento=>. Acesso em: 5 jan. 2014.
(569) STÜRMER, 2007, p. 84.
(570) OLIVA, 2011, p. 105.
(571) LOURENÇO FILHO, 2011, p. 101-109.
(572) *Ibid.*, p. 111-113.

3.2 VALORAÇÃO DA LIBERDADE DE ASSOCIAÇÃO E PLURALIDADE SINDICAL NO ORDENAMENTO JURÍDICO BRASILEIRO COMO DIREITO FUNDAMENTAL

Este item se prestará à apresentação da valoração da liberdade de associação e suas nuances e hierarquia no ordenamento jurídico brasileiro, assim como apresentará a pluralidade sindical nesse mesmo contexto. A necessidade de harmonização dos preceitos constitucionais, tanto com o ordenamento infraconstitucional, assim como com os Tratados internacionais, é um pilar de sustentação na construção de uma democracia pautada no respeito aos direitos e Garantias Fundamentais.

Nesse viés, Bakunin, em defesa ao direito de associação aos trabalhadores, compreende que "pela associação eles instruem-se, informam-se mutuamente, e põem fim, por seus próprios esforços, a essa fatal ignorância que é uma das principais causas da escravidão".[573] A liberdade como corolário de exercício da democracia possui inúmeras faces, porém a que interessa aqui é a liberdade de associação para finalidades laborais.

Assim a organização coletiva representa na sociedade democrática "el ejercicio de libertades y derechos civiles y políticos, con los nuevos derechos económicos, sociales e culturales, pues implica el reconocimiento de intereses colectivos en el marco de la pluralidad social".[574], [575] No que concerne ao discurso liberal e ao exercício das liberdades individuais e coletivas, Gargarella compreende que deve-se reconhecer a liberdade de cada indivíduo em desenvolver suas próprias ideias, fixar seus planos de vida, em que está implícita a defesa das liberdades de consciência, de expressão, culto e liberdade de associação com quem livremente se queira.[576]

A associação para fins sindicais possui uma centralidade e fundamenta-se sob a faceta da abertura ao diálogo social e da construção de um espaço de deliberação, assim como um canal comunicativo entre os interlocutores, que no caso em tela, de um modo geral, são os empregados e empregadores, mas nada obsta, a exemplo, de uma demanda coletiva, que os sindicatos tanto da categoria econômica quanto da categoria profissional sejam os interlocutores sociais entre as partes e o Poder Judiciário. Logo se reitera a multifacetária composição do direito de associação.

Importante inicialmente a compreensão de que "trabalhar, em última análise, não era um valor. Explorar o trabalho alheio, sim. Essa moral do trabalho persiste na sociedade brasileira, em maior ou menor nível, até nossos dias".[577] Ante ao tal conceituação há a necessidade de mudança de paradigma nesse sentido, de medidas para inibição de tais abusos.

Ademais, "o processo de industrialização do país deu-se integrado aos regimes autoritários e ditatoriais, deles dependendo para configurar-se como tal".[578] A indústria, sabidamente, desenvolveu-se às custas da exploração do trabalho escravo e após, com a exploração de mão de obra barata, sem o respeito a condições mínimas. Nesse viés, é necessária a intervenção estatal para limitar e tentar alterar essa forma de exploração humana, o que aconteceu ao longo do tempo. O sindicato surge como um interlocutor entre o trabalhador e o Estado, num primeiro recorte institucional, pautado no corporativismo.

A ideia de liberdade sindical possui vínculos com a noção de liberdade, termo amplo e de inúmeras conotações, sendo que "inicialmente a natureza dos direitos do homem se identificava com determinadas *liberdades* do indivíduo face e contra o Estado" (grifo do autor).[579] Nessa linha o direito à

---

(573) BAKUNIN, Mikhail. (1814-1876). A dupla greve de Genebra 1869. In: BAKUNIN, Mikhail; LEVAL, Gaston. **Bakunin, fundador do sindicalismo revolucionário**: a dupla greve de Genebra. Tradução de: Plínio Augusto Coêlho. São Paulo: Faísca, 2007b. p. 90.
(574) GUERREIRO, 2007, p. 27.
(575) O exercício de liberdades e direitos Civis e Políticos, com os novos direitos econômicos, sociais e culturais, implica no reconhecimento de interesses coletivos como marco da pluralidade sindical. (Tradução livre da autora).
(576) GARGARELLA, Roberto. **El derecho a la protesta**: el primer derecho. 1. ed. 2. reimp. Buenos Aires: Ad-Hoc, 2014. p. 243.
(577) TITTONI, Jaqueline. **Trabalho poder e sujeição**: trajetórias sobre o emprego, o desemprego e os "novos" modos de trabalhar. Porto Alegre: Dom Quixote, 2007. p. 24.
(578) *Ibid.*, p. 41.
(579) CLÈVE, Clèmerson Merlin. **Temas de direito constitucional**. 2. ed. rev., atual. e ampl. Belo Horizonte: Fórum, 2014. p. 23.

liberdade possuía identificação direta com a contraposição ao Estado, ou em face do Estado, este como provedor de determinadas liberdades ou responsável por assegurar liberdades.

Nesse segmento, juntamente com o reconhecimento da liberdade sindical a Constituição reconhece o Direito Coletivo do Trabalho, que trata da negociação coletiva e do direito à greve, que é um instrumento laboral por meio do qual se reforça a capacidade coletiva da negociação dos trabalhadores com a finalidade de obtenção de melhores condições de trabalho.[580]

Nesse segmento, importante a conceituação e divisão apresentada por Ermida Uriarte ao afirmar que a liberdade sindical possui um alcance subjetivo e outro objetivo, sendo o subjetivo aquele que compreende a proteção e definição dos sujeitos protegidos e passivos perante práticas antisindicais, entre os quais estão os empregados, trabalhadores em geral, dirigentes, afiliados a sindicatos e até mesmo os empregadores. Tais sujeitos, de outro ângulo são titulares ou sujeitos ativos de ações ou mecanismos de proteção.[581]

Em outro viés o alcance objetivo está no contexto da aplicação das medidas de proteção da atividade sindical, com a definição de quais são os atos antissindicais, ou seja, o conjunto de dificuldades encontradas pela atuação sindical. Compreende-se por práticas antisindicais todas as condutas que prejudicam, limitam ou impõem entraves ao desenvolvimento da atividade sindical e ação coletiva, tendo como agentes tradicionalmente os empregadores e da mesma forma podem ser agentes e realizadores de atos antisindicais, o Estado, os sindicatos e organizações sindicais como um todo, sendo esses os mais tradicionais sujeitos agentes em práticas antissindicais.[582]

Importante mencionar o conceito de liberdade exposto por Bakunin em seu diálogo imaginário com Marx, quando afirmou que "a liberdade consiste no pleno desenvolvimento de todas as potências materiais, intelectuais e morais existentes no homem". Nesse mesmo viés prosseguiu que a liberdade citada não reconhece restrições senão as da própria natureza, defendendo a liberdade ampla a todos.[583]

Assim "a espécie de liberdade gozada pelo homem no estado de natureza decorre do isolamento em que se encontra. É uma liberdade negativa, relacionada com a ideia de ausência de obstáculos para fazer o que o homem bem quiser". Porém, segundo o autor, essa liberdade não é absoluta, pois pode sofrer restrições originadas da ação direta de seus semelhantes.[584]

Essa ideia de liberdade natural se modifica uma vez que "com o contrato social é criado o estado civil em que a liberdade não é mais natural, sem limites, mas convencional, civil ou moral".[585] A problemática está justamente nessa convenção de liberdades. É justamente aqui, por vezes, que o empregado, em razão de fatores sociais, educacionais ou outros, submete-se a uma condição degradante. O empregado que está ante as necessidades mínimas, ante a sua família, não possui condições morais para exigir um mínimo de garantias, logo há a sucumbência dos direitos e das garantias.

Em face da fragilidade em que se encontra "o indivíduo não pode mais ser pensado isoladamente, o processo de formação de relações sociais é irreversível".[586] A ideia de pensamento coletivo como forma de fortalecimento nasce em premissas comprometidas com o bem-estar social e de determinada quantidade de pessoas. Uma categoria unida com os mesmos propósitos é fortalecida por um elo elementar, qual seja um elemento subjetivo que os fortalece e une a ponto de organizar as pretensões, os requerimentos e rumos de um determinado número de pessoas.

Assim, "a liberdade de se agrupar constitui um fundamento indispensável da maior parte das liberdades coletivas".[587] Nesse espaço se proporciona o fortalecimento individual e coletivo, o aumento da confiança, assim como é um local de construção e sedimentação de relações interpessoais, discussões, negociações enfim um espaço aberto à deliberação de toda a categoria ou grupo associado.

---

(580) VARGAS, 2012, p. 351.
(581) URIARTE, 1987, p. 29-40.
(582) *Ibid.*, p. 41-46.
(583) CRANSTON, 2011, p. 67.
(584) RODRIGUEZ, 2003, p. 324.
(585) *Ibid.*, p. 327.
(586) *Ibid.*, p. 328.
(587) MORANGE, 2004, p. 265.

Nesse aspecto, "o Estado é necessário para promover a incorporação à cidadania formal e social de uma grande parte de sua população, que continua trabalhando no mercado informal sem acesso aos direitos sociais fundamentais".[588] Nesse viés, a promoção e efetivação dos direitos sociais advêm de medidas ativas do Estado, este como ente responsável pela organização social e promoção desses direitos na sociedade, como medidas prestacionais, local em que se encontra a liberdade de associação.

Admirável a percepção de que

> a liberdade sindical é uma liberdade civil e política. É uma liberdade civil já que consagra o direito de particulares reivindicarem certa autonomia na regulação dos fenômenos sociais, a liberdade de agrupamentos coletivos em não sofrer a intervenção do Estado e de constituir um ordenamento normativo especial e autônomo do estatal.

É uma liberdade política por compreender o poder de resistência coletiva de cidadãos e a participação nas estruturas e funções estatais.[589]

A constatação de que "é preciso desenvolver políticas específicas com o fim de acabar com a desigualdade de renda: desenvolvimento econômico não é sinônimo de desenvolvimento social".[590] Assim ao Estado cumpre inicialmente em sua própria estrutura promover medidas de igualdade, de abolição de formas degradantes de trabalho, assim como de fiscalizar e inibir práticas que colidam com o ordenamento jurídico vigente.

Em premissas naturais e pautadas num estado de proporção geral "o homem é também dotado de livre-arbítrio, ou seja, de capacidade para atuar ou deixar de atuar com base num julgamento ponderado a respeito do futuro bem ou de um dano".[591] O exercício de liberdades pelo ser humano só é possível quando se tem um equilíbrio, uma vez que sem estes o exercício das liberdades passa a ser comprometido. No segmento laboral, há que se pensar que os abusos acontecem justamente quando se está ante os visíveis desequilíbrios, de um modo geral o trabalhador se submetendo a condições aquém do mínimo previsto na legislação laboral.

Ressalte-se que "el Derecho de asociación es un derecho fundamental y como tal, en la medida que tenga fines lícitos, es considerado como un derecho humano reconocido universalmente".[592],[593] No que concerne ao trabalho "na medida em que a desigualdade aumentava a níveis insuportáveis, revelando-se a toda violência da exploração capitalista do trabalho, os trabalhadores passam a organizar-se para defender seus interesses".[594] A percepção de fortalecimento quando da associação gera inclusive um espaço de maior liberdade para manifestação e repulsa em face das opressões. A certeza de que possui um interlocutor faz com que o empregado exercite mais a liberdade de manifestação. A liberdade "é um elemento constitutivo do ser humano".[595] Ainda, quando o interlocutor reúne as arguições de uma maioria, compacta e repassa a quem de direito, há um fortalecimento individual e coletivo.

A respeito do exercício de Direitos Fundamentais coletivos, entre os quais Canotilho cita associações sindicais, definindo-os como "direitos coletivos das organizações, cujo escopo directo é a tutela de formações sociais, garantidoras de espaços de liberdade e de participação no seio da sociedade plural e conflitual".[596]

A manifestação por meio de um ambiente coletivo, além de proporcionar o fortalecimento das relações, propicia o desenvolvimento da confiança institucional, a confiança individual pelo simples saber a quem recorrer e inclusive o fato de não se situar sozinho ante a um problema, que na verdade, por vezes, é de muitos. O fortalecimento social e psicológico que a organização associativa proporciona é de todo saudável ao desenvolvimento do indivíduo como integrante de uma sociedade.

---

(588) RODRIGUEZ, 2003, p. 61.
(589) GAMONAL CONTRERAS, 2011, p. 58-59.
(590) RODRIGUEZ, *op. cit.*, p. 62.
(591) RODRIGUEZ, 2003, p. 323.
(592) ERRÁZURIZ, 2014, p. 561.
(593) O direito de associação é um direito fundamental e como tal, na medida em que tenha fins lícitos, é considerado um direito humano reconhecido universalmente (Tradução livre da autora).
(594) RODRIGUEZ, *op. cit.*, p. 334.
(595) MELO, 2013, p. 131.
(596) GOMES, J. J. Canotilho. (1941). **Direito consstitucional e teoria da Constituição**. 7. ed. 6. reimp. Lisboa: Almedina, 2003. p. 424.

Nesse viés, a Carta Magna do Brasil apresenta no artigo 3º[597] a liberdade como um dos objetivos fundamentais da República Federativa do Brasil – a construção de uma sociedade livre. A ideia de construção de uma sociedade livre já traz à tona a ideia do indivíduo e do coletivo, qual seja a sociedade como um todo, num agir livre, seja do ponto de vista individual ou coletivo. Insta constar, segundo Corsi, que a liberdade sindical possui dimensões individuais e coletivas, de acordo com seus titulares, que as traduzem em condutas destinadas a materializar o exercício do direito.[598]

Ainda, importante ressaltar que o pluralismo é parte integrante do preâmbulo da Constituição de 1988, assegurando a instituição do Estado Democrático e da construção de uma sociedade fraterna, pluralista, sem preconceitos, assim como a necessidade de assegurar o exercício dos direitos sociais.[599] Nesse viés, coaduna-se com o entendimento de que "o preâmbulo da Constituição de 1988 revela estreita conexão entre os valores nele enunciados (... sociedade pluralista e harmonia social) com os princípios e objetivos fundamentais da República Federativa do Brasil enunciados no Título I da Constituição".[600]

A própria ideia de Estado democrático de direito em sintonia com a ideia de sociedade livre e pluralista nos propõe a menção ao exercício das liberdades individuais e coletivas de forma plena e pautada no respeito da máxima ideia de liberdade, sem restrições e sem limitações, salvo quanto à organização, para fins de segurança dos integrantes, como é o exemplo da comunicação de autoridades para o exercício do direito de reuniões públicas.

Assim, "ao conferir ao pluralismo a pecha de princípio fundante da República Federativa do Brasil, o legislador constituinte originário nada mais fez do que reconhecer o caráter multiforme da sociedade – formada pelos mais variados grupos e interesses – e, por conseguinte, os conflitos ideológicos e políticos presentes em seu interior".[601]

A compreensão de que o país adotou um modelo de Constituição pautado na democracia, respeito aos Direitos Humanos e inclusive aos Tratados internacionais não fora mera coincidência, mas sim uma efetiva intenção do legislador originário. Tais preceitos na Constituição de 1988 fundam e formam a base estrutural da democracia brasileira, ainda que do ponto de vista formal.

Assim o "pluralismo político é a possibilidade da existência de vários partidos políticos na sociedade. Pluralismo jurídico é a existência de várias fontes de edição de normas dentro de um ordenamento jurídico, não sendo apenas o Estado o único a editar normas jurídicas".[602] A necessidade de várias fontes normativas para o trabalho é de todo fundamental, não obstante o trabalho está para muito além de um simples labor diário. Ademais o trabalho comporta a importância de interferência na vida social, econômica, sexual, psicológica, saúde física e mental entre outros fatores humanos.

A importância da interferência do trabalho na vida das pessoas vai muito além daquilo que se pode perceber, assim há a necessidade da emissão de normas por vários órgãos, públicos ou privados, por vezes. A exemplo pode-se visualizar o Ministério do Trabalho e Emprego e a emissão de normas de saúde e segurança, o Poder Judiciário que impõe medidas coercitivas ou não na garantia de direitos, o regulamento da empresa que propõe normas de funcionamento empresarial que interferem no trabalho e no dia a dia do empregado e claro, não menos importante, o sindicato, com as negociações, instrumentos coletivos, lutas diárias administrativas ou judiciais por melhores condições de trabalho.

Nesse sentido "o reconhecimento do pluralismo como princípio do Estado de direito e de uma ampla liberdade de associação estão de acordo com a ideia de democracia como institucionalização

---

(597) BRASIL. **Constituição da República Federativa do Brasil**. (1988). Disponível em: <http://www.planalto.gov.br/ccivil_03/constituicao/constituicaocompilado.htm>. Acesso em: 20 jan. 2015.
(598) CORSI, 2013, p. 18.
(599) O Preâmbulo da CF 1988 versa: "Nós, representantes do povo brasileiro, reunidos em Assembleia Nacional Constituinte para instituir um Estado Democrático, destinado a assegurar o exercício dos direitos sociais e individuais, a liberdade, a segurança, o bem-estar, o desenvolvimento, a igualdade e a justiça como valores supremos de uma sociedade fraterna, pluralista e sem preconceitos, fundada na harmonia social e comprometida, na ordem interna e internacional, com a solução pacífica das controvérsias, promulgamos, sob a proteção de Deus, a seguinte CONSTITUIÇÃO DA REPÚBLICA FEDERATIVA DO BRASIL".
(600) CARVALHO, Kildare Gonçalves. **Direito constitucional**: teoria do estado e da Constituição – direito constitucional positivo. 17. ed., rev. atual. e ampl. Belo Horizonte: Del Rey, 2011. p. 553.
(601) EBERT, 2007, p. 57.
(602) MARTINS, 2001, p. 20.

dos conflitos sociais".[603] O pluralismo como premissa do Estado Democrático de direito não se limita a meros partidos políticos, mas ultrapassa as barreiras da sociedade, proporcionando a liberdade de associar ou não, a um ou a várias entidades associativas, nacionais e até mesmo internacionais, num sentido amplo e democrático de pluralismo. A ideia aqui remete à pluralidade de formas de proteção aos direitos e às garantias inerentes à dignidade da pessoa humana.

Assim se verifica que a ampla e plena democracia "afirma o pluralismo a existência de uma pluralidade de ordenamentos jurídicos no seio da vida em sociedade".[604] O exercício da pluralidade jurídica há de ser respeitada, sob o risco de se conceber uma democracia limitativa, incompleta. Nessa envergadura "a sociedade pluralista tem vários pressupostos, como por exemplo, políticos, culturais, econômicos, jurídicos e sociais"[605] que sedimentam e concretizam a possibilidade de exercícios plurais de liberdade. A liberdade não se limita a um só segmento, mas a todos os segmentos da sociedade, há o pressuposto de liberdade plena em todas as faces da sociedade.

Ainda há que se mencionar que no artigo 1º, V da Constituição de 1988, o pluralismo político constitui um dos fundamentos do Estado Democrático de direito. Nesse sentido "não obstante mencionar o pluralismo político como um dos fundamentos do Estado Democrático de Direito, declara, no artigo 5º, XX, que ninguém poderá ser compelido a associar-se ou a permanecer associado, norma que vem reforçada no artigo 8º, no que se refere à sindicalização".[606] Tal disposição é a configuração das liberdades negativas e positivas, como vieses do exercício da ampla e plena liberdade.

Ainda nesse mesmo sentido é crucial a compreensão de que "com o pluralismo político surgem os interesses coletivos e difusos (direitos transindividuais), os quais deixam de se referir ao Estado para se centrarem nos grupos e na própria sociedade".[607] A construção da ideia de pluralidade está justamente na possibilidade de descentralização do regramento, para a sociedade, está mais do que o Estado sabe das necessidades que possui, no que concerne a normas de organização e de construção justa da liberdade individual ou coletiva.

Na realidade, quando se sedimenta o campo do trabalho, percebe-se que "o interesse coletivo é o fundamento da autonomia privada coletiva. O sindicato acaba defendendo um interesse comum das pessoas. São criadas, modificadas e extintas condições de trabalho".[608] O sindicato como entidade de defesa dos interesses laborais de determinada categoria, pela proximidade que está, pelas demandas diárias, e claro, pela possibilidade diária de verificação desses anseios, possui maior possibilidade de demandar efetivamente o necessário para aquela coletividade.

O Estado como ente público em comparação com o sindicato não possui tanta proximidade às categorias específicas, logo, nesse viés, estão em maior distância dos trabalhadores, porém deve sim receber o sindicato como um canal de luta por melhorias as classes laborais. Assim "o pluralismo, no sentido amplo, adotado pela Constituição, corresponde à viabilidade de existência de diversas manifestações no seio da sociedade, visando a limitar a concentração de poderes a convivência entre ideais diferentes".[609]

O sindicato, bem constituído e liberto das amarras corporativistas é independente, livre e totalmente parcial aos interesses dos seus representados, diferentemente do Estado que em função da representatividade pode conter representantes eivados de interesses do empresariado e enfim particulares, logo não pode ser o ente interlocutor entre as classes.

A liberdade sindical é um princípio matriz do direito coletivo do trabalho e implica na possibilidade dos trabalhadores e empregadores organizarem-se livremente, com o fim de constituir organizações coletivas que os representem por meios específicos: a negociação coletiva e a greve.[610]

---

(603) RODRIGUEZ, 2003, p. 337.
(604) MARTINS, *op. cit.*, p. 21.
(605) *Ibid.*, p. 23.
(606) CARVALHO, 2011, p. 586.
(607) CARVALHO, loc. cit.
(608) MARTINS, 2001, p. 119.
(609) PAMPLONA FILHO, 2013, p. 55.
(610) GAMONAL CONTRERAS, 2014, p. 69.

Assim "a liberdade sindical pode ser vista como uma situação jurídica, ou seja, um conjunto de posições jurídicas combinadas usualmente da mesma maneira, de que são titulares indivíduos ou grupo profissional".[611] A detenção desse conjunto de posições jurídicas deve ser completa ou no mínimo possuir o máximo de alcance possível. Limitações e recortes podem sim por em risco a essência, qual seja a liberdade de exercício de direitos mínimos.

A partir dessa premissa "sendo a liberdade sindical condição de existência dos sindicatos, é preciso examinar a tutela jurisdicional a que estão submetidos, considerando-os como uma espécie do gênero associação".[612] Atualmente no Brasil não se pode falar em completa inexistência de liberdade sindical, uma vez que os sindicatos existem, porém é uma liberdade limitada e deficiente, face ao modelo de liberdade sindical adotado pelo Brasil.

Segundo José Rodrigo Rodriguez

> é possível dizer que a liberdade sindical é o espaço para a ação sindical recortado pelas normas jurídicas e determinado por sua imunidade em relação à vontade do Estado, empregadores e quaisquer outros entes, e pelos poderes-deveres que está constrangido a exercer em favor dos interesses da categoria, observados os limites constitucionais e aqueles decorrentes da colisão com outros direitos fundamentais.[613]

Esse espaço para a ação sindical não pode sofrer interferências no modelo, formato e quantidade de entidades associativas a ser implementadas, sob o risco de se mitigar o bem maior que é liberdade. Sob esse aspecto "o pluralismo sindical, porém não existe no Brasil, pois o inciso II do artigo 8º da Lei Maior veda a existência de mais de um sindicato na mesma base territorial (...) fica em parte mitigado o pluralismo político, em decorrência da unicidade sindical".[614] Fator que não só ocasiona prejuízos a classe trabalhadora, mas a toda a sociedade, uma vez que o exercício pleno da liberdade sindical pode fomentar medidas de proteção que vão desde os melhores salários até lutas sociais em função de melhores condições de vida como um todo.

Ressalte-se que "nos países em que vigora a plena liberdade sindical, o Estado não limita a autonomia privada coletiva",[615] podendo as partes fundar quantos sindicatos e associações de classe pretender, sem a interferência do Estado. A classe deve ser livre para decidir a extinção ou criação de uma ou varias entidades, desde que pautadas no propósito de promover lutas por melhores condições de trabalho e consequentemente melhoria na condição de vida das pessoas.

Ademais, "em uma concepção pluralista em matéria coletiva da sociedade, o direito de autoconstituição dos grupos com interesses legítimos é um direito básico, que o Estado só pode reconhecer ou declarar sua existência, mas não conceder e nem criar".[616] A interferência do Estado na criação ou extinção de entidades sindicais põe em risco a autonomia e a liberdade, logo não podem ser aceitas no ambiente em que se respeita a ampla e irrestrita liberdade sindical.

Enfim, "a autonomia privada coletiva é a expressão do pluralismo jurídico no Direito do Trabalho. Na autonomia privada coletiva, há coexistência entre normas estatais e não estatais. A democracia não nasce do Estado, mas dos indivíduos e grupos que compõem a sociedade".[617] A democracia pressupõe o poder de decisão e participação da sociedade quanto aos anseios sociais e organizativos. Nada mais equilibrado e democrático do que a própria sociedade decidir a respeito de seu modo de vida, ainda que em sintonia com Estado. Assim "no verdadeiro Estado Democrático de direito, as normas devem ser elaboradas com a mais ampla participação possível dos interessados, admitindo-se, portanto, a coexistência de várias normas ao mesmo tempo".[618]

Assim certamente seria possível a legislação se aproximar ao máximo dos anseios sociais, há que se perceber que a legislação na grande maioria das vezes não atinge o Estado, mas sim a sociedade, materializada em seres humanos, pessoas, trabalhadores ou não. Importante ressaltar que "para

---

(611) RODRIGUEZ, 2003, p. 364.
(612) *Ibid.*, p. 335.
(613) *Ibid.*, p. 475.
(614) MARTINS, 2001, p. 25.
(615) MARTINS, 2001, p. 124.
(616) URIARTE, 2013, p. 13.
(617) MARTINS, *op. cit.*, p. 125.
(618) *Ibid.*, p. 165.

o desenvolvimento da autonomia privada coletiva, é fundamental a existência da liberdade sindical, tal qual a preconizada na Convenção n. 87 da OIT. Podem ser constituídos tantos sindicatos quantos forem desejados pelas partes".[619] A intermediação do sindicato no Estado Democrático se exerce sob a elaboração de normas provenientes de várias fontes, inclusive as normas coletivas, para regular as condições de trabalho entre trabalhadores e empregadores.[620]

Importante mencionar o conteúdo do Pacto de São José da Costa Rica, promulgado pelo Brasil via Decreto n. 678, em 1992, logo no preâmbulo assegura o reconhecimento da tutela aos Direitos Humanos não pela nacionalidade, mas pelo fato de ser pertencente à espécie humana.[621] Aspecto esse que justifica a existência e a necessidade de aderência e respeito pelo Estado, a várias fontes normativas, nacionais e internacionais, individuais ou coletivas.

Nessa questão de participação de fontes "constata-se, pois, ser o sindicato uma entidade essencial para a efetiva implementação da *democratização das relações de trabalho*, já que a obtenção de novos direitos por parte dos trabalhadores dependerá, em grande parte, do papel desempenhado pelo sindicato nessa negociação, de modo a evitar que prepondere o antípoda da democracia – o arbítrio". (grifo do autor)[622] A preponderância do interesses dos empregadores poderia, parte reconhecidamente mais forte na relação de emprego, proporciona um distanciamento ainda maior do equilíbrio contratual nas relações laborais, o que seria altamente lesivo ao empregado.

Nesse sentido, a intervenção estatal só se justifica quando imbuída numa premissa de redução da desigualdade entre empregados e empregadores e nesse sentido a atuação coletiva do empregado em oposição à força econômica reduz a desigualdade e pode reduzir a intervenção estatal.[623] Segundo a OIT, a ideia de liberdade na criação de associações e organizações sindicais está justamente relacionada à possibilidade de ação com liberdade e pela vontade própria, da maioria dos trabalhadores de determinada categoria ou empresa. Nesse segmento insta mencionar que "o princípio da liberdade sindical poderia muitas vezes tornar-se letra morta se, para criar uma organização, os trabalhadores e empregadores tivessem que obter qualquer forma de permissão".[624]

A possibilidade de ação com ampla e irrestrita liberdade está na concepção de que "a pluralidade sindical em sua acepção pura pressupõe a representatividade dos integrantes de uma determinada categoria por parte do sindicato por eles escolhido".[625] A liberdade para a escolha é a solidificação do ideário de liberdade sindical, sem um mínimo de condições e possibilidade de escolha não se pode falar na existência de liberdade sindical.

A respeito da conquista de direitos nos mais diversos segmentos laborais, citando a exemplo os programas de ginástica laboral, o que demonstra que o sindicato age para além do constante na legislação, o autor cita a importância e o papel democratizador que o sindicato ocupa na sociedade atual.[626] Assim, "esses direitos não constantes expressamente no art. 7º da Constituição, são exemplos que refletem ser o sindicato um agente viabilizador da democratização das relações de trabalho".[627]

Essa democratização do direito ao exercício da liberdade sindical produz efeitos positivos e espalha seus resultados por toda a sociedade, menos para os sindicatos corporativos e que não lutam pelos direitos dos trabalhadores. Os efeitos irradiados à sociedade, considerando o exemplo acima, vão desde o acidente de trabalho que não aconteceu ao hospital que não precisou atender, o sistema de previdência que não necessitou fornecer benefício previdenciário, a família que possui o pai ou a mãe com vida e saúde e plena capacidade laborativa, entre outros aspectos exemplificativos, num simples item mencionado. As lutas por proteção e melhorias produzem um efeito social, econômico, cultural entre outros na sociedade, efeitos por vezes invisíveis.

---

(619) *Ibid.*, p. 125.
(620) MARTINS, 2001, p. 164.
(621) PACTO DE SAN JOSÉ DA COSTA RICA. Disponível em: <http://www.planalto.gov.br/ccivil _03/decreto/ 1990-1994/anexo/and678-92.pdf>. Acesso em: 27 jul. 2014.
(622) PAMPLONA FILHO, 2013, p. 57.
(623) URIARTE, 2013, p. 13.
(624) OIT, 2013, p. 79.
(625) EBERT, 2007, p. 61.
(626) PAMPLONA FILHO, 2013, p. 57-58.
(627) *Ibid.*, p. 58-59.

Invariavelmente,

> consideram-se **pressupostos de Direitos Fundamentais** a multiplicidade de factores – capacidade económica do Estado, clima espiritual da sociedade, estilo de vida, distribuição de bens, nível de ensino, desenvolvimento económico, criatividade cultural, convenções sociais, ética filosófica ou religiosa – que condicionam, de forma positiva e negativa, a existência e proteção dos direitos económicos, sociais e culturais. (grifo do autor)[628]

O exercício pleno das liberdades, em especial a liberdade sindical, só pode proporcionar a democracia uma melhor adequação concreta e formas de efetivação da mesma como instrumento de promoção de direitos a todos.

Nesse aspecto, "o desenvolvimento requer que se removam as principais fontes de privação de liberdade: pobreza e tirania, carência de oportunidades econômicas e destituição social sistemática, negligência dos serviços públicos e intolerância ou interferência excessiva de Estados repressivos".[629] A ideia de que a liberdade está relacionada à remoção de algumas amarras remete a entidade sindical como o interlocutor das perspectivas laborais e coletivas. O empregado, ante qualquer abuso advindo do empregador ou preposto, possui o sindicato como a certa medida porta voz aos seus anseios.

A intervenção estatal nesse relacionamento entre empresa, sindicato e empregado retira toda a liberdade entre os particulares, assim como a liberdade para realização das medidas sindicais e coletivas para determinada categoria. Nesse sentido, impõe-se a proposta de desenvolvimento e liberdade aliados a uma economia desenvolvida e o consequente respeito às liberdades e Garantias Fundamentais, entre elas o direito e a garantia à liberdade sindical.

A despeito dessa temática, importante a compreensão da necessidade de interpretação integrada de uma Constituição democrática, qual seja pautada em preceitos de liberdade, democracia e Direitos Humanos. A respeito da integração da eficácia das normas constitucionais "a não integração normativa dessas normas constitui um descumprimento do compromisso e revela o logro em que caíram as forças políticas que defenderam e as fizeram introduzir no sistema constitucional vigente".[630]

Assim "a economia e o trabalho ganham espaço como dados políticos, assim incorporados à teleologia estatal, integrando-se na sua organização bem como ordenamento jurídico".[631] A pluralidade e a liberdade como estruturas do Estado Democrático de direito são pressupostos de realização aos Direitos Fundamentais. Sem esses pilares dificilmente se pode admitir o respeito aos Direitos Humanos. A liberdade é uma premissa maior para o respeito à dignidade humana. Sem o pleno exercício da liberdade não se pode falar em liberdade sindical, mas sim numa mera expectativa de exercício de direito.

O entendimento do todo da Constituição de 1988 e seus propósitos possibilita compreender que na realidade há sim um ideal de liberdade contido em todo o conteúdo do texto constitucional, e que não pode ser desconsiderado. Além disso,

> Se o pluralismo ideológico tem como corolário a livre criação de entidades políticas, e representativas nos mais diversos segmentos sociais, é claro que as entidades sindicais – como estruturas integrantes desta sociedade e detentoras de função pública inerente à defesa dos interesses de suas respectivas categorias – não podem se subtrair da incidência direta do art. 1º, V da Constituição Federal.[632]

Enfim, percebe-se que o direito à liberdade de associação somada à garantia constitucional de pluralidade, autonomia e ideários de democracia não podem ser sucumbidos em face de um único dispositivo constitucional, qual seja, o artigo 8º, II da Carta Magna, mas sim, deve haver uma harmonização entre tais preceitos.

---

(628) GOMES, 2003, p. 475.
(629) SEN, Amartya. **Desenvolvimento como liberdade**. Tradução de: Laura Teixeira Motta. Revisão técnica de: Ricardo Doninelli Mendes. São Paulo: Companhia das Letras, 2010. p. 16-17.
(630) SILVA, José Afonso da. **Aplicabilidade das normas constitucionais**. 7. ed. 3. tir. São Paulo: Malheiros, 2009. p. 226.
(631) JUCÁ, 1997, p. 29.
(632) EBERT, 2007, p. 60.

"Viver a democracia demandará, do sindicalismo, a experiência de conviver em sistema associativo com todos os níveis de representação nos quais se compõe a estrutura sindical, do nível local ao nível internacional", assim como a representação em outros níveis e segmentos com alguma aproximação a tema laboral.[633] Nesse viés, necessária se faz a análise dos preceitos maiores e prevalentes no ordenamento jurídico internacional no que tange à liberdade sindical, exercício da democracia e pluralidade, sempre sob o viés da proteção aos Direitos Humanos, assuntos que serão explorados no capítulo seguinte.

Enfim, há que haver uma harmonização na interpretação legislativa, a ponto de ultrapassar os entraves corporativos que já não subsistem ao conteúdo da democracia e da proteção aos Direitos Humanos.

3.2.1 Posicionamento do Poder Judiciário no Brasil e do Comitê de Liberdade Sindical (CLS) da OIT e o cenário legislativo atual no Brasil

Aqui fundamental é a análise de como o poder judiciário visualiza e decide a temática em voga, assim como a interpretação fornecida aos preceitos discutidos na pesquisa. Ainda importante à menção ao Comitê de Liberdade sindical como órgão investigativo[634] da OIT, especializado e específico para queixas envolvendo a violação à liberdade sindical. Ainda este tópico apresentará o atual contexto de possíveis reformas que poderiam alterar a celeuma em torno da liberdade sindical, assim como as perspectivas legislativas, ainda que de forma sucinta.

Em busca de uma proteção de forma mais prática e efetiva no que concerne à liberdade sindical, a OIT, em 1950, implementou dois organismos especializados, "a Comissão Mista (ONU por meio do ECOSOC e OIT), de investigação e de conciliação em Matéria de Liberdade Sindical (1950) e o comitê de Liberdade Sindical (1951) – com a função de examinar reclamações apresentadas por organizações de empregados ou empregadores contra seus Estados" quando houver descumprimento de Convenção em matéria de liberdade de associação, ainda que o país não tenha ratificado tal instrumento.[635]

Cumpre esclarecer que "o comitê de Liberdade Sindical tem a função de garantir e promover o direito de associação dos trabalhadores e empregadores por meio da análise das reclamações".[636] O Comitê de Liberdade Sindical, criado em 1951, é um organismo especializado da OIT, para examinar as queixas a respeito de violação da liberdade sindical e sua jurisprudência com mais de mil decisões constitui um conjunto completo acerca do alcance da liberdade sindical.[637] Ainda insta mencionar que as queixas podem ser formuladas por associações de trabalhadores e associações de empregadores, não obstante a grande maioria delas decorra de reclamações das associações obreiras.[638]

Assim "o CLS se insere como parte do controle especial procedido pelo órgão, subordinado ao Conselho de Administração do organismo internacional, guardião da liberdade sindical e da aplicação das Convenções n. 87 e n 98 da OIT".[639] Conforme ressalta Silva, tamanha é a importância conferida à liberdade sindical pela OIT tanto que possui um mecanismo especial de controle normativo, que é a Comissão de investigação e Conciliação em matéria de Liberdade sindical e o Comitê de Liberdade Sindical, o que surge no bojo de discussões a respeito das Convenções n. 87 e n. 98.[640]

---

(633) KAUFMANN, Marcus de Oliveira. Sindicalismo e representações coletivas unitárias nos locais de trabalho: uma investigação útil para a aferição da representatividade sindical. In: COLNAGO, Lorena de Mello Rezende; ALVARENGA, Rúbia Zanotelli de. (Org.). **Direitos Humanos e direito do trabalho**. São Paulo: LTr, 2013. p. 319.
(634) OIT. Princípios gerais. A liberdade sindical: recopilação das decisões e princípios do Comitê de Liberdade Sindical e do Conselho de Administração da OIT. Disponível em:<http://www.oit.org.br/sites/default/files/topic/union_freedom/pub/liberdade_sindical_286.pdf>. Acesso em: 19 jan. 2015. p. 13.
(635) FRIEDRICH, 2013, p. 30.
(636) FRIEDRICH, loc. cit.
(637) GAMONAL CONTRERAS, 2014, p. 91.
(638) OIT. Princípios gerais. A liberdade sindical: recopilação das decisões e princípios do Comitê de Liberdade Sindical e do Conselho de Administração da OIT. Disponível em: <http://www.oit.org.br/sites/default/files/topic/union_freedom/pub/liberdade_sindical_286.pdf>. Acesso em: 19 jan. 2015. p. 16.
(639) NICOLADELLI, 2013, p. 36.
(640) SILVA, 2011, p. 92.

O Comitê de Liberdade sindical é um órgão tripartite, composto de dez membros, indicados pelo Conselho de Administração da OIT, três representantes por grupo e um presidente independente, que se reúne três vezes ao ano para exame das queixas.[641] Ainda, insta mencionar que seu papel foi reforçado com a aprovação da Declaração dos princípios e Garantias Fundamentais da OIT, em que houve a confirmação da liberdade sindical como direito fundamental.[642]

Nesse viés, "a missão do CLS, como órgão de controle da OIT, é o de garantir e promover o direito de associação dos trabalhadores e empregadores, examinando as queixas e reclamações apresentadas contra os governos por violações dos *convênios* e *princípios* em matéria de liberdade sindical"(grifo do autor).[643] Urge compreender que "a intervenção do CLS independe do esgotamento das vias processuais e recursais de competência interna, quer administrativas, quer judiciais", nos termos do entendimento firmado no precedente normativo do comitê, n. 11.[644]

A respeito da unicidade sindical, o comitê de liberdade sindical decidiu que "disposições de uma Constituição nacional relativa à proibição de se criarem mais de um sindicato por categoria profissional ou econômica, qualquer que seja o grau da organização, numa determinada base territorial, que não poderá ser inferior à área de um município, não estão em conformidade com os princípios da liberdade sindical".[645]

Ainda o Comitê de liberdade sindical, em interpretação ao artigo 2º da Convenção n. 87 da OIT, que consagra a não discriminação em matéria sindical, entende que não pode haver distinção entre trabalhadores da iniciativa pública ou privada, assim como negar o direito à liberdade sindical aos servidores públicos constitui discriminação".[646] "Os trabalhadores devem ser livres na hora de escolher um sindicato que, em sua opinião, defenda melhor seus interesses trabalhistas, sem qualquer ingerência por parte das autoridades".[647]

O CLS, nesse sentido e em total convergência aos propósitos da OIT e suas Convenção, deveras não poderia ser diferente, e condena a interferência do Estado nos sindicatos, assim como a limitação à liberdade para fundação e escolha de sindicatos. Nesse aspecto, no verbete 332, em que o Brasil foi demandado em função de legislação que limita o exercício da liberdade sindical afirmou o CLS que nenhuma legislação adotada no âmbito interno pode reduzir os direitos dos trabalhadores definidos no contexto dos princípios da liberdade sindical.[648]

Relativamente aos sistemas de controle da OIT, consiste na apresentação anual de relatórios a respeito das Convenções que integram a Declaração de Direitos Fundamentais e não foram ratificadas pelos países-membros, que é uma obrigatoriedade, com vistas a incentivar o cumprimento e internalização das normas fundamentais.[649] O Brasil cumpre fielmente a entrega do relatório desde 2000, quando se tornou obrigatória a apresentação.[650]

Desde o ano 2000 o Brasil apresenta anualmente o relatório, sendo que no primeiro o Brasil informou a OIT a respeito do envio de uma PEC 623/1998 que alteraria a Constituição, com isso externalizando a intenção de internalizar a Convenção n. 87 da OIT.[651] Proposta de emenda essa que se encontra arquivada desde 15.12.2000.[652]

O relatório de 2001 e 2002 o Brasil apresentou inúmeras ponderações e avanços, citando o direito a sindicalização do servidor público e reiterou a possibilidade de alteração à Constituição. Em

---

(641) *Ibid.*, p. 94.
(642) SILVA, 2011, p. 97.
(643) NICOLADELLI, 2013, p. 37.
(644) NICOLADELLI, loc. cit.
(645) OIT, 2013, p. 88.
(646) PEREIRA, 2007, p. 81-82.
(647) OIT, *op. cit.*, p. 90.
(648) OIT. Princípios gerais. A liberdade sindical: recopilação das decisões e princípios do Comitê de Liberdade Sindical e do Conselho de Administração da OIT. Disponível em: <http://www.oit.org.br/sites/default/files/topic/union_freedom/pub/liberdade_sindical_286.pdf>. Acesso em: 19 jan. 2015. p. 86.
(649) SILVA, 2011, p. 199.
(650) SILVA, loc. cit.
(651) *Ibid.*, p. 199-201.
(652) BRASIL. PEC 623/2000. Câmara dos Deputados. Disponível em: <http://imagem.camara.gov.br/ Imagem/d/pdf/DCD14SET1999.pdf#page=183>. Acesso em: 15 jan. 2015.

2004 e 2005 o governo brasileiro afirma que os sindicatos estão muito divididos a respeito da supressão da unicidade sindical, refletindo na falta de consenso do próprio parlamento, discussão para a PEC.[653]

Em 2005 o Governo Federal encaminhou formalmente à Câmara dos Deputados a denominada PEC da reforma sindical, que obteve o número 369/2005, recebendo um apensamento na Comissão de Constituição e Justiça da Câmara dos Deputados, com a inserção da PEC 426/2005 de autoria da Deputada Vanessa Graziotin. Ainda nesse mesmo interim, como consequência da apresentação da PEC 369, aconteceu a formatação de extenso anteprojeto de Lei de Relações Sindicais, também denominado "anteprojeto Berzoini", porém tal projeto nunca tramitou formalmente no Congresso Nacional.[654]

O citado anteprojeto de Lei, de autoria do Fórum Nacional do Trabalho – FNT é uma

> proposta que valoriza a nossa cultura sindical, a dinâmica real das relações de trabalho e os interesses dos próprios atores sociais. Ao mesmo tempo, ela incorpora princípios de liberdade sindical consagrados pelas democracias contemporâneas e há décadas reivindicados por muitos.[655]

O Fórum Nacional do Trabalho – FNT nasceu como proposta de campanha no programa de governo do ex-presidente Lula de 2002, cujo objetivo era a promoção de uma ampla reforma e modernização da legislação trabalhista, quando o governo convocaria as entidades sindicais representativas de empregados e empregadores para Constituição do FNT, com estrutura tripartite.[656] Assim "o Fórum Nacional do Trabalho (FNT) foi criado pelo Decreto n. 4.796, de 30 de julho de 2003, com a finalidade de coordenar a negociação entre os representantes dos trabalhadores, empregadores e Governo Federal sobre a reforma sindical e trabalhista no Brasil".[657]

Etapa importante na história do FNT foram as Conferências Estaduais como espaços de debate a respeito da reforma sindical e laboral, realizados em todos os Estados e no Distrito Federal, contando com a participação de mais de dez mil pessoas, "dentre representantes de trabalhadores, empregadores, entidades da área trabalhista e de outros setores", assim como a coordenação do FNT realizou encontros com membros do Tribunal Superior do Trabalho, Ministério do Trabalho e Emprego, Câmara dos Deputados e Senado Federal. Ainda durante os debates foram ouvidos juristas, organizações e associações de Trabalho e emprego.[658]

O FNT não avançou e, pode-se afirmar, fracassou em razão de divergências de interesses e o "recuo das centrais sindicais em promover uma maior mudança pode ser explicado em grande parte pela insegurança acerca das consequências que a reforma sindical poderia trazer para o futuro do sindicalismo, mas também devido às divergências históricas do movimento sindical que se acirraram no período".[659]

Atualmente o Brasil possui duas PEC's em tramitação, quais sejam a 314/2004 de autoria Ivan Valente – PT/SP cuja proposta, além de outras alterações no sistema sindical, é a revogação do inciso II do artigo 8º da CRFB, cujo último andamento, após o apensamento a Emenda 369, retornou em 19.12.2014 da Comissão de Constituição e Justiça – CCJ, sem manifestação[660] e a PEC n. 369/2005. A

---

(653) SILVA, op. cit., p. 201-210.
(654) KAUFMANN, Marcus de Oliveira. Sindicalismo e representações coletivas unitárias nos locais de trabalho: uma investigação útil para a aferição da representatividade sindical. In: COLNAGO, Lorena de Mello Rezende; ALVARENGA, Rúbia Zanotelli de. (Org.). **Direitos Humanos e direito do trabalho**. São Paulo: LTr, 2013. p. 333-334.
(655) BARGAS, Osvaldo. Apresentação. Anteprojeto de Lei. Reforma sindical. Proposta de emenda à Constituição – PEC 369/2005. Disponível em: <http://portal.mte.gov.br/data/files/ FF8080812BAFFE3B012BB54B19F6015D/PEC_369_de_2005_e_Anteprojeto_de_Reforma_Sindical.pdf>. Acesso em: 17 jan. 2015.
(656) ALENCAR, José; SILVA, Luiz Inácio Lula da. Programa de governo 2002. Disponível em: <http://www.google.com.br/url?sa=t&rct=j&q=&esrc=s&source=web&cd=1&ved=0CC4QFjAA&url=http%3A%2F%2Fwww1.uol.com.br%2Ffernandorodrigues%2Farquivos%2Feleicoes02%2Fplano2002-lula.doc&ei=lufMVKrACqXIsQSrpICQBg&usg=AFQjCNEUkdK24VIUOqeARMUOGhhM1DZoRQ&sig2=8poxfR4PhqrsBWbnLn1Hqw&bvm=bv.85076809,d.cWc,>. Acesso em: 31 jan. 2015. p. 23.
(657) ALMEIDA, Gelsom Rosentino de. O governo Lula, o Fórum Nacional do Trabalho e a reforma sindical. Revista Katálysis, v. 10, n. 1., Florianópolis, jan./jun. 2007. Disponível em: <http://www.scielo.br/scielo.php?script=sci_arttext&pid=S1414-49802007000100007>. Acesso em: 31 jan. 2015.
(658) Ibid.
(659) MOLIN, Naiara Dal. O fórum nacional do trabalho e as centrais sindicais brasileiras. **Revista Latino-Americana de História**, v. 1, n. 3, mar. 2012. Edição especial – Lugares da história do trabalho. Disponível em: <http://projeto.unisinos.br/rla/index.php/rla/article/viewFile/92/70>. Acesso em: 31 jan. 2015.

PEC 369/2005, cujo último andamento foi a determinação de apensamento a PEC 314, aconteceu em julho de 2013, aguarda a inclusão em pauta, o que acontecerá automaticamente para as duas PEC's, vez que tramitam de forma apensa.[661]

Assim "a essência de referida PEC é a agregação, ou seja, pluralidade sindical com reconhecimento de legitimidade para os sindicatos que se filiarem às entidades de nível superior, preponderando as centrais".[662] Aspecto positivo desse projeto é o fato de que não haverá limitações na representação coletiva, inclusive alterando os termos empregados por trabalhadores, o que amplia bastante a representatividade. E ainda o artigo 1º da referida PEC substitui o termo "empresa" por "local de trabalho", sugerindo a perspectiva de instalação de mais de uma representação coletiva no mesmo local de trabalho.[663]

Após 2006 foi anunciada a minirreforma, que consiste em duas medidas provisórias, elaboradas de última hora, para comemorar o 1º de maio, sendo a n. 293, com o reconhecimento das centrais sindicais e a n. 294, que instituiu o Conselho Nacional das Relações do Trabalho, conforme anteprojeto do FNT, cuja falta de empenho conduziu à rejeição sem sequer discussão.[664] Enfim, a reforma foi encerrada com a aprovação da Lei n. 11.648/2008, que legitimou as centrais sindicais.[665]

Não obstante a atuação do CLS, assim como a tramitação de emendas Constitucionais, passa-se à análise do posicionamento da Corte Constitucional a respeito da temática da liberdade sindical, assim como da interpretação aos dispositivos em questão. Menção necessária se faz ao instrumento de manutenção no âmbito concreto, como instrumento de controle da unicidade sindical, é a necessidade de registro do sindicato perante o Ministério do Trabalho e Emprego. Tal prática já fomentou inúmeras discussões, tanto que o STF elaborou a súmula 677 do STF, que afirma que "até que lei venha a dispor a respeito, incumbe ao Ministério do Trabalho proceder ao registro das entidades sindicais e zelar pela observância da unicidade".[666]

O STF, em julgamento proferido em 1 de agosto de 2014, da ADI 5034 do Distrito Federal, proposta pela Confederação Nacional dos Trabalhadores em estabelecimentos de ensino – CONTEE entendeu pelo indeferimento do pleito formulado, em função da Confederação não apresentar o registro perante o Ministério do Trabalho, confirmando o entendimento pela "compatibilidade desse registro estatal com o postulado da liberdade sindical (Súmula 677/STF) – ausência do necessário registro sindical como fator de descaracterização da qualidade para agir em sede de fiscalização abstrata".[667]

Assim compreende o STF que "a legitimidade dos sindicatos para representação de determinada categoria depende do devido registro no Ministério do Trabalho em obediência ao princípio constitucional da unicidade sindical. Precedentes: Rcl 4990, Rel. Min. Ellen Gracie, Tribunal Pleno, DJe 27.03.2009, ARE 697.852-AgR, Rel. Min. Cármen Lúcia, Segunda Turma, DJe de 21.11.2012, e AI 789.108-AgR, Rel. Min. Ellen Gracie, Segunda Turma, DJe de 28.10.2010".[668]

Nesse tema "a jurisprudência do STF é firme no sentido de que o princípio da unicidade sindical se aplica a entidades sindicais de qualquer grau, e não apenas aos sindicatos. No caso dos autos, as federações ocupam a mesma base territorial e buscam representar categorias profissionais idênticas, não sendo possível sua coexistência".[669] A questão da legitimidade e necessidade do registro perante o

---

(660) BRASIL. Proposta de emenda a Constituição n. 314/2004. Câmara dos Deputados. Disponível em: <http://www.camara.gov.br/proposicoesWeb/prop_mostrarintegra?codteor=238700&filename=Tramitacao-PEC+314/2004>. Acesso em: 15 jan. 2015.
(661) BRASIL. Proposta de emenda a Constituição n. 369/2005. Câmara dos Deputados. Disponível em: <http://www.camara.gov.br/proposicoesWeb/fichadetramitacao?idProposicao=277153>. Acesso em: 15 jan. 2015.
(662) OLIVA, 2011, p. 88.
(663) KAUFMANN, 2013, p. 333-338-339.
(664) AROUCA, 2014, p. 534.
(665) *Ibid.*, p. 538.
(666) BRASIL. Supremo Tribunal Federal. Súmula 677. Disponível em: <http://www.stf.jus.br/portal/cms/verTexto.asp?servico=jurisprudenciaSumula&pagina=sumula_601_700>. Acesso em: 5 jan. 2015.
(667) BRASIL. Supremo Tribunal Federal. ADI 5034. Disponível em: <http://redir.stf.jus.br/paginadorpub/paginador.jsp?docTP=TP&docID=6638868>. Acesso em: 5 jan. 2014.
(668) BRASIL. Supremo Tribunal Federal. ARE 722245 AgR, Relator(a): Min. LUIZ FUX, Primeira Turma. Julgado em: 26 ago. 2014. ACÓRDÃO ELETRÔNICO DJe-177 DIVULG 11-09-2014 PUBLIC 12-09-2014. Disponível em: <http://redir.stf.jus.br/paginadorpub/paginador.jsp?docTP=TP&docID=6717412>. Acesso em: 5 jan. 2015.
(669) BRASIL, Supremo Tribunal Federal. RE 452631 AgR, Relator(a): Min. TEORI ZAVASCKI, Segunda Turma. Julgado em: 6 ago. 2013. ACÓRDÃO ELETRÔNICO DJe-164 DIVULG 21-08-2013 PUBLIC 22-08-2013. Disponível em: <http://redir.stf.jus.br/paginadorpub/paginador.jsp?docTP=TP&docID=4366452>. Acesso em: 5 jan. 2015.

Ministério do Trabalho e Emprego, atualmente constitui um forte elemento de salvaguarda a manutenção da unicidade sindical, com a chancela do Poder Judiciário.

Neste mesmo aspecto foi o entendimento proferido pelo STF no julgamento da ADI n. 4126[670], proposta pela Confederação Nacional da Indústria sob o argumento de que a Portaria do Ministério do Trabalho e Emprego n. 186/2008[671], sob o argumento de que o artigo 13, §§ 7º 8ºe 9º art. 21 *caput* e art. 23 *caput* e § 2º. Esta Portaria regulamenta os procedimentos para registro sindical perante o MTE e os referidos artigos e parágrafos determinam procedimentos que podem levar ao arquivamento do pleito, assim como a possibilidade de filiação pelas entidades inferiores a mais de uma entidade em grau superior.

O entendimento na ADI 4.126 é de que não há na Portaria 186/2008 violação ao princípio da unicidade sindical, estabelecido no art. 8º, inciso II da Constituição de 1988. Entendimento no mesmo sentido aconteceu na ADI 4.128, a respeito do mesmo tema.

Nas ADI´s 4120 e 4.139, que da mesma forma questionou os dispositivos anteriormente mencionados, a respeito da existência de mais de uma federação e confederação em mesma base territorial, houve o entendimento pelo STF de que a coexistência de duas ou mais entidades superiores em mesma base territorial seria atentatório ao princípio da unicidade sindical, requerendo a Procuradoria Geral da República a inconstitucionalidade do art. 13 e os respectivos parágrafos, art. 21 e art. 23, § 2ºda Portaria n. 186/2008. A decisão nas ADI´s em tramitação, acima mencionadas, pode mudar a interpretação do princípio da unicidade sindical, uma vez reconhecida a constitucionalidade da portaria.

A percepção de que a Corte maior do Brasil ainda não ultrapassou os velhos modelos de interpretação à Constituição, assim como é a principal salvaguarda da unicidade está em total contrariedade aos preceitos contidos nos Tratados pelo Brasil internalizado. Ademais "a liberdade de reunião e de associação para fins lícitos constitui uma das mais importantes conquistas da civilização, como fundamento das modernas democracias políticas".[672] Cabendo assim ao poder judiciário, quando houver a omissão na prestação da tutela de tais direitos seja pelo Executivo ou pelo poder legislativo, dever de impor e assegurar o exercício desses preceitos.

Ante a grande contradição a que o Brasil conserva e até mesmo a interpretação, de todo conservadora perpetrada ao conteúdo do artigo 8º da Constituição, em especial aos incisos I e II, necessário se faz ultrapassar as barreiras da interpretação em conformidade com os demais preceitos vigentes e aplicáveis à liberdade sindical, assunto que se analisa a seguir.

3.3 CONSTITUIÇÃO DE 1988 VERSUS ORDENAMENTO JURÍDICO INTERNACIONAL: O ENIGMA DE RESPEITAR A CONSTITUIÇÃO E NÃO DESCUMPRIR TRATADOS INTERNACIONAIS DE DIREITOS HUMANOS RATIFICADOS

Após todo o levantamento bibliográfico anterior, necessária se faz uma confrontação da Constituição com a hierarquia dos Tratados, assim como a busca pela apresentação de vieses de solução para o enigma contido no instituto da liberdade sindical pelo Brasil. Há que se considerar os trâmites legislativos atuais, a interpretação dada aos dispositivos constitucionais a respeito da hierarquia dos Tratados e liberdade sindical, o contexto em que se insere a Constituição, assim como as medidas possíveis para a implantação efetiva da liberdade sindical no Brasil.

A razão de ser da pesquisa está justamente na concepção de que "o Direito do Trabalho não protetor careceria de razão de ser. Há a essencialidade do princípio protetor, que entre nós goza de

---

(670) BRASIL. Supremo Tribunal Federal. ADI 4126. Disponível em: redir.stf.jus.br/paginador/paginador.jsp?docTP=TP&docID=332937, acesso em 21 de abril de 2016.
(671) MTE, Portaria n. 186/2008. Disponível em: acesso.mte.gov.br/lumis/portal/file/fileDownload.jsp?fileId, acesso em 21 de abril de 2016.
(672) BRASIL. Supremo Tribunal Federal. ADI 1969. Relator(a): Min. RICARDO LEWANDOWSKI. Tribunal Pleno. Julgado em: 28 jun. 2007. DJe-092 DIVULG 30-08-2007 PUBLIC 31-08-2007 DJ 31-08-2007 PP-00029 EMENT VOL-02287-02 PP-00362 RTJ VOL-00204-03 PP-01012 LEXSTF v. 29, n. 345, 2007, p. 63-88). Disponível em: <http://redir.stf.jus.br/paginadorpub/paginador.jsp?docTP=AC&docID=484308>. Acesso em: 5 jan. 2015.

reconhecimento constitucional".[673] Argumento maior não há em nosso ordenamento para o fato do princípio da proteção ser considerado um superprincípio, ou o princípio base de todo o ordenamento jurídico laboral. Nesse segmento "o fundamento da proteção ao trabalhador é a situação de desigualdade em que se encontra".[674] Ao longo da pesquisa foi possível perceber a preponderância do capitalismo sobre as forças de trabalho e o desequilíbrio que esse fator produz.

Sob essa perspectiva, a afirmação constitucional da dignidade humana possui eficácia direta e de aplicabilidade imediata possuindo efeito anulatório ou de invalidação de norma que contrarie ou ignore a dignidade, vez que o valor e o princípio da dignidade humana possuem efeitos de irradiação sobre os outros princípios e instituições constitucionais.[675]

Sob esse viés, normas contidas em tratados internacionais de Direitos Humanos estabelecem direitos, que presumidamente podem ser invocados, exercidos e aplicados sem o complemento da legislação interna, funda-se no dever de respeitar Direitos Humanos, este como axioma central do direito internacional dos Direitos Humanos, cedendo à presunção quando a norma se reveste de caráter programático.[676]

Nesse segmento parece melhor adequada a busca pelo consenso a respeito de um mínimo de proteção no âmbito laboral, que permita a construção de um sistema sindical realmente plural e que não coloque em risco a organização do sistema de representação jurídica dos trabalhadores e empregadores, "estabelecendo-se regras de transição socialmente acordadas, sempre com inspiração no modelo da Convenção n. 87 da OIT, padrão internacionalmente aceito para a ação dos sindicatos, devidamente adaptada para as peculiaridades de nosso sindicalismo".[677]

O atual sistema não mais comporta uma tolerância quanto à efetiva omissão no que concerne ao exercício da liberdade sindical. Assim, "as críticas ao sistema sindical brasileiro identificam institutos ou estruturas desviantes do modelo da Convenção n. 87, advogando sua correção, e apontam aqueles institutos ou estruturas inexistentes propugnando por sua implantação. A Convenção n. 87 desempenha, ao mesmo tempo, papel de modelo e critério de excelência para o sistema sindical brasileiro".[678] Concretamente, "una Constitución que se compromete con la dignidad de la persona humana establece una premisa antropológica-cultural y precisa los contornos de su comprensión del Estado Constitucional".[679], [680]

O grande dilema enfrentado é a percepção de que "é preciso respeitar os limites impostos pelo direito positivo estatal e observar as normas de segundo grau relativas ao sistema das fontes".[681] A interpretação constitucional consiste na determinação quanto ao sentido e alcance da norma constitucional, visando à aplicabilidade.[682] Nesse sentido, importante menção ao entendimento de Bulos ao discorrer a respeito da modalidade de interpretação constitucional *lato sensu*, citando que esta "permite que o intérprete vá além das normas constitucionais para captar as exigências sociais, as necessidades práticas da vida". Tal construção constitucional, segundo o mesmo autor, deve ser utilizado "nas circunstâncias de premência e necessidade, para suprir as deficiências ou imperfeições da manifestação constituinte originária".[683]

---

(673) URIARTE, 2013, p. 11.
(674) ERMIDA URIARTE, 2013, p. 11.
(675) NOGUEIRA ALCALÁ, Humberto. La dignidad humana, los derechos fundamentales, el bloque constitucional de derechos fundamentales y sus garantías jurisdiccionales. **Gaceta Jurídica**, 322, 2 jan. 2007, 32, CL/DOC/1762/2011. Disponível em: <http://www.legalpublishing3.cl/maf/app/delivery/documentVM?srguid =i0ad600790000014a53e88cf7f33c201d&docRange=&showFullTextOption=false&td=10&deliveryTarget=email&docguid=i05C0332BBDD143DCF9B4D491E33394B3&deliveryOptions=&hasRelatedInfo=true>. Acesso em: 14 dez. 2014. p. 2.
(676) AMADEO, José Luis. **Tratados internacionais interpretados pela corte suprema**. Buenos Aires: ADDOC, 2000. p. 21-22.
(677) RODRIGUEZ, 2003, p. 65.
(678) *Ibid.*, p. 193.
(679) NOGUEIRA ALCALÁ, Humberto. La dignidad humana, los derechos fundamentales, el bloque constitucional de derechos fundamentales y sus garantías jurisdiccionales. **Gaceta Jurídica**, 322, 2 jan. 2007, 32, CL/DOC/1762/2011. Disponível em: <http://www.legalpublishing3.cl/maf/app/delivery/documentVM?srguid =i0ad600790000014a53e88cf7f33c201d&docRange=&showFullTextOption=false&td=10&deliveryTarget=email&docguid=i05C0332BBDD143DCF9B4D491E33394B3&deliveryOptions=&hasRelatedInfo=true>. Acesso em: 14 dez. 2014. p. 2.
(680) Uma Constituição que se compromete com a dignidade da pessoa humana estabelece uma premissa antropológico-cultural e precisa de contornos de compreensão dos Estado Constitucional. (tradução livre da autora).
(681) RODRIGUEZ, 2003, p. 195.
(682) BARROSO, Luís Roberto. **Curso de direito constitucional contemporâneo**: os conceitos fundamentais e a construção do novo modelo. 3. ed. São Paulo: Saraiva, 2011. p. 152.
(683) BULOS, Uadi Lammêgo. **Manual de interpretação constitucional**. São Paulo: Saraiva, 1997. p. 97-98.

A percepção de que algum conteúdo normativo constitucional não está de acordo com o contexto em que a Constituição está inserida deve ser o fundamento para que o parlamento busque essa adequação e uma das possibilidades é o que Barroso denomina como método de mutação constitucional. Nesse segmento, "a mutação constitucional por via da interpretação, por sua vez, consiste na mudança de sentido da norma, em contraste com o entendimento preexistente".[684] Tal fenômeno consiste em alterar a interpretação fornecida a determinado dispositivo para adequá-la ao contexto social que emerge.

Nessa perspectiva "la finalidad suprema y ultima de la norma constitucional es proteción y la garantia de la libertad y la dignidade del hombre. Por consecuencia, la interpretación de la ley fundamental debe orientarse siempre hacia aquella meta suprema".[685], [686] A meta suprema citada pelo autor consiste na garantia da liberdade e da dignidade do homem, quando a Constituição, em determinado dispositivo, não assegura tais preceitos ao parlamento compete a busca pela forma interpretativa que melhor atenda à proteção e à centralidade do ser humano. "Mutação constitucional em razão de uma nova percepção do Direito acontecerá quando se alterarem os valores de uma determinada sociedade".[687]

Assim "o fenômeno da mutação constitucional por alterações da realidade tem implicações diversas, inclusive e notadamente no plano do controle de constitucionalidade".[688] A mutação Constitucional decorre de mudanças informais na Constituição, por meio de processos informais, ou seja, quando as modificações não decorrem de processo formal, sem revisões ou emendas.[689] Nesse processo são atribuídos novos sentidos, num método construtivo e até mesmo de usos e costumes.[690]

Nessa proporção "a interpretação de sentido dos conceitos jurídicos indeterminados e dos princípios deve ser feita, em primeiro lugar, com base nos valores éticos mais elevados da sociedade (leitura moral da Constituição)".[691] Para o mesmo autor, tal premissa não pode ser deixada de lado, uma vez que assentada na ideia de justiça e dignidade da pessoa humana, devendo o intérprete "atualizar o sentido das normas constitucionais (interpretação evolutiva) e produzir o melhor resultado possível para a sociedade (interpretação pragmática)".[692]

A esse respeito premente a compreensão exposta por Grisel Galiano-Maritan e Deyli GonzÁlez-MiliÁn, na análise e interpretação do direito cubano, no sentido de

> que el Derecho es un ente integrado por una serie de elementos interconectados entre sí de manera ordenada, que interactúan dinámicamente haciendo obligatoria la adaptación de las normas a la situación jurídico-social actual por una cuestión de garantía de la justicia y la plenitud del Derecho. No es solo un conjunto de normas, al contrario, está integrado además por principios y valores de los cuales el operador jurídico se debe auxiliar para resolver las deficiencias que se encuentran dentro del ordenamiento jurídico que afectan su plenitud.[693] [694]

---

(684) BARROSO, op. cit., p. 153.
(685) LINHARES QUINTANA, Segundo V. **Tratado de interpretación constitucional**. 2. ed. Buenos Aires: Abeledo Perrot, 2008. p. 516.
(686) A finalidade suprema e última da norma constitucional é a proteção e a garantia da liberdade sindical e a dignidade humana. Por consequência, a proteção da lei fundamental deve orientar-se sempre por aquela meta suprema. (Tradução livre da autora).
(687) BARROSO, 2011, p. 159.
(688) Ibid., p. 161.
(689) BULOS, Uadi Lammêgo. **Mutação constitucional**. São Paulo: Saraiva, 1997. p. 54.
(690) Ibid., p. 57.
(691) BARROSO, op. cit., p. 310.
(692) BARROSO, loc. cit.
(693) GALIANO-MARITAN, Grisel; GONZÁLEZ-MILIÁN, Deyli. La integración del derecho ante las lagunas de la ley: necesidad ine ludib le en pos de lograr una adecuada aplicación del derecho. Díkaion, ISSN 0120-8942, año 26, v. 21, n. 2, 28p – Chía, Colombia, dic. 2012, ISSN 0120-8942. Disponível em: <http://search.ebscohost.com/login.aspx?direct=true&db=zbh&AN=88864688&lang=es&site=ehost-live">. Acesso à base de dados Sistema de Bibliotecas Universidad de Talca (Proquest) em: 16 dez. 2014. p. 8-9.
(694) Que o direito é um ente integrado por uma série de elementos interconectados entre si de maneira ordenada, que interagem dinamicamente fazendo obrigatória a adaptação das normas à situação jurídico-social atual por uma questão de garantia de justiça e da plenitude do direito. Não é só um conjunto de normas, ao contrário, está integrado por princípios e valores dos quais o operador jurídico se deve auxiliar para resolver as deficiências que se encontram dentro do ordenamento jurídico e afetam a sua plenitude. (Tradução livre da autora).

A percepção de que a Constituição é um elemento vivo e mutante pelos anseios sociais a conduz a esse método evolutivo de interpretação. Os principais atores desse método são os poderes, primeiramente o poder legislativo e na sequência o poder judiciário, para assegurar uma interpretação ajustada ao momento social.

Como interlocutores políticos, "uma das funções principais do Poder Legislativo é editar leis que atendam às demandas e necessidades sociais. Deverá fazê-lo sempre levando em conta os valores da Constituição e a realização dos fins públicos nela previstos".[695] Nesse viés, a interpretação fornecida pelos Tribunais superiores do Chile, aqui utilizado como fonte de direito comparado a respeito do assunto, está consolidada no sentido de que o país não pode arguir normas internas para negar o cumprimento de obrigações imperativas elaboradas ao âmbito do Direito Internacional, vez que estas não admitem escusas em sua aplicação, assim como a intepretação é no sentido de que tais normas são obrigatórias independentemente das obrigações assumidas formalmente pelo Estado.[696]

Ainda, somente a ratificação de um Tratado não pode reformar a Constituição, mas quando um novo Tratado contradiga ou modifique a estrutura Constitucional, deve-se ativar mecanismos de reforma constitucional.[697] Nesse aspecto, importante compreender o contexto em que o instrumento foi inserido, assim como as medidas a serem tomadas pelo poder legislativo para a promoção de uma adequação legislativa, de modo que os Tratados sejam cumpridos internamente.

Sob a perspectiva de uma adequação constitucional em função dos preceitos que a regem é possível perceber que "a organização sindical brasileira não está completamente contida nas normas jurídicas sobre organização sindical",[698] ou ainda, há uma grande lacuna interpretativa no que concerne ao livre exercício da liberdade sindical no Brasil. Inegável que "os sindicatos são reconhecimentos como fundamentais para a sociedade. Tutelar a liberdade sindical significa garantir aos sindicatos a possibilidade de expressar livremente sua vontade num contexto marcado pelo conflito social".[699]

Nesse aspecto importante compreender o cenário sociológico da formação sindical e do pluralismo jurídico, sob o viés de que "o conflito de classes é travado por meio de estratégias de resistência passiva, adaptação seletiva, confrontação latente e evitação mútua".[700] Assim, a adoção do pluralismo sindical não busca instaurar uma ordem democrática, mas aperfeiçoar o modelo que já funciona, na tutela da liberdade sindical.[701]

Para Martins, com fundamento na teoria de Emmanuel Kant, "o Estado tem como finalidade garantir a liberdade e não a felicidade, para que cada um possa buscar a felicidade a seu modo, implicando a não interferência do Estado nas relações entre os indivíduos, de maneira a assegurar a coexistência das liberdades individuais por intermédio do Direito".[702] O Estado pluralista democrático é o resultado jurídico de um complexo de relações entre partes e o todo e vice-versa, que atenda tanto ao indivíduo, quanto ao mesmo nas associações. Afinal, a democracia implica em pluralidade de soluções jurídica e políticas.[703]

Ao afirmar que a questão entre unicidade e pluralidade está mal colocada, Lourenço Filho enfatiza que se a pretensão é a consolidação de um "Estado Democrático de Direito, em que é reconhecida a voz do cidadão e garantido o direito de participação nos debates da vida pública, aquela decisão não pode competir a outra pessoa que não aos próprios trabalhadores e empregadores, no exercício da liberdade sindical positivada como direito fundamental".[704]

Sob essa perspectiva "deve ser modificado o inciso II, do art. 8º da Constituição, para ser admitida a plena liberdade sindical, descrita na Convenção n. 87 da OIT, como uma das formas da observância do pluralismo".[705] Essa modificação pode ser formal ou informal, conforme já exposto.

---

(695) BARROSO, 2011, p. 155.
(696) ZELADA, 2011, p. 106.
(697) *Ibid.*, p. 107.
(698) RODRIGUEZ, 2003, p. 196.
(699) *Ibid.*, p. 341.
(700) SOUSA SANTOS, Boaventura de. **O direito dos oprimidos**: sociologia crítica do direito, parte 1. São Paulo: Cortez, 2014. p. 344.
(701) RODRIGUEZ, 2003, p. 479.
(702) MARTINS, 2001, p. 34.
(703) *Ibid.*, p. 59.
(704) LOURENÇO FILHO, 2011, p. 124.
(705) MARTINS, *op. cit.*, p. 167.

Para Pamplona, a liberdade sindical em suas dimensões "não encontra ambiente propício no ordenamento jurídico brasileiro, haja vista a recusa do Brasil em implementá-la como verdadeiro princípio da organização sindical interna, o que viola as mais elementares normas e práticas internacionais a respeito do tema, em especial a normativa da OIT, em que o Brasil é signatário. [706]

Reitere-se que "ao decidir pela adesão à Organização, o Estado aceita os princípios fundamentais definidos na Constituição e na Declaração de Filadélfia, inclusive relativos à Liberdade Sindical".[707] Assim sendo, não pode se eximir dos compromissos assumidos, assim como do respeito aos princípios fundamentais dessa instituição. Assim "os direitos sindicais, à semelhança dos demais Direitos Humanos fundamentais, devem ser respeitados qualquer que seja o grau de desenvolvimento do país em causa".[708]

A dimensão da "la dignidad humana es una cualidad inherente a todo y a cualquier ser humano. La dignidad es una cualidad intrínseca, irrenunciable e inalienable del ser humano, constituyendo un elemento que cualifica al ser humano en cuanto tal, siendo una cualidad integrante e irrenunciable de la condición humana".[709], [710] Assim sendo não é possível ao Brasil continuar a violar direito fundamental e humano e inerente à condição humana, qual seja, a liberdade. Sob essa hierarquia alçada pela centralidade do ser humano no ordenamento jurídico, impõe-se uma medida que supere os entraves administrativos, legislativos e judiciais que impedem o pleno desenvolvimento de um direito inerente a dignidade humana.

Necessária a constatação de que "a Liberdade sindical só pode ser exercida numa situação em que se respeitem e se garantam plenamente os Direitos Humanos fundamentais, particularmente os relativos à vida e à segurança da pessoa".[711] Sem o respeito a preceitos mínimos de liberdade e dignidade da pessoa não se pode compreender pelo respeito à liberdade sindical. Quando não se pode sequer escolher qual o sindicato representativo, não se pode concluir pela existência de exercício de liberdade.

A liberdade sindical plena e efetiva possibilita aos trabalhadores e empregadores a revisão estratégica e plano organizacional e de atuação, inclusive a respeito da adoção pela unicidade e pluralidade, não podendo a escolha ser predeterminada pelo Estado. A consequência do efetivo exercício da liberdade sindical é propiciar a competição entre as entidades sindicais, obrigando-as a se voltar para as bases o tempo todo, o que contribuiria para a expansão do exercício de liberdades individuais e coletivas no âmbito do trabalho. Nesse aspecto a Constituição de 1988 se apresenta como uma possibilidade de reflexão a respeito da pretensão de transição de um modelo ditatorial para a democracia, no que tange à liberdade sindical, o que demanda avanços investigativos, para novas percepções, a partir do conceito de Constituição vida, em frequente revisão.[712]

Assim "o direito dos trabalhadores de constituir as organizações que julguem convenientes significa especialmente a possibilidade efetiva de criar, num clima de plena segurança, organizações independentes, tanto das que já existem como de todo partido político".[713] O Brasil insiste na manutenção da legislação com características corporativistas, apesar da notável alteração no contexto econômico ao longo dos anos, em especial quanto aos meios de produção.[714]

Nesse aspecto, "cuando se restringen de hecho o de derecho las libertades colectivas, se altera el funcionamiento del sistema democrático, afectando derechos fundamentales de los trabajadores y

---

(706) PAMPLONA FILHO, 2013, p. 70.
(707) OIT, 2013, p. 25.
(708) OIT, 2013, p. 26.
(709) NOGUEIRA ALCALÁ, Humberto. La dignidad humana, los derechos fundamentales, el bloque constitucional de derechos fundamentales y sus garantías jurisdiccionales. **Gaceta Jurídica**, 322, 2 jan. 2007, 32, CL/DOC/1762/2011. Disponível em: <http://www.legalpublishing3.cl/maf/app/delivery/documentVM?srguid =i0ad600790000014a53e88cf7f33c201d&docRange=&showFullTextOption=false&td=10&deliveryTarget=email&docguid=i05C0332BBDD143DCF9B4D491E33394B3&deliveryOptions=&hasRelatedInfo=true>. Acesso em: 14 dez. 2014. p. 1.
(710) A dignidade humana é uma qualidade intrínseca, irrenunciável e inalienável ao ser humano, constituindo um elemento que qualifica o ser humano como tal, sendo uma qualidade integrante e irrenunciável da condição humana. (Tradução livre da autora).
(711) OIT, *op. cit.*, p. 31.
(712) LOURENÇO FILHO, 2011, p. 123-129.
(713) OIT, 2013, p. 87.
(714) EBERT, 2007, p. 29.

também de los ciudadanos".⁽⁷¹⁵⁾ ⁽⁷¹⁶⁾ Para Guerreiro, a sociedade democrática requer pluralismo social e econômico e este necessita de agentes representativos, que convirjam com tais preceitos. Não basta o reconhecimento formal ⁽⁷¹⁷⁾de direitos, mas é necessário um conjunto do corpo social em funcionamento de acordo com as regras da democracia.

O Exercício efetivo da democracia contribui decisivamente para a observância e garantia dos Direitos Humanos e a plena vigência destes caracteriza o Estado de Direito.⁽⁷¹⁸⁾ Sem embargo, "las nociones de libertad, igualdad y solidariedade se encuentran subyacentes al derecho de participación y al propio ejercicio efectivo de la Democracia en su amplia dimensión.⁽⁷¹⁹⁾ ⁽⁷²⁰⁾ Nessa perspectiva de democracia importa constar que os Tratados de Direitos Humanos de um modo geral consagram o princípio da primazia da norma mais favorável às vítimas, seja ela de direito internacional ou interno.⁽⁷²¹⁾

Os Tratados de Direitos Humanos, uma vez ratificados e incorporados, obrigam a todos, inclusive legisladores, podendo se presumir o cumprimento das obrigações convencionais por parte dos poderes legislativo, executivo e judiciário. Em matéria de Direitos Humanos a obrigação de adequação do direito interno à normativa internacional, de forma a harmonizar a legislação interna e as disposições internacionais, sempre primando pela norma que melhor proteja o ser humano.⁽⁷²²⁾ Nesse viés, importante mencionar o entendimento com relação ao cumprimento dos Tratados de Direitos Humanos ratificados, no ordenamento jurídico comparado chileno. O entendimento da Corte Constitucional é de que o Estado chileno deverá cumprir os Tratados ratificados, em especial a Declaração americana de Direitos Humanos, sob pena de incorrer em responsabilidade internacional.⁽⁷²³⁾

São infrações muito graves as ações ou omissões para impedir o exercício do direito de reunião dos trabalhadores e demais direitos relacionados ao exercício da liberdade sindical. Na OIT existem procedimentos específicos de tutela da liberdade sindical, aplicáveis a qualquer Estado, independentemente de ratificação das Convenções a respeito da liberdade sindical, visto que tal liberdade é conteúdo da própria Constituição desta Organização.⁽⁷²⁴⁾

Necessário compreender que no constitucionalismo moderno os Direitos Fundamentais são uma garantia do sistema democrático e seus limites se traduzem em mecanismos de proteção aos cidadãos.⁽⁷²⁵⁾ Assim "el hombre debe ser eje y centro de todo sistema jurídico, y con mayor razón del laboral. Su persona debe ser inviolable, constituyendo un valor fundamental con respecto al cual los restantes valores tienen siempre un carácter instrumental".⁽⁷²⁶⁾ ⁽⁷²⁷⁾

Para Alcalá a dignidade humana determina deveres de proteção por parte dos órgãos estatais para proteção da dignidade de todos os seres humanos, por meio de medidas positivas, prestacionais ou atividades de promoção que implicam na remoção de obstáculos que impeçam o desenvolvimento da dignidade humana e criem condições de pleno gozo e exercício desse direito.⁽⁷²⁸⁾ Ao Estado e seus

---

(715) GUERREIRO, 2007, p. 27.
(716) Quando se restringem direitos e liberdades coletivas, altera-se o funcionamento do sistema democrático, afetando direitos fundamentais dos trabalhadores e também dos cidadãos. (Tradução livre da autora).
(717) GUERREIRO, *op. cit.*, p. 28.
(718) CANÇADO TRINDADE, 2006, p. 172.
(719) *Ibid.*, p. 180.
(720) As noções de liberdade, igualdade e solidariedade se encontram subjacentes ao direito de participação ao próprio exercício efetivo da democracia em sua ampla dimensão. (Tradução livre da autora).
(721) CANÇADO TRINDADE, *op. cit.*, p. 314.
(722) CANÇADO TRINDADE, 2006, p. 386-387.
(723) GAJARDO, Sergio Muñoz. El estándar de convencionalidad y el princípio *pro homine*. In: NOGUEIRA ALCALÁ, Humberto. (Coord.). **La protécion de los derechos humanos y fundamentales de acuerdo a la constitución y el derecho Internacional de los derechos humanos**. Santiago: CECOCH, 2014. p. 210-211.
(724) MELLADO, Carlos Luis Alfonso. Manuales de derecho del trabajo. In: RUIZ, Luis Miguel Camps; MARTÍNEZ, Juan Manuel Ramírez. (Coord.). 2. ed. Valencia: Tirant lo Blanch, 2012. p. 556-559.
(725) ZELADA, 2011, p. 111.
(726) RAMIREZ, Luis Henrique. Derecho del trabajo. Hacia un nuevo paradigma en las relaciones laborales del siglo XXI. In: RAMIREZ, Luis Henrique. (Coord.). **Hacia una carta sociolaboral latinoamericana**. Montevideo: Editorial BdeF, 2011. p. 3.
(727) O homem deve ser eixo e centro de todo sistema jurídico, e com maior razão no laboral. Sua pessoa deve ser inviolável, constituindo um valor fundamental com respeito ao qual os demais valores possuem sempre caráter instrumental. (Tradução livre da autora).
(728) NOGUEIRA ALCALÁ, Humberto. La dignidad humana, los derechos fundamentales, el bloque constitucional de derechos fundamentales y sus garantías jurisdiccionales. **Gaceta Jurídica**, 322, 2 jan. 2007, 32, CL/DOC/1762/2011. Disponível

órgãos paira o dever público de medidas de efetivação dos direitos e garantias inerentes à dignidade humana, o que no caso da liberdade sindical no Brasil há a nítida inércia estatal no que concerne à implementação de medidas para solução do impasse interpretativo e legislativo. Enquanto isso, em especial os trabalhadores são violados em sua dignidade, no exercício de uma liberdade fundamental.

Para Macedo Santos a interpretação constitucional deve ser realizada de acordo com princípios específicos, entre os quais está o princípio da máxima efetividade, invocado para garantir principalmente, maior eficácia aos Direitos Fundamentais. De acordo com as convenções da OIT e o ordenamento interno, a liberdade sindical e a negociação coletiva não admitem restrições, seja pelo legislador, seja por operadores ou intérpretes desses dispositivos.[729]

A acepção de Bobbio é de todo coerente com a problemática aqui enfrentada, vez que afirma que "o progresso não mais se orienta da sociedade para o Estado, porém, ao contrário, do Estado para a sociedade".[730] Ao Estado compete uma ação de forma a superar esse entrave jurídico que tanto prejudica os trabalhadores. Assim se impõe ao Estado Democrático de Direito uma intepretação integradora da Constituição e que se molde aos preceitos de proteção aos Direitos e Garantias Fundamentais, sendo que "la interpretación integradora de la Constitución implica que el juez presta atención a los derechos explícitos, a los valores, principios, fines y razones históricas del ordenamiento constitucional, completando y dando plenitud al sistema de derechos".[731],[732] Nesse aspecto, a interpretação guarda consonância com finalidades, razões, anseios sociais e especialmente com os princípios constitucionais e universais de proteção a dignidade humana.

Por fim, nesse aspecto "o respeito à legislação trabalhista e ao trabalhador é condição fundamental para o desenvolvimento sustentável da sociedade e para o cumprimento dos princípios fundamentais da República concernentes ao valor social do trabalho e da dignidade da pessoa humana".[733] Sem tais pilares de sustentação não é possível fundamentar a existência de liberdade e muito menos de democracia.

A falta de liberdade sindical é uma circunstância suficiente para que não se tenha o trabalho decente no Brasil, não só por contrariar os principais instrumentos internacionais de Direitos Humanos e principalmente porque em um modelo em que os trabalhadores não podem se organizar com liberdade para a defesa dos seus interesses, não há ambiente propício para a garantia e respeito a direitos mínimos.[734] Ademais o sindicato, conforme versa Viana, não se limita a uma estrutura física, palpável e visível, mas é também cada trabalhador considerado individualmente. "o Trabalhador está dentro do sindicato, tal como ele, sindicato, está dentro do trabalhador".[735]

Nesse aspecto "se a luta contra a dominação tem por finalidade a celebração da vida e não o gozo do poder ou a promoção do individualismo consumista, entre a ação e a luta deverão centrar-se com o objetivo de fazer da organização do trabalho um objetivo real e irredutível da deliberação política".[736] Ainda para Dejour é necessário existir um espaço aberto à discussão, um espaço com

---

em: <http://www.legalpublishing3.cl/maf/app/delivery/documentVM?srguid=i0ad600790000014a53e88cf7f33c201d&docRange=&showFullTextOption=false&td=10&deliveryTarget=email&docguid=i05C0332BBDD143DCF9B4D491E33394B3&deliveryOptions=&hasRelatedInfo=true>. Acesso em: 14 dez. 2014. p. 5.
(729) SANTOS, 2014a., p. 416.
(730) BOBBIO, Norberto. **O conceito de sociedade civil**. 2. ed. Tradução de: Carlos Nelson Coutinho. Rio de Janeiro: Graal, 1982. p. 23.
(731) NOGUEIRA ALCALÁ, Humberto. La dignidad humana, los derechos fundamentales, el bloque constitucional de derechos fundamentales y sus garantías jurisdiccionales. **Gaceta Jurídica**, 322, 2 jan. 2007, 32, CL/DOC/1762/2011. Disponível em: <http://www.legalpublishing3.cl/maf/app/delivery/documentVM?srguid =i0ad600790000014a53e88cf7f33c201d&docRange=&showFullTextOption=false&td=10&deliveryTarget=email&docguid=i05C0332BBDD143DCF9B4D491E33394B3&deliveryOptions=&hasRelatedInfo=true>. Acesso em: 14 dez. 2014. p. 8.
(732) A interpretação integradora da Constituição implica em o juiz prestar atenção nos direitos implícitos, aos valores, princípios, fins e razões históricas do ordenamento constitucional, completando e dando plenitude ao sistema de direitos. (Tradução livre da autora).
(733) D'AMBROSO, Marcelo José Ferlin. O Pacto de São José da Costa Rica e a possibilidade de prisão civil por dívida alimentar trabalhista. In: ALVARENGA, Rúbia Zanotelli de; COLNAGO, Lorena de Mello Rezende. (Coord.). **Direito internacional do trabalho e as convenções internacionais da OIT comentadas**. São Paulo: LTr, 2014. p. 28.
(734) BRITO FILHO, José Claudio Monteiro de. Atuação sindical e trabalho decente. In: DELGADO, Gabriela Neves; PEREIRA, Ricardo José Macêdo de Britto. (Coord.). **Trabalho, Constituição e cidadania**: a dimensão coletiva dos direitos sociais trabalhistas. São Paulo: LTr, 2014. p. 256.
(735) VIANA, 2014, p. 294.
(736) DEJOURS, Christophe. **Trabalho vivo**: trabalho e emancipação. t. II. Tradução de: Franck Soudant. Brasília: Paralelo 15, 2012. p. 41.

formulações livres e públicas, que digam respeito ao futuro concreto de todos os integrantes. Tal espaço é "essencialmente voltado à deliberação coletiva, tempo essencial a toda gestão prudente e racional do processo do trabalho, da segurança das pessoas e das instalações e da vida comunitária".[737]

É necessária a compreensão de que

> El criterio de fundamentalidad de los derechos es esencialmente material o sustantivo, dice relación con la dignidad humana, la libertad y la igualdad que son su fuente y con los ámbitos que posibilitan la existencia y el desarrollo del ser humano, en un contexto histórico y cultural determinado, dentro de una sociedad política construida con su participación y a su medida.[738], [739]

A centralidade e a fundamentalidade da dignidade humana sob o delineamento da liberdade sindical como direito humano e fundamental propõe medidas de imediata concretização do direito, assim como de medidas de promoção e conservação de espaços de deliberação sadios e voltados ao desenvolvimento humano. O sindicato está entre um dos mais importantes espaços de deliberação no trabalho, senão o mais importante deles.

Não é sustentável o discurso de adoção da unicidade sindical, conforme visto nos discursos da Constituinte, enfraquecer o movimento sindical e sob esse argumento anular a importância da existência desse espaço livre, desenvolvido e com plena liberdade para desenvolvimento das atividades inerentes a defesa dos trabalhadores e interesses coletivos. A importância desse espaço de deliberação não pode ser sucumbida por um discurso pautado em interesses particulares.

Enfim, para Bakunin, "uma liberdade imposta não é digna desse nome".[740] Logo o sistema sindical brasileiro não mais se sustenta e essa violação da liberdade sob a pecha de proteção já não pode mais receber o nome de liberdade. Insta a constatação de que "o Brasil é o único país da América Latina que não ratificou a Convenção 87 da OIT, em total contrariedade aos demais instrumentos internacionais já ratificados, que assegurem a liberdade sindical, violando assim Direitos Humanos".[741]

Em forte crítica ao modelo de excessiva preocupação com a regulação, pelo poder legislativo, Brandão afirma que na realidade este poder está mais preocupado em impedir que a atividade sindical funcione efetivamente.[742] Nesse viés "muito mais importante que cercear, controlar, cercar o sindicato e as agremiações profissionais com muros legais, para que não se transformem em *células comunistas*, é dar condições a esses mesmos grupos para que, autônomos, fortes, independentes, revigorados pelo sentimento comunitário, com sentimentos de grupo primário, possam viver para aquilo que lhes determinou o nascimento:" defesa de melhores condições econômicas e de labor aos trabalhadores.[743]

Friedrich, ao discorrer a respeito da possível compatibilidade da Convenção n. 87 da OIT com a Constituição de 1988 afirma que "acredita-se na compatibilidade da Convenção com a Constituição brasileira, sendo possível a sua ratificação", prosseguindo na sequência no entendimento a respeito de

---

(737) DEJOURS, Christophe. **O fator humano**. Tradução de: Maria Irene Stocco Betiol, Maria José Tonelli. 5. ed. Rio de Janeiro: FGV, 2005. p. 57-58.
(738) NOGUEIRA ALCALÁ, Humberto. La dignidad humana, los derechos fundamentales, el bloque constitucional de derechos fundamentales y sus garantías jurisdiccionales. **Gaceta Jurídica**, 322, 2 jan. 2007, 32, CL/DOC/1762/2011. Disponível em: <http://www.legalpublishing3.cl/maf/app/delivery/documentVM?srguid=i0ad600790000014a53e88cf7f33c201d&docRange=&showFullTextOption=false&td=10&deliveryTarget=email&docguid=i05C0332BBDD143DCF9B4D491E33394B3&deliveryOptions=&hasRelatedInfo=true>. Acesso em: 14 dez. 2014. p. 5.
(739) O critério de fundamentalidade dos direitos é essencialmente material ou substantivo e guarda relação com a dignidade humana, a liberdade e a igualdade, que são fontes, e com os escopos, que possibilitam a existência e o desenvolvimento do ser humano, num contexto histórico e cultural determinado, dentro de uma sociedade política construída com sua participação e a sua medida. (Tradução livre da autora).
(740) CRANSTON, 2011, p. 90.
(741) VAZ, Andréa Arruda; MONTENEGRO, Aline Ferreira. O direito fundamental à liberdade sindical e os Tratados internacionais ratificados pelo Brasil. In: GOMES, Eduardo Biacchi; DOTTA, Alexandre Godoy. (Org.). **Direito e ciência na contemporaneidade**. v. II. Anais do evento de iniciação científica da UniBrasil. (EVINCI, 9), 2014. Coletânea de artigos científicos. Curitiba: Instituto da Memória, 2014. p. 150.
(742) BRANDÃO, Adelino. **Liberdade sindical e sociologia do trabalho**: a Constituição brasileira e o direito de reunião. São Paulo: Julex Livros, 1988. p. 129.
(743) BRANDÃO, loc. cit.

uma possível declaração interpretativa que "o que o Brasil poderia realizar, declarando que interpreta determinados itens do texto da Convenção n. 87 de forma conciliável com as exigências constitucionais".[744]

Tal afirmação está em consonância com o conteúdo da própria Convenção e da Declaração de 1998, ademais essa declaração consagrou a Convenção n. 87 como princípios fundamentais e universais a todos, independentemente de ratificação. O Brasil, uma vez país membro da OIT, tem o dever de aplicar, especialmente a parte I da referida convenção, que apresenta garantias mínimas para o exercício da liberdade sindical.

"A liberdade sindical é elemento constituinte da OIT".[745] Sob esse enfoque possível seria afirmar que o Brasil poderia sim aplicar os princípios ali previstos, em especial o conteúdo do artigo 8º, inciso II da Convenção n. 87, com a previsão de que a legislação nacional não pode prejudicar a aplicação dos preceitos da citada Convenção. Essa seria uma possibilidade para o Brasil.

Ainda a respeito da possibilidade de aprovação da PEC n. 369/2005, que pretende a implantação do pluralismo na organização sindical uma vez "mantida a aprovação, estará aberto o caminho para profundas mudanças na organização sindical brasileira, pois atingirá o sistema constitucional vigente".[746] Tal é improvável vez que não há vontade política para a superação desse impasse, por motivos corporativistas, claro. A atual estrutura sindical contida na Constituição de 1988 possui sólidos pressupostos, inclusive complementados pela Lei n. 11.648/2008 e "o modelo sindical para ser alterado dependerá de aprovação de emenda constitucional".[747]

Outra possibilidade interpretativa é a respeito do sindicato representativo que é uma associação voluntária de trabalhadores que aderem à organização, que se legitima e encontra faculdades de ação, especialmente indicadas em lei, mediante o mecanismo de votação nos locais de trabalho, como expressão da vontade dos trabalhadores, independentemente de afiliação ou não ao sindicato eleito.[748]

A adoção pelo Brasil do sistema referente ao sindicato mais representativo estaria pautada numa interpretação literal ao próprio artigo 8º, incisos I e II da CRFB, que propositalmente se apresenta integralmente nesse momento da pesquisa, veja-se o conteúdo desses dispositivos:

> É livre a associação profissional ou sindical, observado o seguinte:
>
> I – a lei não poderá exigir autorização do Estado para a fundação de sindicato, ressalvado o registro no órgão competente, vedadas ao Poder Público a interferência e a intervenção na organização sindical;
>
> II – é vedada a criação de mais de uma organização sindical, em qualquer grau, representativa de categoria profissional ou econômica, na mesma base territorial, que será definida pelos trabalhadores ou empregadores interessados, não podendo ser inferior à área de um Município.[749]

O *caput* do referido artigo assegura a liberdade de associação profissional ou sindical, ou seja, todos têm o direito de associar a entidades profissionais ou sindicatos, da forma que melhor lhes convier, independentemente se empregados, trabalhador terceirizado, prestador de serviço, contrato por prazo determinado, entre outras modalidades. Essa é a primeira garantia que a Constituição apresenta, de forma ampla, logo não se admite uma interpretação restritiva, até mesmo em função de situar-se entre os Direitos Fundamentais e humanos, este instituto.

O inciso I do referido artigo impede a intervenção do Estado, mas ressalva o registro em órgão competente, como bem disse Sayonara Grillo, já citada em outro tópico da pesquisa, aqui não há a previsão de registro perante o Ministério do Trabalho, logo o registro ao Ministério do Trabalho é uma formalidade instituída pelo legislador para sustentar um velho costume, que vem sendo reiterada por portarias do Ministério do Trabalho e chancelada pelo Poder judiciário, conforme Tratado anteriormente.

Já o inciso II do mesmo artigo é de todo interessante. A percepção de quão restritiva é a interpretação dada ao mesmo. Perceba-se que é vedada a criação de mais de uma organização sindical representativa por base territorial, não inferior a um município, em qualquer grau. A vedação acima consiste em

---

(744) FRIEDRICH, 2013, p. 29.
(745) NICOLADELLI, 2013, p. 39.
(746) PASSOS, 2013, p. 61.
(747) *Ibid.*, p. 57.
(748) BAYLOS, 2011, p. 147-148.
(749) BRASIL. **Constituição da República Federativa do Brasil**. (1988). Disponível em: <http://www.planalto.gov.br/ccivil_03/constituicao/constituicaocompilado.htm>. Acesso em: 20 jan. 2015.

existir apenas um sindicato de cada categoria por base territorial. Não obstante, em nenhum momento o texto constitucional obrigou à vinculação de referida categoria a base territorial em que está lotada.

Ora, a Constituição na sequência afirma que "será definida pelos empregados ou empregadores interessados". Ora, se a Constituição não obriga à adoção da instituição pertencente à lotação do trabalhador, do local em que se dá a prestação do trabalho ou o desenvolvimento da atividade econômica, nada obstaria a categoria de escolher por determinado período, ser representado por um sindicato de outra base territorial.

Essa interpretação não é restritiva, mas sim considera o real conteúdo do texto constitucional. A Carta Magna não expressou a obrigatoriedade de representação necessária do sindicato específico da base, no local de desenvolvimento da atividade econômica ou laboral. Sob esse viés possível seria compreender que a adoção pelo Brasil do sistema de sindicato mais representativo, numa interpretação extensiva do texto constitucional alteraria a estrutura da liberdade sindical e lançaria o Brasil em outro patamar, no que diz respeito à liberdade sindical.

Somente um sindicato representaria a categoria por determinado período e a classe poderia escolher sindicatos das mais diversas bases territoriais de acordo com a deliberação coletiva, não mudaria a estrutura formal da Constituição, o que não é uma tarefa fácil, conforme já analisado, mas se implementaria uma interpretação constitucional pautada em preceitos maiores, qual seja, da centralidade do ser humano e da interpretação a ele mais favorável.

A respeito do sindicato mais representativo, Moraes Filho ao analisar o modelo francês de liberdade sindical, com a livre escolha pelos trabalhadores do sindicato mais representativo, ressaltando que o sindicato mais poderoso de hoje, talvez não o seja amanhã, esclarece que "o quadro sindical deveria ser móvel, plástico e dúctil, sem parar nunca, dando estímulo permanente são só as associações profissionais, como igualmente aos próprios sindicatos, já reconhecidos, que se esforçariam para merecer o lugar de destaque que lhes foi conferido".[750]

Importante distinguir unicidade, pluralidade e unidade sindicais, da unicidade, pluralidade e unidade de ação. Na unicidade de ação somente uma organização pode representar determinado grupo, por determinado período, como por exemplo, nos EUA, onde apesar de existir pluralidade sindical, somente um sindicato representa os empregados de determinada empresa em determinado período.[751]

A respeito do sindicato mais representativo Giugni esclarece que a escolha do sindicato com maior representatividade se dará por meio do voto expresso de todos os trabalhadores no âmbito de cada empresa, partindo de premissas do modelo italiano, com a organização sindical por empresa e pela maior representação.[752]

Ainda o mesmo Moraes Filho relaciona ao tema o fato da obrigatoriedade do imposto sindical, afirmando que a extinção do imposto causaria o desaparecimento de quase todos os sindicatos brasileiros, que "na grande maioria vivem dessa ajuda financeira, inventada na lei de 1939". Ressalta o autor a importância e necessidade das associações profissionais lutarem sozinhas, as suas próprias custas, com seus bens, mensalidades, doações e contribuições voluntárias ou de associados, tendo assim um sistema em permanente mudança, sem burocracia e estagnação dos sindicatos.[753]

Nesse aspecto o Constitucionalista chileno Humberto Nogueira Alcalá esclarece que

> las jurisdicciones nacionales no pueden aplicar las normas constitucionales de derechos fundamentales sin integrarlas con los atributos y garantías de los derechos asegurados por fuentes válidas y vigentes del derecho internacional, estando ante un derecho abierto al dere

---

[750] MORAES FILHO, Evaristo de. **O problema do sindicato único no Brasil**: seus fundamentos sociológicos. 2. ed. São Paulo: Alfa-ômega, 1978. p. 272.
[751] BRITO FILHO, José Claudio Monteiro de. **Direito sindical**: análise do modelo brasileiro de relações coletivas de trabalho à luz do direito e da doutrina da OIT – Proposta de inserção da Comissão de Empresa. 4. ed. São Paulo: LTr, 2012. p. 83-84.
[752] GIUGNI, 1991, p. 72.
[753] MORAES FILHO, Evaristo de. O problema do sindicato único no Brasil: seus fundamentos sociológicos. 2. ed. São Paulo: Alfa-ômega, 1978. p. 272-273.

cho internacional y un derecho viviente que es objeto de interpretación y actualización por la jurisdición internacional como nacional.[754] [755]

Nesse aspecto e considerando que a Corte Interamericana também utiliza jurisprudência dos Tribunais superiores nacionais, por vezes, para reforçar suas próprias sentenças, pode-se dizer que se está diante de uma comunicação transjudicial e um diálogo que possui dimensões verticais e horizontais.[756] Não obstante a interpretação a ser considerada deve considerar o princípio da proteção que vige no direito interno, assim como o princípio do direito internacional, *pro homine*, ademais "os Direitos Humanos, na pós-modernidade, têm proteção plural".[757]

Para Humberto Nogueira Alcalá

El Derecho Internacional de los Derechos Humanos es fuente del Derecho Interno cuando contiene elementos que enriquecen al Derecho Interno, cuando agregan un "plus" al contenido normativo de los derechos delimitados y configurados en el derecho interno y vice versa, el sistema nacional de Derecho enriquece al Derecho Internacional de Derechos Humanos, buscando siempre la integralidad maximizadora del sistema de derechos esenciales o humanos, todo lo que está reconocido en el artículo 29 de la Convención Americana de Derechos Humanos y en el artículo 5º del Pacto Internacional de Derechos Civiles y Políticos de Naciones Unidas.[758], [759]

A função do direito tanto interno quanto externo é a promoção de uma integração de preceitos e Garantias Fundamentais e inerentes à proteção dos Direitos Humanos, sempre voltadas a uma aplicação de forma a contemplar a interpretação de acordo com o preceito *Pro Homine*. Somente essa interpretação estará em consonância com a proteção efetiva do ser humano, como centro de proteção do direito e ponto central em que orbitam todos os regulamentos e instrumentos de proteção a dignidade.

Ainda sob a perspectiva de soluções a emblemática condição de violador de Direitos Humanos, em que o Brasil se encontra, deve se compreender que "o princípio da norma mais favorável (*pro homine*) é reconhecido pela melhor doutrina. Por meio dele, ao interpretar uma norma concernente a Direitos Humanos, o intérprete/aplicador do direito deve ponderar pela aplicação da que seja *mais favorável* à dignidade da pessoa" (itálico do autor).[760] Não obstante o país ainda não caminha para a superação desse impasse permanecendo estagnado ante a violação diária do direito humano e fundamental a liberdade sindical, em total convergência a preceitos de autoritarismo e corporativismo, como numa ciranda em que o Estado e os Sindicatos balançam harmoniosamente. O sindicato, conforme já visto, não possui interesse na implementação da pluralidade sindical, de um modo geral, pelos motivos já expostos em tópicos anteriores.

Ainda Mazzuoli continua nesse viés afirmando que na aplicação em caso concreto, o princípio *pro homine* garante ao ser humano a aplicação da norma que melhor proteja, considerando "a força

---

(754) NOGUEIRA ALCALÁ, Humberto. **Derecho constitucional chileno**. tomo I. Santiago: Abeledo Perrot Legal Publishing, 2012. p. 256.
(755) As jurisdições nacionais não podem aplicar as normas constitucionais de direitos fundamentais sem integrá-las com os atributos e as garantias de direitos assegurados por fontes válidas e vigentes de direito internacional, estando anto a um direito aberto ao direito internacional e um direito vivo que é objeto de interpretação e atualização pela jurisdição internacional e nacional. (Tradução livre da autora).
(756) NOGUEIRA ALCALÁ, *op. cit.*, p. 256.
(757) MAZZUOLI, Valério de Oliveira. **Tratados internacionais de Direitos Humanos e o direito interno**. São Paulo: Saraiva, 2010. p. 106.
(758) NOGUEIRA ALCALÁ, Humberto. La dignidad humana, los derechos fundamentales, el bloque constitucional de derechos fundamentales y sus garantías jurisdiccionales. **Gaceta Jurídica**, 322, 2 jan. 2007, 32, CL/DOC/1762/2011. Disponível em: <http://www.legalpublishing3.cl/maf/app/delivery/documentVM?srguid=i0ad600790000014a53e88cf7f33c201d&docRange=&showFullTextOption=false&td=10&deliveryTarget=email&docguid=i05C0332BBDD143DCF9B4D491E33394B3&deliveryOptions=&hasRelatedInfo=true>. Acesso em: 14 dez. 2014. p. 14.
(759) O direito internacional dos Direitos Humanos é fonte do direito interno quando contém elementos que enriquecem o direito interno, quando agregam um *plus* ao conteúdo normativo dos direitos delimitados e configurados ao direito interno e vice-versa. O sistema nacional de direito enriquece o direito internacional dos Direitos Humanos, buscando sempre a integralidade maximizadora do sistema de direitos essenciais ao ser humano, reconhecidos no artigo 29 da Convenção Americana de Direitos Humanos e no artigo 5º do Pacto Internacional de Direitos Civis e Políticos das Nações Unidas. (Tradução livre da autora).
(760) MAZZUOLI, 2010, p. 106.

expansiva dos Direitos Humanos, o respeito do conteúdo essencial desses direitos e a ponderação de bens, valores e interesses", preceito sedimentado no artigo 31 da Convenção de Viena sobre Direito dos Tratados, de 1969.[761]

Nesse aspecto "as obrigações contidas nos Tratados internacionais de Direitos Humanos ultrapassam os limites físicos sobre os quais se assenta a soberania estatal, para ir além das fronteiras estatais, atingindo toda a sociedade internacional de forma *erga omnes*".[762] Nesse aspecto Mazzuoli menciona algumas possibilidades de diálogo entre ordenamento interno e o ordenamento internacional, sendo para o presente o "diálogo de transigência", de primordial importância. Para o autor o diálogo de transigência acontece quando o Tratado de Direitos Humanos consagra determinado direito, cuja execução é proibida pelo ordenamento interno. A exemplo o autor cita a previsão constitucional do Brasil para prisão do depositário infiel e o conteúdo do Pacto de São José da Costa Rica, mencionando que no caso em tela não há dúvidas de que o Pacto é mais benéfico do que a Constituição, logo esta deve ceder ao referido Pacto.[763]

Ainda a respeito do mesmo tema Mazzuoli alude o objeto de estudo da presente dissertação, afirmando que a previsão da ampla liberdade sindical previstas nos Tratados de Direitos Humanos, como o Pacto de Direitos Civis e Políticos, Pacto Internacional de Direitos Econômicos, sociais e culturais e na Convenção Americana de Direitos Humanos é mais benéfica do que o conteúdo do artigo 8º, II da CRFB, logo devem prevalecer os conteúdos desses instrumentos, sobre o conteúdo constitucional, ademais visivelmente mais benéfico aos trabalhadores e em total consonância ao princípio internacional *pro homine*.[764]

A respeito desse mesmo tema e compartilhando do mesmo entendimento Piovesan afirma que "a unicidade sindical não parece constituir necessidade de uma sociedade democrática, e nem mesmo parece responder ao interesse da segurança nacional ou da ordem pública, ou ainda a proteção de direitos e liberdades alheias. Trata-se, portanto de restrição injustificada à ampla liberdade de associação, que pressupõe a liberdade de fundar sindicatos". Nesse aspecto deve a liberdade sindical, em função da atribuição de natureza de norma constitucional aos Tratados de Direitos Humanos e da prevalência do princípio de aplicação da norma mais favorável ao indivíduo, prevalecer sobre a unicidade sindical, acrescentado que o Brasil ao ratificar os Tratados de Direitos Humanos (já amplamente mencionados), não formulou reservas, logo aceitou o princípio da ampla criação de sindicatos.[765]

Nesse aspecto os conflitos envolvendo a legislação interna e os Tratados internacionais de Direitos Humanos encontram solução no princípio internacional *pro homine*, que representa o resultado do diálogo entre as fontes internas e externas de proteção.[766] Assim o simples fato de o Brasil ser signatário da ONU, logo tem o dever de cumprimento do conteúdo da Declaração Universal dos Direitos Humanos de 1948, país-membro da OIT, ainda que não tenha ratificado a Convenção n. 87, ratificou a Convenção n. 98 e tem o dever de assegurar o cumprimento dos princípios contidos na Declaração dos princípios e Direitos Fundamentais de 1998.

Ainda o Brasil internalizou a Convenção Americana de Direitos Humanos, o Protocolo Adicional de São Salvador e os Pactos de Direitos Civis, Políticos, Econômicos, Sociais e Culturais e em todos os instrumentos acima referidos, a liberdade sindical é um direito humano, fundamental e universal, considerando a hierarquia dos Tratados de Direitos Humanos no âmbito interno em consonância com o princípio que rege a interpretação e aplicação dos Tratados de Direitos Humanos, qual seja o princípio *pro homine*, o texto do artigo 8º inciso II já está superado naturalmente.

O Brasil tem o dever de cumprir os Tratados sob pena de responsabilidade internacional. E "quando se fala em responsabilidade estatal, prevê a Constituição da República de 1988, em seu art. de que a responsabilidade estatal é objetiva. No mesmo diapasão caminha a responsabilidade no plano internacional. Por meio dela não é necessária a comprovação do elemento culpa, mas tão-somente a ação, o dano e o nexo causal".[767] No caso em tela, é possível a responsabilização do Brasil por descumprimento a Tratado internacional e violação a Direitos Humanos, assunto que não será abordado aqui.

---

(761) MAZZUOLI, 2010, p. 107.
(762) *Ibid.*, p. 115.
(763) *Ibid.*, p. 172-176.
(764) *Ibid.*, p. 176-177.
(765) PIOVESAN, 2012a., p. 167.
(766) *Ibid.*, p. 229.
(767) PALADINO, s. d., p. 12.

"O Direito Sindical constitucional brasileiro manteve uma contradição interna e sistêmica, vez que no inciso I do artigo 8º assegura a liberdade sindical e no inciso II do mesmo artigo estabelece a unicidade sindical".[768] Uma contradição que já não pode persistir, a violação aos Direitos Humanos que o Brasil comete continuamente terá que sofrer interferência pelos tribunais internacionais. Pois enfim, "La dignidad de la persona se constituye en el valor supremo y en el principio jurídico que constituye la columna vertebral básica de todo el ordenamiento constitucional y es fuente de todos los derechos fundamentales, irradiando todo el sistema jurídico el que debe interpretarse y aplicarse conforme a las condiciones en que dicha dignidad se realice de mejor forma".[769], [770]

Esse impasse interpretativo não pode agir contrariamente aos preceitos maiores de proteção à dignidade da pessoa humana, sob o risco de a democracia no Brasil, não passar de letra morta e simples enfeite constitucional, vez que "liberdade é ter opção de escolha, sem opção não há liberdade".[771] Ainda numa dimensão sociológica há que se compreender que o direito funciona com relação à sociedade e a função do mesmo é coordenar os interesses emanados das relações sociais, inclusive das relações entre Estado e Sociedade.[772]

Edésio Passos, ao refletir a respeito das propostas de alterações à Constituição e necessidade de uma adequação normativa, concluiu que "não será pela geração do Direito que poderemos apontar nossa debilidade", vez que o Brasil possui um Direito do Trabalho evoluído, mas o que "falta-nos é a instrumentalização para sua efetividade". A democracia representativa atualmente é insuficiente, exigindo-se uma democracia participativa.[773]

"Uma liberdade sem as condições necessárias ao seu exercício (...) é como abrir, para o sujeito, a porta da jaula que se mantém içada no meio do oceano"[774], sendo nesse viés a liberdade contida no preâmbulo e artigos iniciais da Constituição, ou seja, mera letra morta, sem efeito prático na sociedade, no que tange à liberdade sindical, assim como o *caput* do artigo 8º

Ao longo da pesquisa a percepção de que o Brasil possui o dever de implementar a liberdade sindical como premissa fundamental ao ser humano restou nítida. Não há dúvidas de que o Brasil possui obrigações internacionais face à internalização de Convenções de Direitos Humanos vigente no plano interno e descumpridas no que tange à liberdade sindical. Não obstante se faz necessária uma modificação de pensamento tanto do legislativo quanto do judiciário.

Se o poder legislativo não tem interesse em formalizar essa questão, o poder judiciário terá que se posicionar, porém para uma posição de acordo com os preceitos maiores, quais sejam a hierarquia dos Tratados no direito constitucional brasileiro, os princípios democráticos que fundam formalmente a Constituição de 1988, o princípio *pro homine*, há que se compreender o verdadeiro valor do exercício da liberdade no trabalho e a importância da existência de um ambiente deliberativo e de intermediação livre. A quem cabe a luta pela conquista desse direito? Ao próprio trabalhador, ademais ao longo da pesquisa restou claro, que sequer os sindicatos, em função da estrutura confortável a que se fundam, possuem interesse na implantação da liberdade sindical.

Enfim, considerando as conclusões da pesquisa, esta não pode ser encerrada, tendo como próximo objetivo e sob a fundamentação dos argumentos aqui expostos, estudos a respeito da interposição de uma demanda originariamente perante o tribunal competente de primeira instância, com objetivos de apresentar petição para a Comissão Interamericana de Direitos Humanos[775], que poderá

---

(768) SILVA, 2011, p. 178.
(769) NOGUEIRA ALCALÁ, Humberto. Los derechos económicos, sociales y culturales en la constitución chilena vigente. **Revista Direitos Fundamentais & Democracia**, Unibrasil. Disponível em: <http://revistaeletronicardfd.unibrasil.com.br/index.php/rdfd/article/view/611/395>. Acesso em: 14 jan. 2015. p. 4.
(770) A dignidade da pessoa se constitui um valor supremo e um princípio jurídico que constitui a coluna vertebral básica de todo o ordenamento jurídico constitucional e é fonte de todos os direitos fundamentais, irradiando por todo o sistema jurídico que deve interpretar e aplicar conforme condições em que a dignidade se realize da melhor forma. (Tradução livre da autora).
(771) MACHICZEK, 2010, p. 300.
(772) MATTOS JUNIOR, Ruy Ferreira. Direitos fundamentais e direito de liberdade. Revista Direitos Fundamentais e Democracia. Disponível em: <http://revistaeletronicardfd.unibrasil.com.br/index.php/rdfd/article/view/241/235>. Acesso em: 22 jan. 2015. p. 4.
(773) PASSOS, Edésio. Reflexões e propostas sobre a reforma trabalhista e sindical. In: MACHADO, Sidnei; GUNTHER, Luiz Eduardo. (Coord.). **Reforma trabalhista e sindical**: o direito do trabalho em perspectiva. Homenagem a Edésio Franco Passos. São Paulo: LTr, 2004. p. 262.
(774) WANDELLI, 2012, p. 252.
(775) "A Comissão Interamericana de Direitos Humanos (CIDH) é uma das entidades do sistema interamericano de proteção

entender pela submissão do caso concreto a apreciação da Corte Interamericana de Direitos Humanos, buscando o efetivo exercício da liberdade sindical, vez que o Brasil reconheceu a Jurisdição dessa Corte, assim como a todos é dado o acesso à mesma, desde que esgotadas as vias judiciárias internas.

Nesse viés vale mencionar o artigo 44 da Declaração Americana de Direitos Humanos, especialmente a competência de acessar a Comissão Interamericana de Direitos Humanos, em que consta que "qualquer pessoa ou grupo de pessoas, ou entidade não governamental legalmente reconhecida em um ou mais Estados membros da Organização, pode apresentar à Comissão petições que contenham denúncias ou queixas de violação desta Convenção por um Estado Parte".[776]

Artigo esse invocado no caso 11.381 envolvendo o Estado da Nicarágua, em que 142 trabalhadores apresentaram petição junto à CIDH, alegando violação a Direitos Humanos, após o esgotamento das instâncias judiciais internas ao país, arguindo violação do artigo 8º da DIDH e violação à liberdade de associação, após a Corte Suprema desse país declarar ilegal a greve dos trabalhadores das alfândegas, sob a alegação de que o artigo 227 do Código do Trabalho não permitia a greve para servidores públicos e trabalhadores em atividades essenciais.[777]

A Nicarágua, no caso em tela, alegou a inadmissibilidade da petição pessoal dos empregados, assim como a existência de outra petição ante ao Comitê de Liberdade Sindical, pedindo o arquivamento da petição. A Comissão negou o pedido entendeu pela admissibilidade da petição, refutando os argumentos do Estado da Nicarágua, pugnando por tentativas de uma solução amistosa, o que não aconteceu, sendo o conflito submetido à CIDH. Em 11 de outubro de 2001, a Corte Interamericana de Direitos Humanos analisou o caso e entendeu que a República da Nicarágua, resumidamente, violou Direitos Humanos ao incorrer em erro judicial violando a DIDH, tendo o dever, inclusive de indenizar pelos danos causados.[778]

Assim, ante a todo o conteúdo da pesquisa é possível concluir que o Brasil pode ser submetido à Comissão Interamericana de Direitos Humanos e posteriormente à Corte Interamericana, em função da violação a Direitos Humanos, no que concerne à liberdade sindical. Tal medida emerge em face da gravidade do entendimento do país com relação ao exercício da liberdade sindical e à nítida violação à DIDH. É insustentável a inércia dos poderes do país na solução dessa violação grave aos Direitos Humanos.

---

e promoção dos Direitos Humanos nas Américas. Tem sua sede em Washington, D.C. O outro órgão é a Corte Interamericana de Direitos Humanos, com sede em São José, Costa Rica. A CIDH é um órgão principal e autônomo da Organização dos Estados Americanos (OEA), cujo mandato surge com a Carta da OEA e com a Convenção Americana sobre Direitos Humanos, representando todos os países membros da OEA. Está integrada por sete membros independentes que atuam de forma pessoal, os quais não representam nenhum país em particular, sendo eleitos pela Assembleia Geral. A CIDH se reúne em Períodos Ordinários e Extraordinários de sessões várias vezes ao ano. Sua Secretaria Executiva cumpre as instruções da CIDH e serve de apoio para a preparação legal e administrativa de suas atribuições. A Comissão tem como função principal promover a observância e a defesa dos Direitos Humanos, e no exercício do seu mandato: a) Receber, analisar e investigar petições individuais que alegam violações dos Direitos Humanos, segundo o disposto nos artigos 44 a 51 da Convenção; b) Observar o cumprimento geral dos Direitos Humanos nos Estados membros, e quando o considera conveniente, publicar as informações especiais sobre a situação em um estado específico; c) Realizar visitas *in loco* aos países para aprofundar a observação geral da situação, e/ou para investigar uma situação particular. Geralmente, essas visitas resultam na preparação de um relatório respectivo, que é publicado e enviado à Assembleia Geral. d) Estimular a consciência dos Direitos Humanos nos países da América. Além disso, realizar e publicar estudos sobre temas específicos como, por exemplo, sobre: medidas para assegurar maior independência do poder judiciário; atividades de grupos armados irregulares; a situação dos Direitos Humanos dos menores, das mulheres e dos povos indígenas. e) Realizar e participar de conferencias e reuniões com diversos tipos de representantes de governo, universitários, organizações não governamentais etc. para difundir e analisar temas relacionados com o sistema interamericano de Direitos Humanos. f) Fazer recomendações aos Estados membros da OEA acerca da adoção de medidas para contribuir com a promoção e garantia dos Direitos Humanos. g) Requerer aos Estados membros que adotem "medidas cautelares" específicas para evitar danos graves e irreparáveis aos Direitos Humanos em casos urgentes. Pode também solicitar que a Corte Interamericana requeira "medidas provisionais" dos Governos em casos urgentes de grave perigo às pessoas, ainda que o caso não tenha sido submetido à Corte. h) Remeter os casos à jurisdição da Corte Interamericana e atuar frente à Corte em determinados litígios. i) Solicitar "Opiniões Consultivas" à Corte Interamericana sobre aspectos de interpretação da Convenção Americana". Informações disponíveis em http://www.cidh.org/que.port.htm, acesso em 31 de janeiro de 2015.

(776) CIDH. Convenção Interamericana de Direitos Humanos. Disponível em: <http://www.cidh.oas.org/basicos/ portugues/c.Convencao_Americana.htm>. Acesso em: 31 jan. 2015.
(777) CIDH. Caso 11.381. Relatório n. 14/97. Disponível em: <http://www.cidh.oas.org/annualrep/ 96port/Caso11381.htm>. Acesso em: 31 jan. 2015.
(778) CIDH. Informe 100/01. Disponível em: <https://www.cidh.oas.org/annualrep/2001sp/Nicaragua11381.htm>. Acesso em: 31 jan. 2015.

CONSIDERAÇÕES FINAIS
Capítulo VI

Houve um período na história da consolidação da proteção laboral e na construção da proteção aos Direitos Humanos, em que o exercício do direito à associação era punido e não tolerado pelo Estado. Após o avanço das lutas sociais e operárias, fator de impulso da Revolução Industrial, após a intolerância pelos Trabalhadores dos abusos e exploração, há a legitimação da liberdade de associação enquanto direito dos Trabalhadores.

A Revolução Industrial como movimento social de consolidação do sindicalismo propõe uma nova configuração não só no contexto econômico, mas nos modos de vida no trabalho e na relação do trabalhador com o tempo e com a máquina. A Revolução Industrial proporciona a necessidade de mudar a forma como o trabalho era visto, assim como a indignação dos trabalhadores como vítimas de um sistema capitalista de exploração humana. Essa indignação se transporta para a percepção de que a luta de forma unida fortalecia o movimento operário e por vezes surtia efeitos significativamente melhores do que aqueles almejados individualmente.

A construção histórica da proteção à liberdade sindical acontece em consonância com a proteção aos Direitos Humanos e direitos laborais em geral. Ademais a OIT nasce com premissas de paz social por meio da promoção do trabalho digno. Este necessariamente passa pela liberdade de associação positiva ou negativa, como instrumento de proteção aos Direitos Humanos, cujos pilares de sustentação estão na liberdade.

A liberdade é a fundamentação para o exercício da democracia, vez que não se pode falar em pleno exercício de democracia sem exercício de liberdades fundamentais a todo ser humano. A Constituição de 1988 como uma Constituição considerada social e democrática não pode impor limitações ao exercício de liberdades fundamentais como a sindical, sob o risco de concretizar o autoritarismo.

O modelo de unicidade sindical adotado pelo Brasil contraria não só os preceitos de democracia previstos na Constituição de 1988, mas contraria os Tratados de Direitos Humanos ratificados pelo Brasil. Nesse viés o conteúdo legislativo do Brasil é uma perene contradição em que não se consegue alçar um avanço no sentido de alterar, seja a interpretação constitucional ou a própria legislação.

Enfim, foi possível a percepção, ao longo da pesquisa, de que o que realmente falta ao Brasil é a vontade de efetivamente alterar o sistema da unicidade sindical, instrumento esse que figura no texto constitucional como o marco do corporativismo e de um período ditatorial. Período esse que formalmente falando já fora superado. Não obstante se constata que não basta à superação formal, vez que a letra da norma é morta e não produz nenhum efeito se não se envidar esforços para a sua concretização.

Sob esse enfoque a unicidade sindical é sustentada por interesses políticos e até mesmo dos sindicatos que foram confortavelmente agraciados pela Constituinte, com a determinação de contribuição obrigatória, o que lhes garantiria abrir mãos das lutas operárias em função do conforto e da tranquilidade de uma despreocupação financeira. Ao longo da pesquisa se percebeu que a mudança terá que partir do trabalhador, o que certamente deverá ser realizado sob a invocação de Cortes Internacionais, via petição à Comissão Interamericana de Direitos Humanos, já que os sindicatos e o legislativo são chancelados pela tutela jurisdicional da interpretação antepassada da Constituição pelo Poder Judiciário.

Ressalte-se que ainda que atualmente esse seja o cenário, nada obsta que efetivamente haja uma mudança de percepção e na forma de interpretar o artigo 8º, inciso II da Constituição, assim como uma mudança na intepretação do conteúdo relativo à recepção de Tratados no Brasil e a hierarquia dos Tratados de Direitos Humanos, pelo Poder Judiciário, alterando totalmente o instituto da Liberdade Sindical. Nesse viés, basta uma reflexão sincronizada e pautada no princípio da proteção, que rege o Direito do Trabalho, princípio *pro homine*, que rege o Direito Internacional dos Direitos Humanos, assim como os preceitos basilares da Constituição de 1988, relacionados a liberdade, democracia e dignidade humana.

O tema não se esgota aqui, e nem pode, em face da complexidade, porém algumas premissas e sugestões possíveis foram alcançadas, a primeira delas, lançada aqui como uma premissa para investigação futura é que: haveria um grande equívoco na interpretação do artigo 8º, inciso II. No *caput* desse artigo há a consagração da ampla e irrestrita liberdade de associação profissional e sindical. Tal disposição consagra a liberdade de associação de forma livre a todos. Ora, assim sendo, é possível a cada trabalhador ou empregador escolher em qual sindicato pretende se associar, filiar-se ou não? Ainda, quando a Constituição apresenta uma nítida contradição, como é o caso do *caput* do artigo 8º e o inciso II do mesmo, o que deve prevalecer? O princípio *pro homine* também se aplica aqui? Essas premissas deverão integrar a continuidade da pesquisa.

Ainda, no inciso II do citado artigo 8º há a afirmação de que é vedada a criação de mais de uma organização sindical em qualquer grau, na mesma base territorial, "que será definida pelos trabalhadores ou empregadores interessados, não podendo ser inferior à área de um município". O que chama a atenção é a liberdade para definição pelos empregados ou empregadores. A questão é: definirão o que efetivamente?

É possível sim que se tenha um único sindicato em cada base, sendo no mínimo um município, porém a deliberação dos empregados ou empregadores é no sentido de que podem escolher o sindicato de determinada base para representá-lo? Ademais a Constituição não afirmou ser obrigatória a representação pela entidade da base em que se encontra o trabalhador ou empregador.

A intepretação sistemática e pautada no princípio *pro homine* que rege a interpretação para aplicação das normas a respeito de Direitos Humanos, instrumento que deve nortear a aplicação da norma que mais favoreça ao ser humano. Neste aspecto importante analisar, sob esse parâmetro, que a unicidade citada no artigo 8º, II da CRFB, deveria ser interpretada como uma unicidade territorial e não no que concerne à escolha pelos empregados?

Haveria o respeito à unicidade por base territorial e conjuntamente o respeito à liberdade sindical, vez que a classe trabalhadora, especialmente, tem a oportunidade de escolher entre os mais diversos sindicatos de sua categoria ao longo de todo o território nacional, um deles para representá-los em determinado espaço de tempo, o que no Brasil poderia se estabelecer a possibilidade de deliberação quando das negociações salariais como um todo.

Tal sistema manteria os sindicatos fortalecidos em certa medida, o que evitaria o que acontece atualmente no Chile. Naquele país, segundo pesquisa local, existem sindicatos que representam oito empregados numa determinada empresa. Lá vige a possibilidade de sindicato por empresa. Tal fator enfraqueceu os movimentos sindicais e grevistas como um todo, tentando o país instituir a categorização. Assim, para evitar tal situação o Brasil poderá manter a estruturação por categoria, o que impõe a atual legislação, mas aplicar uma nova interpretação quanto à forma de escolha do sindicato representativo. Tal se daria por simples interpretação extensiva à Constituição.

Ora, assim sendo, possível a compreensão da possibilidade de deliberação temporal pelos sujeitos de direito da liberdade sindical pela escolha da entidade que os representará por determinado período de tempo, a exemplo, a cada lapso temporal de negociações coletivas, independentemente da base territorial do sindicato. A exemplo, possível é, partindo dessa premissa, que os professores do sistema de ensino universitário superior e particular do Estado do Paraná escolham via deliberação democrática que por determinado tempo serão representados pelo Sindicato dos Professores do Ensino particular e superior do Estado de Santa Catarina. A Lei não veda aos sindicatos a instalação de escritórios para atendimento aos empregados nos mais diversos locais? Mais uma vez o lançamento na forma de questionamento acontece em face da limitação dessa pesquisa para o assunto.

Assim não haverá violação ao princípio da unicidade e a categoria elegeu um único ente representativo, que é único em sua base territorial, porém representará empregados em outra base, o que não é proibido pela Constituição. Tal procedimento proporcionaria às categorias de trabalhadores, especialmente, a possibilidade de escolha de entidades mais representativas e que melhor lhes representem sem a violação a Constituição.

Tal interpretação estaria em consonância com os ditames e preceitos fundamentais internacionais, inclusive os contidos nas Convenções da OIT n. 87/1948 e n. 98/1949, assim como com a

Declaração de 1998, que por si só já obrigam o Brasil. Ainda, o Brasil estaria efetivando o cumprimento da Convenção Americana de Direitos Humanos, Pactos de Direitos Civis e Econômicos, Sociais e Culturais, o que lhe incluiria na lista de países que respeitam a liberdade sindical, assim como cumprem Tratados Internacionais nesse assunto, o que não é o caso atualmente.

A atual interpretação dada à Constituição, nesse artigo, não está em consonância com os próprios princípios Constitucionais, assim como os princípios de proteção aos Direitos Humanos, assim como em total divergência aos Tratados Internacionais de Direitos Humanos, ratificados pelo Brasil. O Brasil internalizou instrumentos internacionais de proteção aos Direitos Humanos que asseguram a todas as pessoas o direito ao pleno exercício da liberdade sindical, porém nada faz para cumprir tais Tratados.

O Brasil atualmente descumpre a Convenção Americana de Direitos Humanos, o Protocolo Adicional de São Salvador, os Pactos de Direitos Civis, Políticos, Econômicos, Sociais e Culturais, assim como a Declaração dos Direitos e Garantias Fundamentais da OIT, que como País-membro tem o dever de cumprir os princípios e as garantias da Organização, entre os quais foi elevada a liberdade sindical.

Discussão que paira nesta etapa da pesquisa seria a interpretação a respeito da hierarquia dos Tratados de Direitos Humanos adotada pelo Brasil em função do conteúdo do artigo 5º, parágrafos 2º e 3º Da CRFB, sendo que neste consta que os Tratados de Direitos Humanos aprovados pelo quórum de Emenda Constitucional equivalerão à Emenda Constitucional. O parágrafo 3º foi incluído na Constituição pela Emenda n. 45/2004, logo os instrumentos internacionais citados não foram aprovados pelo quórum especial, o que não impediria do Legislativo assim proceder a qualquer tempo, encerrando a discussão e mudando a interpretação.

Ainda sob a perspectiva da elevação da liberdade sindical a princípio fundamental é possível perceber que os dispositivos da Convenção n. 87/1948, relativos à proteção à liberdade sindical e implementação de medidas para assegurar o exercício poderiam, sim, ser aplicadas no Brasil, tanto que devem ser aplicadas, independentemente de ratificação, vez que constituem, por força da Declaração de 1998, princípios e Garantias Fundamentais.

Ainda outra possibilidade seria a formal e concreta emenda a Constituição, com a revogação do inciso II, do artigo 8º da Constituição, especialmente, fator esse que ao que parece não há interesse do parlamento em mudar o modelo de sindicalismo corporativo no Brasil, advindo do período imperial e ditatorial. Medida desnecessária, uma vez que do ponto de vista formal tal alteração já foi promovida pelos Tratados de Direitos Humanos incorporados e vigentes no Brasil. Logo a questão não se trata de alteração a Constituição efetivamente, mas sim de alteração na interpretação a Constituição e aos Tratados ratificados. O que falta aos poderes brasileiros é uma evolução na forma de ler e interpretar o conteúdo da Constituição, assim como uma leitura atenta, sob o viés da proteção aos Direitos Humanos.

Uma vez que o Brasil, ao consagrar na Constituição os princípios da proteção à dignidade humana, respeito aos Direitos Humanos, por si só consolidou o respeito à norma mais favorável ao indivíduo e a prevalência das normas de Direitos Humanos, logo não há qualquer justificativa para não aplicar o princípio da liberdade sindical no território nacional.

Uma vez que em 1992 o Brasil ratificou a Convenção Americana de Direitos Humanos, ou seja, após a promulgação da Constituição de 1988 e a referida convenção é um instrumento internacional de direitos, humanos, basta que o Brasil submeta a aprovação pelo quórum qualificado, nos termos do artigo 5º, § 3º, da CRFB, para que seja incorporada pela Constituição, em respeito aos preceitos internos relativos à incorporação de Tratados (assim se superaria essa longa discussão a respeito da hierarquia dos Tratados, a respeito desse tema).

Nesse aspecto, importante perceber que ao Brasil basta um simples procedimento técnico para o cumprimento do referido Tratado de Direitos Humanos (aprovação em quórum especial) e mudança na forma como o país concretiza a democracia e o exercício das liberdades. Logo, não haveria a necessidade de emenda à Constituição, mas sim em cumprimento de Tratado de Direitos Humanos pelo Brasil. Ademais uma vez que a Convenção Americana de Direitos Humanos foi ratificada e incorporada, ela já alterou a Constituição no quesito liberdade sindical, logo não há qualquer óbice ao exercício dessa liberdade.

Ademais, se o instrumento internacional de proteção aos Direitos Humanos se equivale a Emenda Constitucional e o princípio que vige na interpretação e aplicação dos instrumentos de proteção aos Direitos Humanos no plano internacional é o *pro homine*, bastaria o reconhecimento formal ou judicial de que o inciso II do artigo 8º da CRFB, foi formalmente alterado pela Convenção Americana de Direitos Humanos. Ademais se de fato houve essa alteração, basta a legitimação pelos poderes do Estado, o que demanda o reconhecimento de uma nova postura na interpretação constitucional e na hierarquia dos Tratados no Brasil.

Enfim, ante ao atual comportamento do Brasil perante o Direito fundamental à liberdade sindical, cabe ao mesmo ser denunciado perante a Comissão Interamericana de Direitos Humanos, via petição por qualquer pessoa, instituição sindical ou associativa, nos termos do artigo 44 da CADH, sob a arguição de violação a Direito Humano e Fundamental à liberdade sindical, contido no artigo 16 da CADH e artigo 8º do Protocolo Adicional de São Salvador. Se ante ao reconhecimento da violação pela Comissão o Brasil não adotar as recomendações da mesma no sentido de assegurar o pleno exercício da liberdade sindical em cumprimento aos Tratados de Direitos Humanos livremente incorporados, poderá ser a demanda submetida à Corte Interamericana, podendo o país ser condenado por violação a Direitos Humanos.

Enfim, a pesquisa demonstrou a necessidade de um avanço interpretativo, que depende principalmente do Poder Judiciário, perante a inércia do Poder Legislativo em resolver o impasse da possível adequação da legislação. Ante aos longos anos de inércia e a emergência de superar essa violação diária a Direitos Humanos dos Trabalhadores brasileiros, é urgente a necessidade de se avançar na luta pela concretização da liberdade sindical enquanto instrumento de democratização das relações de trabalho. Esse avanço, nesse momento deve acontecer via Comissão Interamericana de Direitos Humanos, como perspectiva de coerção internacional ao Brasil, para cumprir os Tratados que internalizou. Ademais Democracia sem o livre exercício da liberdade é a expressão concreta do autoritarismo.

REFERÊNCIAS BIBLIOGRÁFICAS

ABRANTES, José João. *Algumas considerações sobre o direito à greve* – a propósito das Convenções ns. 87 e 98 da OIT. In: ALVARENGA, Rúbia Zanotelli de; COLNAGO, Lorena de Mello Rezende. (Coord.). Direito internacional do trabalho e as convenções internacionais da OIT comentadas. São Paulo: LTr, 2014, p. 399-402.

ABREGÚ, Martín; ESPINOZA, Olga. *La eficácia de la Comisión Interamericana de Derechos Humanos y la aplicación de sus de decisiones por los Estados Parte.* In: ABRAMOCICH, Víctor; BOVINO, Alberto; COURTIS, Christian. (Comp.). La aplicación de los Tratados sobre derechos humanos en el ámbito local. La Experiência de una década. Ciudad Autónoma de Buenos Aires: Del Puerto; Buenos Aires: Centro de Estudios Legales y sociales – CELS, 2006, p. 191-214.

ACEMOGLU, Daron; ROBINSON, James A. *Por qué fracasan los países: los orígenes del poder, la prosperidad y la pobreza.* Santiago: Ediciones Deusto, 2014.

ALENCAR, José; SILVA, Luiz Inácio Lula da. Programa de governo 2002. Disponível em: <http://www.google.com.br/url?sa=t&rct=j&q=&esrc=s&source=web&cd=1&ved=0CC4QFjAA&url=http%3A%2F%2Fwww1.uol.com.br%2Ffernandorodrigues%2Farquivos%2Feleicoes02%2Fplano2002lula.doc&ei=lufMVKrACqXIsQSrpICQBg&usg=AFQjCNEUkdK24VIUOqeARMUOGHhM1DZoRQ&sig2=8poxfR4PhqrsBWbnLn1Hqw&bvm=bv.85076809,d.cWc,>. Acesso em: 31 jan. 2015.

ALMEIDA, Gelsom Rosentino de. O governo Lula, o Fórum Nacional do Trabalho e a reforma sindical. *Revista Katálysis*, v. 10, n. 1., Florianópolis, jan./jun. 2007. Disponível em: <http://www.scielo.br/scielo.php?script=sci_arttext&pid=S1414-49802007000100007>. Acesso em: 31 jan. 2015.

ALVES, Giovanni. *Crise estrutural do capital e novas dimensões da precarização do trabalho* – Direitos sociais trabalhistas e barbárie social no século XXI. In: DELGADO, Gabriela Neves; PEREIRA, Ricardo José Macêdo de Britto. (Coord.). Trabalho, Constituição e cidadania: a dimensão coletiva dos direitos sociais trabalhistas. São Paulo: LTr, 2014.

AMADEO, José Luis. *Tratados internacionais interpretados pela corte suprema.* Buenos Aires: ADDOC, 2000.

ANAMATRA, OIT e ITC. *Protocolo de intenção entre a Associação dos Magistrados da Justiça do Trabalho e o Centro Internacional de Formação da OIT.* Disponível em: <http://www.anamatra.org.br /sites/1200/1223/00002332.pdf>. Acesso em: 31 jan. 2015.

ANTUNES, Ricardo L. *O que é sindicalismo.* Coordenação: Vanya Sant'Anna. 16. ed. São Paulo: Brasiliense, 1989.

ANTUNES, Ricardo. *Adiós al trabajo? Ensayo sobre las metamorfosis y la centralidad del mundo del trabajo.* São Paulo: Cortez, 1995.

_____. *A desertificação neoliberal no Brasil* (Collor, FHC e Lula). 2. ed. Campinas, SP: Autores Associados, 2005.

ARENDT, Hannah. (1906-1975). *Sobre a revolução.* Tradução de: Denise Bottmann. São Paulo: Companhia das Letras, 2011.

AROUCA, José Carlos. *Curso básico de direito sindical.* 4. ed. São Paulo: LTr, 2014.

ARRUDA, Hélio Mário de. *As Convenções n. 87, 98 e 154 da OIT e o princípio da ultratividade das negociações coletivas.* In: ALVARENGA, Rúbia Zanotelli de; COLNAGO, Lorena de Mello Rezende. (Coord.). *Direito internacional do trabalho e as convenções internacionais da OIT comentadas.* São Paulo: LTr, 2014, p. 403-409.

BARCELLOS, Ana Paula de. *A eficácia jurídica dos princípios constitucionais*: o princípio da dignidade da pessoa humana. Rio de Janeiro: Renovar, 2002.

BAKUNIN, Mikhail. (1814-1876). *O sistema capitalista.* Tradução de: Thaís Ribeiro Bueno. São Paulo: Faísca Publicações Libertárias, 2007a.

_____. *A dupla greve de Genebra 1869.* In: BAKUNIN, Mikhail; LEVAL, Gaston. Bakunin, fundador do sindicalismo revolucionário: a dupla greve de Genebra. Tradução de: Plínio Augusto Coêlho. São Paulo: Faísca, 2007b.

_____. *Revolução e liberdade: cartas de 1845 a 1875.* Tradução e organização de: Plínio Augusto Coêlho. São Paulo: Hedra, 2010.

_____. (1814-1876). Escrito contra Marx: *Conflitos na internacional.* Tradução de: Plínio Augusto Coelho. Brasília, DF: Novos Tempos, 1989.

BARGAS, Osvaldo. *Apresentação. Anteprojeto de Lei. Reforma sindical. Proposta de emenda à Constituição* – PEC 369/2005. Disponível em: <http://portal.mte.gov.br/data/files/ FF8080812BAFFE3B012BB54B19F6015D/PEC_369_de_2005_e_Anteprojeto_de_Reforma_Sindical.pdf>. Acesso em: 17 jan. 2015.

BARROSO, Luís Roberto. *Curso de direito constitucional contemporâneo: os conceitos fundamentais e a construção do novo modelo.* 3. ed. São Paulo: Saraiva, 2011.

BATALHA, Claudio H. M. *Dicionário do movimento operário*: Rio de Janeiro do século XIX aos anos 1920 – militantes e organizações. São Paulo: Perseu Abramo, 2009.

BAYLOS, Antônio. *Libertad sindical y representación de los trabajadores. Hacia un nuevo paradigma en las relaciones laborales del seglo XXI.* In: RAMIREZ, Luis Henrique. (Coord.). Hacia una carta sociolaboral latinoamericana. Montevideo: Editorial BdeF, 2011, p. 145-148.

BEZERRA LEITE, Carlos Henrique. *Constituição e direitos sociais dos trabalhadores.* São Paulo: LTr, 1997.

_____. *O direito do trabalho na perspectiva dos Direitos Humanos.* In: COLNAGO, Lorena de Mello Rezende; ALVARENGA, Rúbia Zanotelli de. (Org.). Direitos Humanos e direito do trabalho. São Paulo: LTr, 2013, p. 49-66.

_____. *A greve do servidor público civil como direito humano fundamental.* In: COLNAGO, Lorena de Mello Rezende; ALVARENGA, Rúbia Zanotelli de. (Org.). Direito internacional do trabalho e as convenções internacionais da OIT comentadas. São Paulo: LTr, 2014, p. 145-158.

BIHR, Alain. (1950). *Da grande noite à alternativa: o movimento operário europeu em crise.* Tradução de: Wanda Caldeira Brant. 2. ed. São Paulo: Boitempo, 2010.

BOBBIO, Norberto. *O conceito de sociedade civil*. 2. ed. *Tradução de*: Carlos Nelson Coutinho. Rio de Janeiro: Graal, 1982.

BOGGIANO, Antonio. *Derecho internacional: derecho de las relaciones entre los ordenamientos juridicos y derechos humanos*. Buenos Aires: La Rey, 2001.

BRANDÃO, Adelino. *Liberdade sindical e sociologia do trabalho: a Constituição brasileira e o direito de reunião*. São Paulo: Julex Livros, 1988.

BRASIL. *Carta das Nações Unidas*. Disponível em: <http://www.planalto.gov.br/ccivil_03/decreto/1930-1949/d19841.htm>. Acesso em: 30 dez. 2014.

_____. *Consolidação das leis do trabalho. Decreto-lei 5452/1943*. Disponível em: <http://www.planalto.gov.br/ccivil_03/decreto-lei/del5452.htm>. Acesso em: 20 jun. 2014.

_____. *Constituição da República Federativa do Brasil*. (1988). Disponível em: <http://www.planalto.gov.br/ccivil_03/constituicao/constituicaocompilado.htm>. Acesso em: 20 jan. 2015.

_____. *Constituição do Brasil*. (1967). São Paulo: Saraiva, 1967.

_____. Decreto n. 591, de 6 de julho de 1992. *Pacto internacional de direitos econômicos, sociais e culturais*. Disponível em: <http://www.planalto.gov.br/ccivil_03/decreto/1990-1994/D0591.htm>. Acesso em: 31 dez. 2014.

_____. Decreto n. 592, de 6 de julho de 1992. *Pacto de direitos civis e políticos*. Disponível em: <http://www.planalto.gov.br/ccivil_03/decreto/1990-1994/D0592.htm>. Acesso em: 31 dez. 2014.

_____. Decreto n. 678, de 6 de novembro de 1992. *Convenção Americana de Direitos Humanos*. (1969). Disponível em: <http://www.planalto.gov.br/ccivil_03/decreto/D0678.htm>. Acesso em: 31 dez. 2014.

_____. Decreto n. 3.321, de 30 de dezembro de 1999. *Protocolo Adicional de São Salvador*. Disponível em: <http://www.planalto.gov.br/ccivil_03/decreto/D3321.htm>. Acesso em: 1ºmar. 2015.

_____. Decreto n. 7030/2009. *Convenção de Viena*. Disponível em: <http://www.planalto.gov.br/ccivil_03/_Ato2007-2010/2009 /Decreto/D7030.htm>. Acesso em: 9 nov. 2014.

_____. Decreto n. 19.841, de 22 de outubro de 1945. Disponível em: <http://www.planalto.gov.br/ccivil_03/decreto/1930-1949/d19841.htm>. Acesso em: 30 dez. 2014.

BRASIL. PEC 623/2000. *Câmara dos Deputados*. Disponível em: <http://imagem.camara.gov.br/ Imagem/d/pdf/DCD14SET1999.pdf#page=183>. Acesso em: 15 jan. 2015.

_____. Portaria n. 326/2013. *Ministério do Trabalho e Emprego*. Disponível em: <http://portal.mte.gov.br/data/files/8A7C812D3D-CADFC3013F5281ACF8347B/Port.SRT.326-2013.pdf>. Acesso em: 4 jan. 2015.

_____. Proposta de emenda a Constituição n. 314/2004. *Câmara dos Deputados*. Disponível em: <http://www.camara.gov.br/proposicoesWeb/prop_mostrarintegra?codteor=238700&filename=Tramitacao-PEC+314/2004>. Acesso em: 15 jan. 2015.

_____. Proposta de emenda a Constituição n. 369/2005. *Câmara dos Deputados*. Disponível em: <http://www.camara.gov.br/proposicoesWeb/fichadetramitacao?idProposicao=277153>. Acesso em: 15 jan. 2015.

_____. RE 452631 AgR, Relator(a): Min. Teori Zavascki, Segunda Turma. Julgado em: 6 ago. 2013. Acórdão Eletrônico DJe-164 DIVULG 21-08-2013 PUBLIC 22-08-2013. Disponível em: <http://redir.stf.jus.br/paginadorpub/paginador.jsp?docTP=TP&docID=4366452>. Acesso em: 5 jan. 2015.

_____. Supremo Tribunal Federal. *Ação de descumprimento de preceito fundamental 288 MC/DF*. Decisão de: 21 out. 2013. Disponível em: <http://www.stf.jus.br/portal/processo/verProcessoAndamento.asp ?numero=288&classe=ADPF&codigoClasse=0&ORIGEM=JUR&recurso=0&tipoJulgamento=>. Acesso em: 5 jan. 2014.

_____. Supremo Tribunal Federal. ADI 1969. Relator(a): Min. RICARDO LEWANDOWSKI. *Tribunal Pleno*. Julgado em: 28 jun. 2007. DJe-092 DIVULG 30-08-2007 PUBLIC 31-08-2007 DJ 31-08-2007 PP-00029 EMENT VOL-02287-02 PP-00362 RTJ VOL-00204-03 PP-01012 LEXSTF v. 29, n. 345, 2007, p. 63-88). Disponível em: <http://redir.stf.jus.br/paginadorpub/paginador.jsp?docTP=AC&docID=484308>. Acesso em: 5 jan. 2015.

_____. Supremo Tribunal Federal. ADI 5034. Disponível em: <http://redir.stf.jus.br/paginadorpub/ paginador.jsp?docTP=TP&docID=6638868>. Acesso em: 5 jan. 2014.

BRASIL. Supremo Tribunal Federal. ADPF 288 MC/DF. Decisão de: 21 out. 2013. Disponível em: <http://www.stf.jus.br/portal/processo/verProcessoAndamento.asp?numero=288&classe=ADPF&codigoClasse=0&ORIGEM=JUR&recurso=0&tipoJulgamento=>. Acesso em: 5 jan. 2014.

_____. Supremo Tribunal Federal. ARE 722245 AgR, Relator(a): Min. LUIZ FUX, Primeira Turma. Julgado em: 26 ago. 2014. ACÓRDÃO ELETRÔNICO DJe-177 DIVULG 11-09-2014 PUBLIC 12-09-2014. Disponível em: <http://redir.stf.jus.br/paginadorpub/paginador.jsp?docTP=TP&docID=6717412>. Acesso em: 5 jan. 2015.

BRASIL. Supremo Tribunal Federal. ADI 4126. Disponível em: redir.stf.jus.br/paginador/paginador.jsp?docTP=TP&docID=332937, acesso em 21 de abril de 2016.

_____. Supremo Tribunal Federal. HC 96772 / SP. Voto do Ministro Celso de Mello. Publicado em: 6 set. 2009. Disponível em: <http://www.stf.jus.br/portal/jurisprudencia/listarJurisprudencia.asp?s1=%28HIERARQUIA+DOS+TRATADOS+INTERNACIONAIS%29&base=baseAcordaos&url=http://tinyurl.com/lpfnvk3>. Acesso em: 27 jul. 2014.

_____. Supremo Tribunal Federal. RE 452631 AgR, Relator(a): Min. TEORI ZAVASCKI, Segunda Turma. Julgado em: 6 ago. 2013. ACÓRDÃO ELETRÔNICO DJe-164 DIVULG 21-08-2013 PUBLIC 22-08-2013. Disponível em: <http://redir.stf.jus.br/paginadorpub/paginador.jsp?docTP=TP&docID=4366452>. Acesso em: 5 jan. 2015.

_____. Supremo Tribunal Federal. Súmula 677. Disponível em: <http://www.stf.jus.br/portal/cms/verTexto.asp?servico=jurisprudenciaSumula&pagina=sumula_601_700>. Acesso em: 5 jan. 2015.

BRITO FILHO, José Claudio Monteiro de. *Atuação sindical e trabalho decente*. In: DELGADO, Gabriela Neves; PEREIRA, Ricardo José Macêdo de Britto. (Coord.). Trabalho, Constituição e cidadania: a dimensão coletiva dos direitos sociais trabalhistas. São Paulo: LTr, 2014.

BULOS, Uadi Lammêgo. *Mutação constitucional*. São Paulo: Saraiva, 1997.

_____. *Manual de interpretação constitucional*. São Paulo: Saraiva, 1997.

CALIXTO, Clarice Costa. *A fábula do dinossauro trabalhista*: discursos midiáticos sobre direitos e lutas coletivas. In: DELGADO, Gabriela Neves; PEREIRA, Ricardo José Macêdo de Britto. (Coord.). Trabalho, Constituição e cidadania: a dimensão coletiva dos direitos sociais trabalhistas. São Paulo: LTr, 2014, p. 251-257.

CANÇADO TRINDADE, Antônio Augusto. *A proteção internacional dos Direitos Humanos e o Brasil (1948-1997)*: as primeiras cinco décadas. 2. ed. Brasília: Universidade de Brasília, 2000.

_____. *El derecho internacional de los derechos humanos en siglo XXI*. 2. ed. Santiago: Editorial Jurídica de Chile, 2006.

CARVALHO, Kildare Gonçalves. *Direito constitucional: teoria do estado e da Constituição* – direito constitucional positivo. 17. ed., rev. atual. e ampl. Belo Horizonte: Del Rey, 2011.

CESARINO JÚNIOR. *Introdução ao direito social*. In: CLÉVE, Clémerson Merlin; BARROSO, Luiz Roberto. (Org.). Doutrinas essenciais: direito constitucional, Constituição financeira, econômica e social. v. IV., São Paulo: RT, 2011.

CIDH. *Convenção Interamericana de Direitos Humanos*. Disponível em: <http://www.cidh.oas.org/basicos/ portugues/c.Convencao_Americana.htm>. Acesso em: 31 jan. 2015.

_____. Caso 11.381. Relatório n. 14/97. Disponível em: <http://www.cidh.oas.org/annualrep/ 96port/Caso11381.htm>. Acesso em: 31 jan. 2015.

CLÈVE, Clèmerson Merlin. *Temas de direito constitucional*. 2. ed. rev., atual. e ampl. Belo Horizonte: Fórum, 2014.

CHIARELLI, Carlos Alberto Gomes. *Teoria e prática do sindicalismo no Brasil*. São Paulo: LTr, 1974.

COMPARATO, Fábio Konder. *A afirmação histórica dos Direitos Humanos*. 7. ed. rev. e atual. 3. tir. São Paulo: Saraiva, 2011.

CIDH. *Corte Interamericana de Derechos Humanos Caso Baena Ricardo y otros* Vs. Panamá Sentencia de 2 de febrero de 2001 (Fondo, Reparaciones y Costas). www.corteidh.or.cr/docs/casos/.../Seriec_72_esp.pdf, acesso em 19 de abril de 2016.

CONONEL, Raquel. *Algunos aportes sobre la democracia sindical*. Autonomía y concentración, y la actualidad sindical. In: RAMÍREZ, Luis Henrique. (Coord.). Relaciones laborales: una visión unificadora. Montevideo: Editorial de Montevidéo, 2010, p. 63-79.

CORSI, César Toledo. *Tutela de la Libertad sindical*. Santiago: AbeledoPerrot Legal Publishing, 2013.

CRANSTON, Maurice. (1920-1993). *Diálogo imaginário entre Marx e Bakunin*. Tradução de: Plínio Augusto Coêlho. São Paulo: Hedra, 2011.

D'AMBROSO, Marcelo José Ferlin. *O Pacto de São José da Costa Rica e a possibilidade de prisão civil por dívida alimentar trabalhista*. In: ALVARENGA, Rúbia Zanotelli de; COLNAGO, Lorena de Mello Rezende. (Coord.). Direito internacional do trabalho e as convenções internacionais da OIT comentadas. São Paulo: LTr, 2014, p. 27-37.

DEJOURS, Christophe. *Trabalho vivo: trabalho e emancipação*. t. II. Tradução de: Franck Soudant. Brasília: Paralelo 15, 2012.

_____. *O fator humano*. Tradução de: Maria Irene Stocco Betiol, Maria José Tonelli. 5. ed. Rio de Janeiro: FGV, 2005.

DELGADO, Gabriela Neves; RIBEIRO, Ana Carolina Paranhos de Campos. *Os direitos sociotrabalhistas como dimensão dos Direitos Humanos*. In: ALVARENGA, Rúbia Zanotelli de; COLNAGO, Lorena de Mello Rezende. (Coord.). Direito internacional do trabalho e as convenções internacionais da OIT comentadas. São Paulo: LTr, 2014, p. 63-73.

DELGADO, Mauricio Godinho. *Constituição da república, estado democrático de direito e direito do trabalho*. In: DELGADO, Gabriela Neves; PEREIRA, Ricardo José Macêdo de Britto. (Coord.). Trabalho, Constituição e cidadania: a dimensão coletiva dos direitos sociais trabalhistas. São Paulo: LTr, 2014, p. 151-167.

DIAZ, Elías. *Democracia y estado de derecho*. In: ASSÍS, Rafael de; BONDÍA, David; MAZA, Elena. (Coord.). Los desafios de los derechos humanos hoy. Tradução al castellano de: Francisco Javier Vela Santamaría. Madrid: Dynkinson, 2006, p. 130-142.

DUARTE, David. *Derecho a la organización sindical libre y democrática*. In: RAMÍREZ, Luis Henrique. (Coord.). Relaciones laborales: una visión unificadora. Montevideo: Editorial de Montevideo, 2010, p. 25-62.

EBERT, Paulo Roberto Lemgruber. *Sindicato mais representativo e mutação constitucional*: uma proposta de releitura do art. 8º da Constituição Federal. São Paulo: LTr, 2007.

ERMIDA URIARTE, Oscar. *La protección contra los actos antisindicales*. Montevideo: FCE, 1987.

ERMIDA URIARTE, Oscar. *Intervenção e autonomia no direito coletivo do trabalho*. In: NICOLADELLI, Sandro Lunard; PASSOS, André Franco de Oliveira; FRIEDRICH, Tatyana Scheila. (Org.). O direito coletivo, a liberdade sindical e as normas Internacionais. O direito coletivo na OIT: normas, jurisprudência e reflexões sobre a normatividade protetiva da liberdade sindical. v. I. São Paulo: LTr, 2013, 11-32.

ERRÁZURIZ, Francisco Walker; ORTIZ, Pablo Arellano. *Derecho de las relaciones laborales*: un derecho vivo. Santiago: Librotecnia, 2014.

FEDERAÇÃO SINDICAL MUNDIAL. *A federação sindical mundial*. (1945-1985). Checoslováquia, FSM, 1986.

FENOLL, José Salvador Martínez. *Una aproximación razonable al derecho del trabajo*: doctrina y jurisprudencia. Madrid: Central de Producción, 2010.

FERREIRA FILHO, Manoel Gonçalves. *Direitos humanos fundamentais*. 6. ed. São Paulo: Saraiva, 2004.

FRANCO FILHO, Geogenor de Sousa. *Sindicalismo no Brasil*. In: GUNTHER, Luiz Eduardo; MANDALOZZO, Silvana Souza Netto. (Coord.). BUSNARDO, Juliana Cristina; VILLATORE, Marco Antônio César. (Org.). 25 anos da Constituição e o direito do trabalho. Curitiba: Juruá, 2013, p. 237-250.

FRIEDRICH, Engels; MARX, Karl. Textos: o capital de Marx. v. 2. São Paulo: Edições Sociais, 1976.

FRIEDRICH, Tatyana Scheila; PASSOS, André Franco de Oliveira. *Direito internacional e liberdade sindical*: da teoria geral à necessidade de aplicação prática. In: NICOLADELLI, Sandro Lunard; PASSOS, André Franco de Oliveira; FRIEDRICH, Tatyana Scheila. (Org.). O direito coletivo na OIT: normas, jurisprudência e reflexões sobre a normatividade protetiva da liberdade sindical. v. I. São Paulo: LTr, 2013, p. 20-32.

GAJARDO, Sergio Muñoz. *El estándar de convencionalidad y el princípio pro homine*. In: NOGUEIRA ALCALÁ, Humberto. (Coord.). La proteción de los derechos humanos y fundamentales de acuerdo a la constitución y el derecho Internacional de los derechos humanos. Santiago: CECOCH, 2014, p.149-244.

GALDAMEZ ZELADA, Liliana. I*mpunidad y tutela judicial de graves violaciones a los derechos humanos*: marchas y contra marchas en el marco de la constitución chilena de 1980. Santiago: Librotecnia, 2011.

GALIANO-MARITAN, Grisel; GONZÁLEZ-MILIÁN, Deyli. *La integración del derecho ante las lagunas de la ley*: necesidad ine ludib le en pos de lograr una adecuada aplicación del derecho. Díkaion, ISSN 0120-8942, año 26, v. 21, n. 2, 28p – Chía, Colombia, dic. 2012, ISSN 0120-8942. Disponível em: <http://search.ebscohost.com/login.aspx?direct=true&db=zbh&AN=88864688&lang=es&site=ehost-live">. Acesso à base de dados Sistema de Bibliotecas Universidad de Talca (Proquest) em: 16 dez. 2014.

GALVÃO, Paulo Braga. *Os direitos sociais nas constituições*. São Paulo: LTr, 1981.

GAMONAL CONTRERAS, Sergio. Derecho colectivo del trabajo. 2. ed. Santiago: Abeledo-Perrot Legal Publishing Chile, 2011.

_____. *Fundamentos de derecho laboral*. 4. ed. Santiago: Legal publishing, 2014.

GARCIA, Gustavo Filipe Barbosa. *Convenção n. 98 da Organização Internacional do Trabalho*: proteção da liberdade e atividade sindical. In: ALVARENGA, Rúbia Zanotelli de; COLNAGO, Lorena de Mello Rezende. (Coord.). Direito internacional do trabalho e as convenções internacionais da OIT comentadas. São Paulo: LTr, 2014, p. 391-398.

GARGARELLA, Roberto. *El derecho a la protesta: el primer derecho*. 1. ed. 2. reimp. Buenos Aires: Ad-Hoc, 2014.

GIANIBELLI, Guilhermo. *La libertad sindical en clave democrática*. Hacia un nuevo paradigma en las relaciones laborales del seglo XXI. In: RAMIREZ, Luis Henrique. (Coord.). Hacia una carta sociolaboral latinoamericana. Montevideo: Editorial BdeF, 2011, p. 149-154.

GIANNOTTI, Vito. *A liberdade sindical no Brasil*. 2. ed. São Paulo: Brasiliense, 1987.

GIUGNI, Gino. *Direito sindical*. Colaboração de: Pietro Curzio e Mario Giovanni Girofalo. Tradução de: Eiko Lúcia Itioka. São Paulo: LTr, 1991.

GOMES, J. J. Canotilho. (1941). *Direito constitucional e teoria da Constituição*. 7. ed. 6. reimp. Lisboa: Almedina, 2003.

GOMES, Eduardo Biacchi; VILLATORE, Marco Antônio. *Hierarquia das convenções fundamentais da organização internacional do trabalho, na conformidade da EC 45/2004*. In: RAMOS FILHO, Wilson. (Org.). Constituição e competência material da justiça do trabalho depois da EC 45/2004. Curitiba: Genesis, 2005, p. 77-98.

GOMES, Eduardo Biacchi; VAZ, Andréa Arruda. Direitos e Garantias Fundamentais do trabalhador e os estados-partes do Mercosul. Revista de informação legislativa, v. 50, n. 197, jan./mar. 2013. Disponível em: <http://www2.senado.leg.br/bdsf/bitstream/handle/id/496975/000991321.pdf?sequence=1>. Acesso em: 31 jan. 2015.

GOMES, Eduardo Biacchi; VAZ, Andréa Arruda. *A aplicabilidade das Convenções da Organização Internacional do Trabalho pelos tribunais brasileiros: observância dos direitos fundamentais*. In: CAVALCANTE, Jouberto de Quadros Pessoa; VILLATORE, Marco Antônio César; WINTER, Luís Alexandre Carta; GUNTHER, Luiz Eduardo. (Org.). Direito internacional do trabalho e a organização internacional do trabalho: um debate atual. São Paulo: Atlas, 2015, p. 157-180.

GOMES, Eduardo Biacchi; VAZ, Andréa Arruda; FONSECA, Silmara Vaz Gabriel Osório da. *A interpretação sistemática do artigo 5º, parágrafos 1º, 2º e 3º da Constituição Federal*. In: GOMES, Eduardo Biacchi; DOTTA, Alexandre Godoy. (Org.). Direito e ciência na contemporaneidade. v. II. Anais do evento de iniciação científica da UniBrasil (EVINCI, 9). Coletânea de artigos científicos. Curitiba: Instituto da Memória, 2014, p. 142-143.

GOMES, Luiz Flávio. *Direito dos direitos humanos e a regra interpretativa "pro homine"*. Disponível em: <http://jus.com.br/artigos/10200/direito-dos-direitos-humanos-e-a-regra-interpretativa-pro-homine#ixzz3TncjUuBa>. Acesso em: 8 mar. 2015.

GONZÁLEZ, Cayetano Núñes. *Los límites a la negociación colectiva en el derecho del trabajo neoliberal* (breves reflexiones para un debate). In: MIÑO, Irene Rojas. (Coord.). La negociación colectiva en Chile. Santiago: Librotecnia, 2014.

GROS ESPIEL, Héctor. *Una reflexión sobre el sistema regional americano de protección de los derechos humanos*. In: CAMPOS, Germán Bidart; PIZZOLO (h), Calogero. (Coord.). Derechos humanos: corte interamericana – opiniones consultivas, textos completos e comentarios. tomo I. Mendonza-Argentina: Ediciones Jurídicas Cuyo, 2000.

GUÉHENNO, Jean-Marie. *O futuro da liberdade. A democracia no mundo globalizado*. Tradução de: Rejane Janowitzer. Rio de Janeiro: Bertrand Brasil, 2003.

GUERREIRO, Francisco J. Tapia. *Sindicatos en el derecho chileno del trabajo*: derecho del trabajo y seguridad social. 2. ed. Santiago: Lexis Nexis, 2007.

GUNTHER, Luiz Eduardo. *A OIT e o direito do trabalho no Brasil*. Curitiba: Juruá, 2011.

_____. A Convenção n. 158 da OIT no Brasil: uma polêmica ainda não resolvida. In: ALVARENGA, Rúbia Zanotelli de; COLNAGO, Lorena Rezende. (Coord.). Direito internacional do trabalho e as convenções internacionais da OIT comentadas. São Paulo: LTr, 2014, p. 103-118.

HERKENHOFF, João Baptista. *Gênese dos Direitos Humanos*. 2. ed. Aparecida: Santuário, 2002.

HERRERA FLORES, Joaquín. *A (re)invenção dos Direitos Humanos*. Tradução de: Carlos Roberto Diogo Garcia; Antônio Henrique Graciano Suxberger; Jefferson Aparecido Dias. Florianópolis: Fundação Boiteux, 2009.

HOBSBAWM, Eric J. *A era das revoluções: Europa 1789-1848. (1977)*. Tradução de: Maria Tereza Lopes Teixeira e Marcos Penchel. Rio de Janeiro: Paz e Terra, 2004.

INDH. Instituto Nacional de Derechos Humanos. *Instrumentos internacionales, observaciones y recomendaciones generales de derechos humanos sobre igualdad, no discriminación y grupos de especial proteción*. Santiago de Chile: INDH, 2014.

JUCÁ, Francisco Pedro. *A constitucionalização dos direitos dos trabalhadores e a hermenêutica das normas infraconstitucionais*. São Paulo: LTr, 1997.

KAUFMANN, Marcus de Oliveira. *Sindicalismo e representações coletivas unitárias nos locais de trabalho*: uma investigação útil para a aferição da representatividade sindical. In: COLNAGO, Lorena de Mello Rezende; ALVARENGA, Rúbia Zanotelli de. (Org.). Direitos Humanos e direito do trabalho. São Paulo: LTr, 2013, p. 303-350.

LEDESMA, Héctor Faúndez. *El sistema interamericano de protección de los derechos humanos*: aspectos institucionales y procesales. 3. ed. San Jose, Costa Rica: Instituto Interamericano de Derechos Humanos (IIDH), 2004.

LENIN, Vladimir Ilitich. *Esquerdismo, doença infantil e o comunismo*. 6. ed. São Paulo: Global, 1989.

LINHARES QUINTANA, Segundo V. Tratado de interpretación constitucional. 2. ed. Buenos Aires: Abeledo Perrot, 2008.

LOPES, Inez. *Sindicatos globais e a proteção dos direitos trabalhistas*. In: DELGADO, Gabriela Neves; PEREIRA, Ricardo José Macêdo de Britto. (Coord.). Trabalho, Constituição e cidadania: a dimensão coletiva dos direitos sociais trabalhistas. São Paulo: LTr, 2014, p. 78-96.

LOURENÇO FILHO, Ricardo Machado. *Liberdade sindical: percursos e desafios na história constitucional brasileira*. São Paulo: LTr, 2011.

MACEDO, Paulo Emílio Vauthier Borges de. *Pacta sunt servanda* – Todo Tratado em vigor obriga as partes e deve ser cumprido por elas de boa fé. In: SALIBA, Aziz Tuffi. (Aut. e Org.). Direito dos Tratados: comentários à convenção de Viena sobre o direito dos Tratados (1969). Belo Horizonte: Arraes Editores, 2011.

MACHICZEK, Maria Cristina Cintra. *A liberdade sindical como concretização dos direitos da pessoa humana do trabalhador*. In: PIOVESAN, Flávia; CARVALHO, Luciana Paula Vaz de. (Coord.). Direitos Humanos e direito do trabalho. São Paulo: Atlas, 2010, p. 272-300.

MANUS, Pedro Paulo Teixeira. *Direito do trabalho*. 15. ed. São Paulo: Atlas, 2014.

MARTINS, Sergio Pinto. *O pluralismo do direito do trabalho*. São Paulo: Atlas, 2001.

MARTINEZ, Luciano. *Curso de direito do trabalho: relações individuais, sindicais e coletivas do trabalho*. 4. ed. São Paulo: Saraiva, 2013.

MARX, Karl (1818-1883); ENGELS, Friedrich. *Manifesto do partido comunista*. Tradução de: Sérgio Tellarolli. Posfácio de: Marshall Berman. Revisão técnica de: Ricardo Musse. São Paulo: Penguin Classics/Companhia das Letras, 2012.

MATTOS JUNIOR, Ruy Ferreira. Direitos fundamentais e direito de liberdade. *Revista Direitos Fundamentais e Democracia*. Disponível em: <http://revistaeletronicardfd.unibrasil. com.br/index.php/rdfd/article/view/241/235>. Acesso em: 22 jan. 2015.

MAZZUOLI, Valério de Oliveira. *Curso de direito internacional público*. 6. ed. rev., atual. e ampl. São Paulo: RT, 2012.

_____. *Curso de Direitos Humanos*. Rio de Janeiro: Forense; São Paulo: Método, 2014a.

_____. *Direito dos Tratados*. 2. ed. ver. atual. e ampl. Rio de Janeiro: Forense, 2014b.

_____. *Tratados internacionais de Direitos Humanos e o direito interno*. São Paulo: Saraiva, 2010.

_____. *Direitos Humanos & cidadania: à luz do novo direito internacional*. Campinas: Minelli, 2002.

MAZZUOLI, Valério. O que se entende por princípio pro homine? Disponível em: <http://valeriomazzuoli.jusbrasil.com.br/artigos/121815162/o-que-se-entende-por-principio-pro-homine>. Acesso em: 8 mar. 2015.

_____. *Convenção americana sobre Direitos Humanos*. In: GOMES, Luiz Flávio; CUNHA, Rogério Sanches. (Coord.). Comentários à convenção americana sobre Direitos Humanos: pacto de San José da Costa Rica. v. 4. 3. ed. São Paulo: Revista dos Tribunais, 2010, p. 17-18.

MELLADO, Carlos Luis Alfonso. *Manuales de derecho del trabajo*. In: RUIZ, Luis Miguel Camps; MARTÍNEZ, Juan Manuel Ramírez. (Coord.). 2. ed. Valencia: Tirant lo Blanch, 2012.

MELO, Fabio. *Quem me roubou de mim?* 2. ed. São Paulo: Planeta, 2013.

MERCADANTE, Aloísio. *A economia solidária como um modelo de resistência popular*. In: VALENTE, Mônica. (Coord.). Sindicalismo e economia solidária: debate internacional. São Paulo: Kingraf, 2000, p. 115-121.

MOLIN, Naiara Dal. O fórum nacional do trabalho e as centrais sindicais brasileiras. *Revista Latino-Americana de História*, v. 1, n. 3, mar. 2012. Edição especial – Lugares da história do trabalho. Disponível em: <http://projeto.unisinos.br/rla/index.php/rla/article/viewFile/92/70>. Acesso em: 31 jan. 2015.

MONROY CABRA, Marco Gerardo. *Derecho de los Tratados*. 2. ed. rev. e ampl. Santa Fé de Bogotá: Editorial Leyer, 1995.

MORAES, Alexandre de. *Direitos Humanos fundamentais*: teoria geral, comentários aos arts. 1º. a 5º. da Constituição da República Federativa do Brasil, doutrina e jurisprudência. 9. ed. São Paulo: Atlas, 2011.

MORAES, Evaristo de. *Apontamentos de direito operário*. 4. ed. São Paulo: LTR, 1998.

MORAES FILHO, Evaristo de. *O problema do sindicato único no Brasil*: seus fundamentos sociológicos. 2. ed. São Paulo: Alfa-ômega, 1978.

MORANGE, Jean. *Direitos Humanos e liberdades públicas*. Tradução de: Eveline Bouteiller. 5. ed. ampl. e rev. Barueri, SP: Manole, 2004.

MUÑOZ ULLOA, Francisco Palma; NOGUEIRA, Andrés. *Medidas provisionales en la corte interamericana de derechos humanos*. *Santiago*: Librotecnia, 2013.

MUZZI, Carolina Laboissiere; AMARAL, Júlia Soares; CARDOSO, Loni Melillo. *A Convenção de Viena sobre direito dos Tratados*. (1969). Curitiba: Juruá, 2013.

MTE, Portaria n¿. 186/2008. Disponível em: acesso.mte.gov.br/lumis/portal/file/file Download.jsp?fileId, acesso em 21 de abril de 2016.

NASCIMENTO, Amauri Mascaro. *Iniciação ao direito do trabalho*. 39. ed. São Paulo: LTr, 2014.

_____. *Direito sindical*. 2. ed. rev. e ampl. São Paulo: Saraiva, 1992.

NASCIMENTO, Blenda Lara Fonseca do. *Solução de controvérsias internacionais: revisão do papel da ONU como pilar da segurança internacional*. Curitiba: Juruá, 2007.

NICOLADELLI, Sandro Lunard. A natureza jurídica da liberdade sindical e sua normatividade internacional. In: NICOLADELLI, Sandro Lunard; PASSOS, André Franco de Oliveira; FRIEDRICH, Tatyana Scheila. O direito coletivo na OIT: normas, jurisprudência e reflexões sobre a normatividade protetiva da liberdade sindical. v. I. São Paulo: LTr, 2013, p. 33.

NOGUEIRA ALCALÁ, Humberto. *Derechos fundamentales y garantías constitucionales*: los derechos sociales fundamentales. tomo 3. Centro de Estudios Constitucionales de Chile, Universidad de Talca – CECOCH. Santiago: Librotecnia, 2009.

_____. *Derecho constitucional chileno*. tomo I. Santiago: Abeledo Perrot Legal Publishing, 2012.

_____. Los derechos económicos, sociales y culturales en la constitución chilena vigente. *Revista Direitos Fundamentais & Democracia, Unibrasil*. Disponível em: <http://revistaeletronicardfd.unibrasil.com.br/index.php/rdfd/article/view/611/395>. Acesso em: 14 jan. 2015.

_____. *La dignidad humana, los derechos fundamentales, el bloque constitucional de derechos fundamentales y sus garantías jurisdiccionales*. Gaceta Jurídica, 322, 2 jan. 2007, 32, CL/DOC/1762/2011. Disponível em: <http://www.legalpublishing3.cl/maf/app/delivery/documentVM?srguid=i0ad600790000014a53e88cf7f33c201d&docRange=&showFullTextOption=false&td=10&deliveryTarget=email&docguid=i05C0332BBDD143DCF9B4D491E33394B3&deliveryOptions=&hasRelatedInfo=true>. Acesso em: 14 dez. 2014.

OIT. Convenção n. 98/1949, OIT. Disponível em: <http://www.oitbrasil.org.br/node/465>. Acesso em: 3 jan. 2015.

_____. *História da OIT*. Disponível em: <http://www.oitbrasil.org.br/content/hist%C3%B3ria>. Acesso em: 30 dez. 2014.

_____. O direito coletivo, a liberdade sindical e as normas internacionais. In: OIT. A liberdade sindical: recopilação de decisões e princípios do Comitê de Liberdade Sindical e do Conselho de Administração da OIT. v. II. Tradução e revisão técnica de: Sandro Lunard Nicoladelli e Tatyana Scheila Friedrich. São Paulo: LTr, 2013.

_____. *Princípios gerais*. A liberdade sindical: recopilação das decisões e princípios do Comitê de Liberdade Sindical e do Conselho de Administração da OIT. Disponível em: <http://www.oit.org.br/sites/default/files/topic/union_freedom/pub/liberdade_sindical_286.pdf>. Acesso em: 19 jan. 2015.

OIT BRASIL. *Constituição da Organização Internacional do Trabalho (OIT) e seu Anexo*. (Declaração de Filadélfia). Disponível em: <http://www.oitbrasil.org.br/sites/default/files/topic/decent_work/doc/constituicao_oit_538.pdf>. Acesso em: 8 nov. 2014.

_____. *Promovendo o trabalho decente*. Constituição OIT e Declaração de Filadélfia. Disponível em: <http://www.oitbrasil.org.br/content/constitui%C3%A7%C3%A3o-oit-e-declara%C3%A7% C3%A3o-de-filad%C3%A9lfia>. Acesso em: 8 nov. 2014.

_____. *História*. Disponível em: <http://www.oitbrasil.org.br/content/hist%C3%B3ria>. Acesso em: 8 nov. 2014.

OJEDA AVILÉS, Antonio. *Compendio de derecho sindical*. 2. ed. Madrid: Editorial Tecnos, 2012.

_____. *Derecho sindical*. 7. ed. Madrid: Editorial Tecnos, 1995.

OLIVA, Cláudio César Grizi. *Pluralidade como corolário da liberdade sindical*. São Paulo: LTr, 2011.

ONU. ABC das Nações Unidas. UNIC Rio, jun. 2011. Disponível em: <http://unicrio.org.br/img /2011/09/ABC_maio_2011.pdf>. Acesso em: 13 jul. 2014.

_____. *A história da Organização*. Disponível em: <http://www.onu.org.br/conheca-a-onu/a-historia-da-organizacao/>. Acesso em: 12 jul. 2014.

ONU. *Carta das Nações Unidas e Estatuto da Corte Internacional de Justiça*. UNIC / Rio / 006, jul. 2001. Disponível em: <http://unicrio.org.br/img/CartadaONU_VersoInternet.pdf>. Acesso em: 13 jul. 2014.

_____. *Carta das Nações Unidas e Estatuto da Corte Internacional de Justiça*. Disponível em: <http://www.planalto.gov.br/ccivil_03/decreto/1930-1949/d19841.htm>. Acesso em: 18 jan. 2015.

_____. *Declaração Universal dos Direitos Humanos*. Disponível em: <http://www.dudh.org.br/ definicao/documentos/>. Acesso em: 13 jul. 2014.

ORTIZ, Pablo Arellano. *El sistema de garantías y facilidades para el ejercicio de la función sindical*: la función social. In: VÉLEZ, Rodrigo Palomo. (Coord.). La organización sindical en Chile: XX jornadas nacionales de derecho del trabajo y la seguridad social. Santiago: Librotecnia, 2014, p. 345-358.

PACTO DE SAN JOSÉ DA COSTA RICA. Disponível em: <http://www.planalto.gov.br/ccivil _03/decreto/ 1990-1994/anexo/and678-92.pdf>. Acesso em: 27 jul. 2014.

PALADINO, Carolina de Freitas. *A responsabilização internacional dos estados frente aos Direitos Humanos*. Revista Direitos Fundamentais & Democracia, Unibrasil. Disponível em: <http://revistaeletronicardfd.unibrasil.com.br/index.php/rdfd/article/view/236/230>. Acesso em: 14 jan. 2015.

PAMPLONA FILHO, Rodolfo; DIAS, Claudio. *Pluralidade sindical e democracia*. 2. ed. rev. e ampl. São Paulo: LTr, 2013.

PARRA, Waldo L. *El concepto de derechos fundamentales inespecíficos en el ámbito laboral Chileno y la tutela jurídica de su eficácia horizontal*. Monografías. Santiago: Thomson Reuters, Legalpublishing, 2013.

PASSOS, Edésio. *Reflexões e propostas sobre a reforma trabalhista e sindical*. In: MACHADO, Sidnei; GUNTHER, Luiz Eduardo. (Coord.). Reforma trabalhista e sindical: o direito do trabalho em perspectiva. Homenagem a Edésio Franco Passos. São Paulo: LTr, 2004, p. 224-262.

SILVA, Vicente de Paulo. *Fortalecer a economia solidária*: o desafio atual da CUT. In: VALENTE, Mônica. (Coord.). Sindicalismo e economia solidária: debate internacional. São Paulo: Kingraf, 2000, p. 110-114.

SILVA, Virgílio Afonso da. *A constitucionalização do direito*: os direitos fundamentais nas relações entre particulares. 1. ed. 3. tir. São Paulo: Malheiros, 2011.

SIMON, Pedro. *Declaração universal dos Direitos Humanos*: ideal de justiça, caminho para a paz. Brasília, 2008. Disponível em: <http://www.senado.leg.br/senadores/senador/psimon/separatas/declaracao.pdf>. Acesso em: 14 jan. 2015.

SMITH, Adam. *A riqueza das nações: investigação sobre sua natureza e suas causas*. (Chicago, 1976). v. I. Introdução de: Edwin Cannan. Tradução de: Luiz João Baraúna. São Paulo: Nova Cultural, 1996. (Os economistas)

SOARES, José de Lima. *Sindicalismo no ABC Paulista*: reestruturação produtiva e parceria. Brasília, DF: Centro de Educação e Documentação Popular, out. 1998.

SANTOS, Boaventura de Sousa. *O direito dos oprimidos: sociologia crítica do direito, parte 1*. São Paulo: Cortez, 2014.

STÜRMER, Gilberto. *A liberdade sindical na Constituição da República Federativa do Brasil de 1988 e sua relação com a Convenção 87 da Organização Internacional do Trabalho*. Porto Alegre: Livraria do Advogado, 2007.

_____. *Liberdade sindical como direito fundamental na Constituição da República de 1988*. In: GUNTHER, Luiz Eduardo; MANDALOZZO, Silvana Souza Netto. (Coord.). BUSNARDO, Juliana Cristina; VILLATORE, Marco Antônio César. (Org.). 25 anos da Constituição e o direito do trabalho. Curitiba: Juruá, 2013, p. 251-261.

_____. *O direito do trabalho e ao trabalho no Brasil e o protocolo de San Salvador*. In: CAVALCANTE, Jouberto de Quadros Pessoa; VILLATORE, Marco Antônio César; WINTER, Luís Alexandre Carta; GUNTHER, Luiz Eduardo. (Org.). Direito internacional do trabalho e a organização internacional do trabalho: um debate atual. São Paulo: Atlas, 2015, p. 59-67.

TAFT, Philip. *A federação americana do trabalho: da morte de Gompers até a fusão*. Tradução de: Napoleão de Carvalho. Rio de Janeiro: Distribuidora Record, 1966.

TEIXEIRA FILHO, João de Lima; CARVALHO, Luiz Inácio Barbosa. *Intervenção e autonomia nas relações coletivas de trabalho no Brasil*. In: URIARTE, Oscar Ermida. (Coord.). Intervención y autonomia en las relaciones colectivas de trabajo. Montevideo: FCU, 1993.

TITTONI, Jaqueline. *Trabalho poder e sujeição: trajetórias sobre o emprego, o desemprego e os "novos" modos de trabalhar*. Porto Alegre: Dom Quixote, 2007.

TRATADO DE VERSALHES. (1919). Disponível em: <http://fama2.us.es/fde/ocr/2006/TratadoDeVersalles.pdf>. Acesso em: 30 dez. 2014.

VARGAS, Alan Bronfman; ESTAY, José Ignacio Martínez; POBLETE, Manuel Núñez. *Constitución política comentada*: parte dogmática, doctrina y jurisprudencia. Santiago: Abeledo Perrot, Legalpublishing, Chile, 2012.

VASCONCELOS FILHO, Oton de Albuquerque. *Liberdades sindicais e atos anti-sindicais*: a dogmática jurídica e a doutrina da OIT no contexto das lutas emancipatórias contemporâneas. São Paulo: LTr, 2008.

VAZ, Andréa Arruda; MONTENEGRO, Aline Ferreira. *O direito fundamental à liberdade sindical e os Tratados internacionais ratificados pelo Brasil*. In: GOMES, Eduardo Biacchi; DOTTA, Alexandre Godoy. (Org.). Direito e ciência na contemporaneidade. v. II. Anais do evento de iniciação científica da UniBrasil. (EVINCI, 9), 2014. Coletânea de artigos científicos. Curitiba: Instituto da Memória, 2014, p. 149-150.

VÉLEZ, Rodrigo Palomo. *El sistema de garantías y facilidades para el ejercicio de la función sindical: comentarios desde un enfoque dogmático y de derecho comparado*. ORTIZ, Pablo Arellano. El sistema de garantías y facilidades para el ejercicio de la función sindical: la función social. In: VÉLEZ, Rodrigo Palomo. (Coord.). La organización sindical en Chile: XX jornadas nacionales de derecho del trabajo y la seguridad social. Santiago: Librotecnia, 2014, p. 375-392.

VIANA, Márcio Túlio. *Sindicato e trabalhador: a flexibilidade por meio do sujeito*. In: DELGADO, Gabriela Neves; PEREIRA, Ricardo José Macêdo de Britto. (Coord.). Trabalho, Constituição e cidadania: a dimensão coletiva dos direitos sociais trabalhistas. São Paulo: LTr, 2014, p. 287-297.

VILELA, Teotônio. *Confronto em São Bernardo*: a Greve do ABC. Brasília: Senado Federal Centro Gráfico, 1981.

ZOLA, Emile. *Germinal*. Tradução de: Francisco Bittencourt. 1. ed. Rio de Janeiro, 1972. (Os imortais da literatura universal, 36)

WANDELLI, Leonardo Vieira. *O direito humano e fundamental ao trabalho*: fundamentação e exigibilidade. São Paulo: LTr, 2012.

WELCH, Clifford Andrew. *Movimentos sociais no campo até o golpe militar de 1964*: a literatura sobre as lutas e resistências dos trabalhadores rurais do século XX. Lutas & Resistências, Londrina, v. 1, set. 2006. Disponível em: <http://www.uel.br/grupo-pesquisa/gepal/revista1aedicao/lr60-75.pdf>. Acesso em: 31 jan. 2015.

WEBSTER, Edward; LAMBERT, Rob. *Emancipação social e novo internacionalismo operário*: uma perspectiva do sul. Tradução de: António Calheiros. In: SOUSA SANTOS, Boaventura. (Org.). Trabalhar o mundo: os caminhos do novo internacionalismo operário. Rio de Janeiro: Civilização Brasileira, 2005, p. 79-133.

PEREIRA, Ricardo José Macedo de Britto. *Constituição e liberdade sindical*. São Paulo: LTr, 2007.

PEREIRA, Ricardo José Macêdo de Britto; MENDONÇA, Laís Maranhão Santos. *O reconhecimento de direitos aos trabalhadores imigrantes nas sociedades multiculturais e o papel dos sindicatos*. In: DELGADO, Gabriela Neves; PEREIRA, Ricardo José Macêdo de Britto. (Coord.). Trabalho, Constituição e cidadania: a dimensão coletiva dos direitos sociais trabalhistas. São Paulo: LTr, 2014, p. 111-128.

PIOVESAN, Flávia. *Direitos Humanos e o direito constitucional internacional*. 13. ed. rev. e atual. São Paulo: Saraiva, 2012a.

_____. *Direitos Humanos e justiça internacional*: um estudo comparativo dos sistemas regionais europeu, interamericano e africano. 3. ed. rev. ampl. e atual. São Paulo: Saraiva, 2012b.

PIPES, Richard. *A história concisa da revolução russa*. Tradução de: T. Reis. 2. ed. Rio de Janeiro: BestBolso, 2013.

PRINCÍPIO PRO HOMINE. Disponível em: <http://es.wikipedia.org/wiki/Principio_pro_homine>. Acesso em: 7 mar. 2015.

POLANYI, Karl. *A grande transformação*: as origens da nossa época. Tradução de: Fanny Wrobel. Revisão técnica de: Ricardo Benzaquen de Araújo. 2. ed. Rio de Janeiro: Elsevier, 2012.

QUARTA Internacional (QI). Disponível em: <http://pt.wikipedia.org/wiki/Quarta_Internacional>. Acesso em: 31 jan. 2015.

RAMINA, Larissa. *Direito internacional convencional*: Tratados em geral, Tratados em matéria tributária e Tratados de Direitos Humanos. Ijuí: Unijuí, 2006.

RAMIREZ, Luis Henrique. *Derecho del trabajo. Hacia un nuevo paradigma en las relaciones laborales del siglo XXI*. In: RAMIREZ, Luis Henrique. (Coord.). Hacia una carta sociolaboral latinoamericana. Montevideo: Editorial BdeF, 2011, p. 1-6.

RAMOS FILHO, Wilson. *Direito capitalista do trabalho*: história, mitos e perspectivas no Brasil. São Paulo: LTr, 2012.

RÍOS, Alfredo Villavicencio. *La intervención del sindicato por ley em América Latina*: los planos orgânico e tutelar. In: VÉLEZ, Rodrigo Palomo. (Coord.). La organización sindical en Chile: XX jornadas nacionales de derecho del trabajo y la seguridad social. Santiago: Librotecnia, 2014, p. 11-38.

RÍOS, Alfredo Villavicencio. *A liberdade sindical nas normas e pronunciamentos da OIT*: sindicalização, negociação coletiva e greve. Tradução de: Jorge Alberto Araújo. São Paulo: LTr, 2011.

RODRIGUEZ, José Rodrigo. *Dogmática da liberdade sindical: direito, política e globalização*. Rio de Janeiro: Renovar, 2003.

ROJO, Eduardo Caamanõ; CATALDO, José Luis Ugarte. *Negociación colectiva y libertad sindical: un enfoque crítico*. Santiago: Legalpublishing, 2010.

ROMITA, Arion Sayão. *Direitos fundamentais nas relações de trabalho*. 5. ed. São Paulo: LTr, 2014.

RUSSEL, Bertrand. (1872-1970). *Caminhos para a liberdade:* socialismo, anarquismo e sindicalismo. Tradução de: Breno Silveira. São Paulo: Martins, 2005.

SANTOS, Cibele Carneiro da Cunha Macedo. *Breves comentários às convenções ns. 87 e 98 da Organização Internacional do Trabalho*. In: ALVARENGA, Rúbia Zanotelli de; COLNAGO, Lorena de Mello Rezende. (Coord.). Direito internacional do trabalho e as convenções internacionais da OIT comentadas. São Paulo: LTr, 2014a, p. 411-416.

SANTOS, Leonardo Soares dos. Do que "os Livros Diziam" à Rua da Glória, n. 52: o PCB e a "questão camponesa". (1927-1947). Interfaces em desenvolvimento, agricultura e sociedade. *Revista IDeAS*, v. 3, n. 2, jul./dez. 2009. Disponível em: <dialnet.unirioja.es/descarga/articulo/4059694.pdf>. Acesso em: 31 jan. 2015.

SANTOS, Luiz Alberto Matos dos. *A liberdade sindical como direito fundamental*. São Paulo: LTr, 2009.

SANTOS, Ronaldo Lima dos. *Sindicatos e ações coletivas: acesso à justiça, jurisdição coletiva e tutela de interesses difusos, coletivos e individuais homogêneos*. 4. ed. São Paulo: LTr, 2014b.

SARAIVA, Paulo Lopo. *Garantia constitucional dos direitos sociais no Brasil*. Rio de Janeiro: Forense, 1983.

SARLET, Ingo Wolfgang. *A eficácia dos direitos fundamentais*. 7. ed. rev. atual. e ampl. Porto Alegre: Livraria do Advogado, 2007.

SCABIN, Roseli Fernandes. *A importância dos organismos internacionais para a internacionalização e evolução do direito do trabalho e dos direitos sociais*. In: CAVALCANTE, Jouberto de Quadros Pessoa; VILLATORE, Marco Antônio César; WINTER, Luís Alexandre Carta; GUNTHER, Luiz Eduardo. (Org.). Direito internacional do trabalho e a organização internacional do trabalho: um debate atual. São Paulo: Atlas, 2015 p. 1-12.

SEN, Amartya. *Sobre ética e economia*. Tradução de: Laura Teixeira Motta. Revisão técnica de: Ricardo Doninelli Mendes. São Paulo: Companhia das Letras, 1999.

_____. *Desenvolvimento como liberdade*. Tradução de: Laura Teixeira Motta. Revisão técnica de: Ricardo Doninelli Mendes. São Paulo: Companhia das Letras, 2010.

SENNETT, Richard. *O artífice*. Tradução de: Clóvis Marques. 4. ed. Rio de Janeiro: Record, 2013.

SILVA, Claudio Santos da. *Liberdade sindical no direito internacional do trabalho*: reflexões orientadas pela Convenção n. 87 da OIT. São Paulo: LTr, 2011.

SILVA, José Afonso da. *Aplicabilidade das normas constitucionais*. 7. ed. 3. tir. São Paulo: Malheiros, 2009.

SILVA, José Afonso da. *Democracia e direitos fundamentais*. In: CLÈVE, Clèmerson Merlin; SARLET, Ingo Wolfgang; PAGLIARINI, Alexandre Coutinho. (Coord.). Direitos Humanos e democracia. Rio de Janeiro: Forense, 2007, p. 369-370.

SILVA, Sayonara Grillo Coutinho Leonardo da. *Arranjos institucionais e estrutura sindical*: o que há de novo no sistema jurídico sindical brasileiro? In: DELGADO, Gabriela Neves; PEREIRA, Ricardo José Macêdo de Britto. (Coord.). Trabalho, Constituição e cidadania: a dimensão coletiva dos direitos sociais trabalhistas. São Paulo: LTr, 2014.

_____. *Relações coletivas de trabalho*: configurações institucionais no Brasil contemporâneo. São Paulo: LTr, 2008.

_____. *O reconhecimento das centrais sindicais e a criação de sindicatos no Brasil: antes e depois da Constituição de 1988*. In: HORN, Carlos Henrique; SILVA, Sayonara Grillo Coutinho Leonardo da. (Org.). Ensaios sobre sindicatos e reforma sindical no Brasil. São Paulo: LTr, 2009.